法国大革命史译丛

北京师范大学出版集团
BEIJING NORMAL UNIVERSITY PUBLISHING GROUP

# When the King
# Took Flight

# 路易十六出逃记

[美] 谭旋 (Timothy Tackett)　著

赵雯婧　译

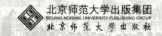

北京师范大学出版集团
BEIJING NORMAL UNIVERSITY PUBLISHING GROUP
北京师范大学出版社

献给 Jean Miller Tackett

以及 Earl McClellan Tackett

# 致　谢

　　我在法国的初步研究是在加州大学一个总统奖学金的支持下展开的。本书的主体部分是我在北卡罗莱纳国家人文科学中心工作时完成的。这个出色的研究机构的融洽氛围和全体工作人员的干练协助，对书稿的完成有非常大的帮助。我在此无法一一列出帮助我构思、研究、写作这本书的所有朋友、同事、档案管理员和图书管理员的名字，但是我要特别感谢 Jack Censer、Helen Chenut、Maria Chenut、David Garrioch、Carla Hesse、Jeff Horn、Marilee Jaquess、David Jordan、Thomas Kaiser、Jo B. Margadant、Ted Margadant、Jeremy Popkin、Joyce Seltzer、Donald Sutherland、Jean Tackett 以及我在加州大学尔湾分校法国大革命本科生课程班上的所有同学们。感谢 Philippe de Carbonnière、Alain Chevalier 和 Luc Passion 帮助我搜集插图。第六、七、八章的早期版本首先在 1999 年 3 月的法国历史研究年会，在 2001 年 2 月的法国社会科学高等研究院 André Burguière and Patrice Gueniffey 研讨会以及在 2001 年 10 月于马里兰大学举办的"暴力和法国大革命"国际研讨会上发表。最后，感谢 Nicolas Tackett 制作索引。

《逮捕抛弃国家的国王一家》, 瓦伦的居民和国民自卫队队员在拱门下拦住了国王的马车, 而轻骑兵和龙骑兵刚赶到保卫国王一家。 在这一天晚上, 不同时段发生的事件凝缩成了这一个单独的场景。

# 序　言

1789 年夏天在法国开始的那场革命，已经被公认为是西方文明史上的转折点之一。虽然这次革命的起因复杂多样，但革命一开始，就很快与启蒙主义那些崇高的人道主义理念联系在了一起，例如宗教宽容、法律面前人人平等、言论自由、出版自由，以及被统治者对政府拥有控制权。大部分革命者也都做出承诺，要以非暴力手段推进政治变革，正如一位早期的领导人所言，"仅仅通过理性、正义和民意的力量"①。这些理念在很多方面同美国的开国元勋们宣传的观点相似，并很快在《人权和公民权宣言》（"Declaration of the Rights of Man and the Citizen"）中得到体现，此宣言随后成为世界范围内自由主义改革的典范。

虽然有这样理想主义的开端，1789 年的大革命还是在随后的短短几年时间中转变成了一场名副其实的"恐怖统治"（Reign of Terror）。1793 年夏天，一个践行极权主义且极端不宽容的政权已经出现，并且将恐怖和暴力作为施展权力的常规手段。未经许可的搜查、未经控告的逮捕，以及对自由言论的镇压——贯彻这些手段的系统和高效，超过了法国历

---

① Antoine-François Delandine, *Mémorial Historique des Etats généraux*, 5 vols. (n. p. , 1789), 3 - 4.

2 史上的以往任何一个时期。法律面前的平等和法定诉讼程序，在有利于判定连坐犯罪的时候经常被抛在一边。一个"犯罪嫌疑人法令"以未经证实的控告为基础来攻击个人。截至1794年夏天，已经有上千人被送往断头台——有些人是通过遭到歪曲的审判制度，有些未经审讯便被草率处死。

为何1789年自由主义、人道主义的革命会蜕变成1793—1794年的大恐怖，对此任何解释都必须考虑到如下一系列因素：存在于法国和欧洲许多地区之间的战争；持不同政见的对手蓄意要发动一场反革命；围绕在革命领导人之间的严重的党派之争；以及一种异乎寻常的阴谋恐惧的出现——无论阴谋真的存在或仅仅是想象——都进一步推动了党派之争，并使得流行一时的暴力合理化。但是对于大恐怖之起源的完整解释，必须也要仔细考量一个事件带来的影响：1791年7月21日，当时在位的法国国王曾经试图逃走。路易十六及其家人试图逃离首都，放弃了以他的名义建立的新政府，这一戏剧性的尝试启动了规模超乎寻常的一系列行动和反应，对于社会的每个因素都产生了非常深远的影响，并最终波及这个国家的每一个角落。

这就是关于这个事件的描述，即国王逃往瓦伦，以及这一事件是如何改变了法国的历史。

# 目　录

# 插图目录

插图

# 第一章 陛下，您不能通过

这并不是一个具有鲜明特色的小镇。这是一个小型的居民聚集区，位于法国东北部，阿尔贡森林（Argonne Forest）的两条山脉之间，横跨在埃尔（Aire）河两岸。有大约一千五百个灵魂在这里从事他们的"工作与时日"①，他们要么是店主或者手艺人，要么是在周围乡村地区的小麦地和果树林里工作的农民。如同其他遍布全国的许多小城镇一样，这里是一处穷乡僻壤。② 一条从南边进入瓦伦（Varennes）的重要道路，从城堡教堂的拱门下勉强通过，然后曲折地穿过这座小镇，经过河上一条狭窄的木桥。自这座小镇向北有一条道路通向三四十英里③之外的色当（Sedan）要塞和蒙特梅迪（Montmédy），在那里的边境处就是如今的比利时，当时尚且属于奥地利帝国的一部分。尽管如此，这条道路路面非常粗陋，而且养护不善，在路上频繁出没的基本上只有当地的农民和军事人员。对于绝大部分的居民来讲，瓦伦就如同一个商业和文化上的死胡同，那里几乎没有什么事情发生。

---

① works and days，原为古希腊诗人赫西俄德描绘普通人日常劳作的长诗，后泛指日常的工作与生活。——译注
② Aimond, *Histoire de Varennes*; *and Beauvalet-Boutouyrie*.
③ 1 英里约等于 1.6 千米。

　　但是在 1791 年 7 月 21 日的晚上，有些不同寻常的事件确实发生了。① 在夜里十一时左右，大部分的居民都已经睡得很熟了，月亮尚未升起，整个小镇笼罩在漆黑和寂静之中。唯一可见的灯光来自一家叫作金色手臂（Golden Arm）的小旅店，这家店位于老城区的主路旁，就在拱门之下。有一伙年轻人还在那里喝酒谈天：有几个城外来的访客，正在楼上的房间里打发时间；有一队最近刚到达城里的讲德语的骑兵，驻扎在附近的一所女修道院里；还有四个本地人，都是志愿国民自卫队的队员。这些队员里包括小旅店的主人让·勒布朗（Jean Le Blanc）、勒布朗的弟弟保尔、学校教师的儿子约瑟夫·彭森（Joseph Ponsin）以及市长的儿子朱斯坦·乔治（Justin George）。乔治的父亲当时正在巴黎，担任国民议会（National Assembly）的代理人一职，而这里的四个人也很有可能一直都在讨论关于大革命的最新消息。他们同样可能会对那些德国人提出些问题，想要知道为什么他们会出现在这座小镇里，以及最近为什么会有那么多军队在附近区域活动。

　　就在这时，两个陌生人闯进了旅店。其中一名异常高大而且自信的男人，自称名叫德鲁埃（Drouet），立刻开口询问旅店店主和他的朋友们，他们是否是忠诚的爱国者。得到了他们的肯定答复之后，他告诉他们一个惊人的消息。他是大约在西南方向三十千米以外的一个小镇圣梅内乌尔德（Sainte-

---

　　① 如果没有特殊说明的话，以下这些叙述来自瓦伦 1791 年 6 月 23 日至 27 日的官方记载，Fournel，310 - 329 页；以及德鲁埃的自述，来自 AP 27：508 - 509 页；以及 Aimond 的著作，*Enigme* 以及 *Histoire de Varennes*。这两部著作是由当地出色的历史学家完成的，资料来源是已经在 1914 年被毁掉的瓦伦档案馆的文件，以及当地人的口头以及书面证词，这些证词目前已经遗失。

Menehould）的驿站马厩主管，就在几个小时之前，他看到法国国王和王后，以及整个王室家族正乘着两辆马车行进，他们在他的马厩更换了马匹。在跟镇长商议过之后，他和他的朋友纪尧姆（Guillaume），就骑着马跟踪王室家族前进（他们两人从前都是骑兵）。他们刚刚经过了停留在路边的国王一家，后者就停在去往瓦伦的路上，几百步的距离之外。他很确定那就是国王本人，并且他正在逃往奥地利边界。为了国家和大革命，他说，一定要拦下国王和他的家人。

这样一个故事自然很难令人信服。但当时正处在特殊时期，并且德鲁埃的紧张和自信本身很有说服力，使得在场的人开始采取行动。勒布朗兄弟匆忙赶去唤醒其他的国民自卫队队员以及几位住在附近的镇议员，然后回家取自己的火枪。与此同时，德鲁埃和纪尧姆还有其他几个人迅速赶到河边，用一辆装满家具的马车堵住了木桥。

第一位赶到现场的议员让-巴蒂斯特·骚塞（Jean-Baptiste Sauce）是市镇的行政长官（town manager），在市长乔治暂居巴黎期间，由他负责代理日常的政府工作。他的谋生职业是食品商兼蜡烛制造者，当时三十六岁，高高的个子，微微有点驼背，头已经有些秃了。虽然他受的教育极为有限，只能以一种简易音标拼写的方式来写字，但他是一位忠诚的爱国者，具有一种沉静而卓越的风度，赢得了市民的尊敬。勒布朗兄弟带来唤醒他的消息使他十分震惊，尽管如此，他还是尽可能穿戴整齐，抓起一盏灯笼，然后派他的两个儿子以呼叫火警这种传统的方式去把镇上的其他人叫醒。大约在11点20分的时候，骚塞、乔治、彭森、勒布朗兄弟，还有从圣梅内乌尔德来的两个人已经同其他大约六个人在旅店附近的街道上会和。与此同时，德鲁埃描述过的那两辆马车，正在两位骑手的陪伴下咔哒咔哒地行进到拱门下面。

几名自卫队员拿着火把，其他人举起火枪，迫使赶车人停下车。骚塞走进第一辆由两匹马拉着的轻便马车，发现车里有两名吓得发抖的女人。她们告诉骚塞，她们的身份证明文件在后面那辆车的人手里。这位食品商接着走近第二辆车，这辆车要大得多，由六匹马拉着，上面高高堆满了行李。他提着灯笼靠近车窗，仔细地向里面窥视。车里看样子坐着六个人。其中有两个孩子——一开始他并不能分辨出他们是男孩还是女孩；三位穿着中产阶级服饰的女人，一个大约二十岁，模样十分漂亮，另外两位年纪略大，举止也更加优雅；还有一个体格魁梧的男人，长着大大的鼻子和双下巴，打扮得像是商人或者是法定代理人。骚塞从来没有亲眼见过国王，但是他感觉这一位跟他看到过的国王画像有几分相似之处。

不顾他们的抗议，骚塞把这几位旅行者的护照拿到旅店里仔细查看。几位市镇官员聚在一起，他们读到的是一位俄国男爵夫人的身份文件，证明这是准备前往法兰克福的科尔夫夫人以及她的随从，这份文件由外交部长和国王路易十六本人签发。虽然这份文件对于随行人员的数目含糊其辞，并且瓦伦也并不在从巴黎到德国的最佳路径上，但文件看起来合乎规矩，骚塞和他的同事们倾向于让他们通过。但是已经投入了大量时间和自身名誉的德鲁埃态度很坚决。他知道他认出的就是国王。他还在圣梅内乌尔德看到一个贵族骑兵队长对马车行礼，并像服从指挥官那样执行命令。如果这些市镇官员听任国王一家逃亡到境外，那他们就将成为叛国者的

《让-巴蒂斯特·德鲁埃》

*6*

《让-巴蒂斯特·骚塞》

共犯了。此外，德鲁埃宣称，这份护照是无效的，因为上面没有国民议会主席的签字。其实主席的签字并不是法律规定的，但是在场的人都不确定这一点，最后这些市镇官员们决定权且拖延时间。

马车里的人被告知，时间太晚了，无法妥善检查他们的证件，并且前方的道路路况很差，在夜间行进并不安全，最好是等到天亮之后再出发。虽然表达了激烈的反对意见，一行八位旅行者和三个穿着黄色制服的随从还是不得不下车，他们在食品商的家里得到了殷勤的接待。他们沿着鹅卵石铺成的街道，被领到了距离小旅店只有几步远的骚塞的店铺，挤挤挨挨地爬上木质的楼梯，来到他只有两个房间的小套房。开始这些人一口咬定他们最初的说法。其中一位年长些的女人宣称她就是科尔夫男爵夫人，他们正急着赶路，一定要放行他们通过前往德国。但是这个男人与国王的相似之处引起了骚塞的好奇心，他突然想起当地有一位法官雅克·德泰（Jacques Destez），后者娶了一位来自凡尔赛的女人，德泰曾经在一些场合见过王室家族。骚塞走到街上，来到这位法官家中，将他唤醒，带回自己家。德泰几乎还没有走进楼上的房间就跪倒在地，激动地颤抖着弯曲的身体。"哦！国王陛下！"他叫道。

这简直就是童话故事里的情节：法国国王，路易十六本人，就在他们的小镇上，在食品商的卧室里。这里还有王后玛丽-安托瓦内特（Marie-Antoinette），以及他们十二岁的女儿和五岁的儿子——法国王太子，王位的继承人——国王的妹妹伊丽莎白，还有孩子们贵族出身的家庭女教师图尔泽夫人（Madame de Tourzel）。每个人都惊讶得愣住了。骚塞年长的母亲不久之后进屋，抽泣着跪倒在地上，她从来没有想象过能有一天亲眼见到国王和小王太子。意识到自己的微服出行已经被揭穿，路易十六现在开口说话了。"是的，我是你们的国王，"他说道，"我现在是来跟你们生活在一起的，我忠诚的孩子们，我永远不会放弃你们。"①接着他做了一件不同寻常的事情。他把市议会的成员们一一拥在怀里，拥抱了他们。他向他们求助，讲述了自己的故事——他被迫逃离巴黎的王宫，一些狂热的革命者，雅各宾党人，已经接管了整个城市。更糟的是，这些煽动者已经有数次威胁到他整个家族的生命安全。他现在告诉大家，其实他并无意要逃亡到德国，而只是想到国境线附近的蒙特梅迪城堡去。在那里远离了巴黎的暴徒们，他才可以再次夺回对国家的控制，终结现在的混乱和据他所说越来越猖狂的无政府状态。"在被迫生活在首都的匕首和刺刀中之后，我已经一路来到了乡间，来寻求你们一直享有的自由和宁静。如果我留在巴黎，我和我的家人都会死。"②小镇的居民必须为他准备好马匹，帮助他完成他的旅程。

被这一时刻的情感所征服，也对君主制度那虔诚的神秘感和王室家族在场的光环感到敬畏和震撼，几位城镇长官决定提供帮助。如果有必要，他们说，他们可以亲自陪伴他到蒙特梅迪去。等到天一亮，他们就会组织自己的国民自卫队来护送他。他们回到市政大厅来着手安排，依然处于头晕目眩之中。他们怎么可能违抗来自路易十六本人

---

① Fournel, 311.
② Fournel, 322；Fischbach, 91.

的命令，来自一个统治法兰西超过八百年的家族之继承人
的命令？

9 　　但是，当他们离开了国王，当他们经过彼此讨论，开始
意识到他们自身所在的处境可能意味着什么之后，他们产
生了别的想法。

## 大革命的第三年夏天

　　因为瓦伦的居民已经跟两年之前完全不同了。在之前
的几个月里，这个市镇已经卷入了一系列超乎寻常的事件，
这些事件触及了整个国家的每一个角落，并且不可避免地
改变了这里的居民观照自身以及自己在这个世界上的位置
的方式。1789 年 3 月，在一系列复杂的联合事件（尽管他们
对这些事件并没有产生任何影响）发生之后，所有二十四岁
以上并且纳税的城镇居民——占绝大多数——都受邀参加一
个国民选举，这个选举是为了指定代理人参加三级会议（Es-
tates General）代表大会，而三级会议已经有 175 年没有召开
过了。① 瓦伦既是市政选举的地点，同时也是次级地区选举
的地点，这是他们自己的市长做出的选择。市长从前是一
位律师，他开始时是代理人之一，后来成为全职代理人。
或许同样重要的是，3 月的选举大会要求收集一些市民想要
提交给国王的意见声明。虽然瓦伦市民的意见清单后来遗
失了，但它应该跟保存下来的蒙特福孔市（Montfaucon），一

---

　　① 这一段和以下一段，参见 Aimond, *Histoire de Varennes*，288 -
313.

个仅仅六英里之外的小镇的清单没有太大的不同。① 同整个法国的其他地区一样，市民先是过分地颂扬召集选举的路易国王，然后，同杂乱无章的要求改进本地情况的需求一起，他们还提出了造成沉重负担的许多赋税应该降低或者免除；所有的行政当局应该分权，并且把部分权力下放到地方议会；还有，应该有更多的经费投入教育。但是，无论提出了哪些具体的需求，瓦伦以及全国其他地方的市民开始系统地审视自己的生活，争论哪些机构和惯例应该改进或者废除，这些行为就其本身而言已经可以算是一场革命了。它极大程度地唤起了民众的期待，期待对于政治、经济、社会和教会机构的普遍改革。

10

　　在接下去的几周乃至几个月里，瓦伦的市民惊异地看着自己曾经帮助建立起来的三级会议转变成了一个国民"制宪"大会（National "Constituent" Assembly）。新召集的大会不仅开始着手起草法兰西的第一部宪法，还策划了大规模的针对法国政治和社会结构的改革，这已经远远超出了他们在意见清单中曾经表达过的愿望。1789 年 8 月初，攻陷巴士底狱以及战胜想要推翻革命的阴谋的消息传来，引发了一场全城范围的大规模庆祝活动。② 活动包括礼炮齐鸣、燃放焰火、市政广场的盛大舞会，甚至还向穷人分发面包——就像在重大的宗教节日上会发生的那样。还有一个非常罕见的"点亮全城"活动，家家户户都在晚间把蜡烛或者灯笼放在窗台上。对于一个尚且不习惯公共照明的社会，

---

① AD Meuse，L 2144.
② Aimond，*Histoire de Varennes*，292 - 293.

这样一场烛光的集中展示确实可能会产生令人震惊的景象。

　　但是从长远的角度来说，这还并不是一个值得庆祝的事件。很快瓦伦的市民就被要求选举他们自己的市政和地区政府机构，以及参与到日复一日的新法律履行过程中。他们开始同国民议会有了经常性的接触，以寻求建议和消息、同他们的代理人联系、派出一个"游说团体"，有时甚至对于起草宪法提出他们自己的意见。在除了他们自己最切身的家庭和地方事务之外的每件事都需听从他人——贵族、神父和王家行政官——支配长达几个世纪之后，他们现在被邀请，或者说被强迫参与到他们自己的政府乃至他们自己的命运中去。这样一个过程带来了一种掺杂着狂热激情的参与感和地方自主性。这还逐渐给他们灌输了一种新的国家认同感，即法兰西认同感，这取代了原先狭隘的埃尔河谷、阿尔贡森林世界认同感，而这之前曾经是这里的居民观照世界的重要标准。伟大的启蒙运动、理性解放和重新评价的滚滚浪潮曾经席卷了 18 世纪欧洲大城市的文化精英，但对于瓦伦的人民来说显得着实遥远。也许只有伴随着大革命本身的制度革命，伊曼纽尔·康德启蒙运动的口号"*sapereaude*"——要有勇气运用自己的理智——对于广大的法国小镇和乡村居民来说才有了切实的意义。正是在这种逐渐累积的自信和国家作为一个整体的认同感上，我们才能理解在整个地区类似于德鲁埃和骚塞这样，各式各样的行政首领们在 7 月 21—22 日的行为。

　　但是其他两种制度上的产物也在形成 1791 年瓦伦人民的大革命心理上起到了非常重大的作用。在 1789 年夏天，面对着无政府主义的威胁和旧制度倒台后可能发生的反革命行动，这个市镇首次组建了自己的民兵组织，① 成立了两支"国民自卫队"，即"猎人"和"投弹手"，拥有各自的制服、旗帜和鼓手，听从自己选出的长官指挥。当这三百名左右、年纪从十六岁至五十岁的强壮男性在大街上和城市广场周围操练队列，还伴着当地音乐家的即兴演奏的时候，你无论怎么形容瓦伦人心中涌上的骄傲之情，也是不为过的。最初他们只携带很少的真枪实弹，比如打猎用的火枪或者家里代代相传的古老枪支。但是经过新制服的盛装打扮之后，穿着翠绿色制服的猎人队和皇家蓝与白色制服的投弹手队，都感受到了一种异乎寻常的目标意识和重要之感。② 穿制服的长官这种重要身份，从前几乎是贵族阶层的专属特权，现在却几乎人人都触手可及了——即使是小旅馆掌柜让·勒布朗或者是律师的儿子朱斯坦·乔治。实际上，7月21日领导瓦伦卫兵的长官之一，年轻的埃蒂安·拉代（Etienne Radet），后来在战争时期很快转变成为正规军的一员，最终以拿破仑麾下将军的身份出现。

　　1790年的春夏，瓦伦的自卫队队员以及他们来自整个地区的伙伴们集合在一起参加了一系列的集体行动或者说"联合"庆祝活动。③ 其中之一，于1790年7月1日，有大约三千名自卫队队员来到了瓦伦，他们互相交流、列队行进，并发誓要效忠于国家。两个星期之后，在巴士底狱被攻陷一周年之际，朱斯坦·乔治、埃蒂安·拉代，还有其他一些瓦伦自卫队队员一起，一路行进到了巴黎，参加了盛大

---

　　① Aimond，*Histoire de Varennes*，292 - 293.

　　② Ibid.，293；Ad Meuse，L 1266.

　　③ Aimond，*Histoire de Varennes*，298 - 299.

的国家联合庆典，地点在首都西部的战神广场，即现在的埃菲尔铁塔所在地。在那里他们曾经见到过路易十六——当然是隔着相当远的距离——目睹他宣誓要忠于宪法。人们可以设想，当同样一位国王一年之后出现在他们的城镇，背叛他曾经宣誓要保卫的宪法时，他们肯定会回想起一年前的那副场景。

在大革命期间的新社会思潮中，第二个不仅在瓦伦，而且在整个法国的城镇都具有相当重要性的社会机构，是当地的民间社会团体，或者说"俱乐部"。或许是在他代理人父亲的影响力之下，朱斯坦·乔治于1791年3月25日帮助建立了宪法之友会在当地的分会。这个俱乐部最初有四十四名成员，是当时瓦伦所属的默兹省（Meuse）新建立的行政部门中第一个类似的组织。① 他们很快就同巴黎的宪法之友总会，即通常所说的"雅各宾俱乐部"，建立了直接的从属关系。俱乐部表面上的目的是支持并宣传国民议会传下来的事业，但是在瓦伦以及全国的大部分地区，雅各宾派很快就表现出一种特殊的使命，即成为大革命的看门狗，对抗着它一切已知或者可能的敌人。

13    在6月危机发生之前的几个月，俱乐部就展开了针对本地神职人员的详细审查。一年之前国民议会决定对天主教会进行彻底整顿，这一行动被称为"教士民事组织法"（Civil Constitution of the Clergy）。1791年年初，代表们要求所有治愈灵魂的神父们正式宣誓在大体上效忠于宪法，在细节上

---

① Aimond, *Enigme*, 38 - 39；Aimond, *Histoire de Varennes*, 308 - 310；Aimond, *Histoire religieuse*, 112, 192；Boutier and Boutry.

效忠于神职人员改革。4月，瓦伦教区的神甫梅坦（Methains）就因拒绝进行这样的宣誓而被当地的大革命官员们正式解除了职能。神父坚称这个国家无权将他免职，试图在耶稣受难日上主持弥撒，但是雅各宾党人和国民自卫队进入教堂，用武力制止了他。虽然没有明显的证据表明瓦伦的领导们有特别反对圣职者或者反宗教，但是他们显然不愿意让拒绝效忠宪法的人有权教育当地的孩子们或者掌管忏悔室。周围地区的教区神父们几乎有一半拒绝了规定的誓词，这更加深了在本地区已经有了协商好的反革命行动这一怀疑。①

　　实际上，几乎从大革命一开始，由在巴黎发生的事件所引发的千禧年将至的乐观主义就伴随着恐惧和焦虑。从21世纪的视角出发，我们有时会忽略民主的最初经验一定曾经显得多么令人惊惧且动荡不安，即使是在那些狂热支持者的眼里。很难相信，那些旧制度的贵族阶级和大僧侣们不会操纵种种事件，不会再次试图攫取权力，或者为他们所失去的寻求报复。事实上在1791年6月之前已经有三次近乎恐慌的浪潮席卷过瓦伦，都与人们对那些想象中的敌人的恐惧有关，或许这些敌人已经被前特权阶层所收买。1789年8月瓦伦居民听说有一伙土匪正从北方逼近，受了很大的惊吓。虽然这些传说中的土匪从未现身，但相应的防御措施已经实施起来，组成了镇上的第一支国民自卫队。仅仅一年之后，又有谣言四起，说奥地利的军队已经杀过边境，于是附近城镇

14

---

　　①　Aimond, *Histoire de Varennes*, 304 - 308; Tackett, *Religion, Revolution, and Regional Culture*, 343.

集合了五百名国民自卫队队员来协助保卫瓦伦。第三次恐慌出现在 1791 年 2 月，有谣言说另一伙土匪穿过北方的边境正在逼近。虽然这次警报也同样毫无依据，但是瓦伦不顾一切地寻求帮助，使得地方行政机构增援了大量枪支和弹药，甚至还有四门加农炮来保卫瓦伦。① 接连而来的恐慌时期使得当地居民很好地一次次实际动员起来，在危险真正降临之时，这样的提前准备起到了很大的帮助作用。更加重要的是，瓦伦市政厅当时拥有该地区最大的武器装备之一，在 7 月 21 日的危机来临之时，这些武器都已经准备就绪。

除了对于即将到来的土匪或者奥地利军队的恐惧，一个更加切近的威胁就是驻扎在瓦伦以及附近的几个城镇里的大量王家军队，其中包括许多来自德国或者瑞士的雇佣兵。市民与士兵之间的关系，即使是在最好的时候，也往往是紧张的。当地居民经常需要自掏腰包负担这些士兵的食宿，而年轻士兵的不守规矩也是臭名昭著的——他们惯于狂饮作乐，调戏当地的妇女。驻扎在村庄里的军队偶尔还会被用来强迫催缴滞纳税款。从 1789 年 10 月开始，市政府就对于在瓦伦驻扎的一支说德语的骑兵先遣队表示抗议。② 这支队伍于第二年 2 月撤离，但是六个月之后布耶（Bouillé）将军就又派来了大约六百名步兵。这些步兵刚刚参与了临近城市南锡（Nancy）的一场臭名昭著的镇压活动，镇压普通士兵对于他们贵族出身的长官的抗议，而对于这次抗议很多市民爱

---

① Aimond, Enigme, 42 - 43; Aimond, *Histoire de Varennes*, 301 - 302.

② 这一段以及下一段，参见 Aimond, *Enigme*, 31, 44 - 45; Aimond, *Histoire de Varennes*, 299 - 300, 315 - 316。

国者都公开地表示同情。这些步兵在瓦伦的出现带来了巨大的紧张气氛。直到市政领导在城市边缘的一处废弃的圣方济各女修道院中给这些步兵找到住处，紧张的气氛才得到缓解。

这些步兵于 1791 年 2 月撤离。但是在 6 月初，布耶将军宣布他又将派来一支由六十名说德语的轻骑兵组成的先遣队。我们现在已经知道，此举是为了保护国王逃亡行动的大规模部队调动的一部分，布耶从一开始就参与了这场阴谋。虽然这支依然驻扎在女修道院的小分遣队几乎没有引起瓦伦市民的立即关注，但很多居民看到大量信使和运送军火的马车，听到整个地区流传着大部队正在行进的传闻时，他们的疑心都在与日俱增。确实，默兹地区的官员们都在这样一段和平的时期内，十分困惑地关心着以下情况："步兵队和骑兵队前进又后退，前一天来了，第二天又离开，前进，撤退，在没有明显的必要性或者用处的情况下更换营地。"①1791 年 6 月 20 日，有四十名驻扎在瓦伦的轻骑兵向西方出发，据推测应该是去接收一批来自巴黎的"财宝"或者是一保险柜的钱来支付军费。第二天，布耶将军的小儿子和另一个军官来到紧邻河东岸的帝王旅馆过夜，他们声称这是为了准备接待布耶将军本人来访，而来访的目的尚未说明。

当地的恐慌到底扩散到了多大的范围，现在已经不得而知。骚塞本人 6 月 21 日清早写了一封信，欢迎轻骑兵的到来，将他们的到来作为自己城镇的重要地位的表征。他已经跟指挥官交谈过，对方向他保证战争不太可能会发生。但是

---

① *AP* 27：544.

瓦伦的其他市民，尤其是雅各宾俱乐部的成员们，对此深表怀疑。一种不断增长的针对贵族的偏见，使得指挥部队的贵族军队成为大家普遍怀疑的对象。就在 6 月 21 日危机发生的当天晚上，一位不知名的雅各宾俱乐部成员还给巴勒迪克（Bar-le-Duc）地区官员们写了一系列的信件。他详细说明了城里所有的军事行动，特别是在和平时期。他还详细描述了一位名叫弗朗索瓦·德·戈格拉（François de Goguelat）的人的来访——此人是国王组织逃亡行动的另一位主谋——戈格拉就国民自卫队的事情询问了骚塞，还打听了市政领导人们的政治观点。有一种非常可疑的观点——也许只是非常接近真相——他甚至推测出军队正在谈论的神秘的"财宝"也许正是国王本人，国王很快就将被那些未指明的恶人从巴黎诱拐而来。①

如果在德鲁埃出现的那天晚上，乔治和他的朋友们在金色手臂旅店里讨论的正是这些军队所带来的各种谣言和恐慌，这也不是不可能的。无论如何，法国东南部边境处的这座毫无特色的小城瓦伦，确实已经做好了准备——制度上、军事上，以及心理上——去迎接 6 月 21 日晚上的危机，这远远超过了策划国王逃亡行动的人们的设想。

## 军队和人民

6 月 22 日一大早，甚至在市政官员尚在争论如何应对突

---

① Aimond, *Enigme*, 39 - 41, 111；骚塞的来信，1791 年 6 月 21 日，AD。

然出现在他们身边的法兰西国王的时候，整个瓦伦的市民都
已经开始动员起来。那天晚上的事件发生的确切顺序现在已
经无从得知，每个人都注意到了混乱、骚动和许多事件几乎
同时发生了。但是几乎没有时间将这些记录下来，而对于那
天晚上的事件的解释，也是在事隔许多天，甚至许多年之后，
根据当时在场的人多少有些彼此不一致的记忆记录下来的。
无论如何，在骚塞的两个儿子在整个城镇奔跑，惊呼火警的
时候，很明显有人已经开始敲响河对岸教区教堂的大钟。
教堂钟声有着自己独特的语言，不同的节奏和音色能够召
集民众，乃至宣布婚礼或哀悼死亡。但是急促而重复的叮
叮当当声是警报，正如其名，只能意味着有危险和紧急情
况发生。很快所有人都聚集到街上，打听到底发生了什么
事。几分钟之内，国民自卫队的指挥官们就叫醒了鼓手，
后者开始以同样急切的节奏敲起了"战争召集"。人们边走边
穿着衣服，带着火枪冲到市中心或是正在分发枪支的市政 *17*
大厅。

　　听到国王到来的消息，他们的好奇心和惊讶与焦虑不相
上下。部队的调动和财宝的说法的含义突然之间都豁然开朗。
那些尚未体会到一国之君的突然出现的魔力的人，很快就意
识到了阻止国王的逃亡行动可能会带来报复，以及最近进入
该地区的军队很显然会展开攻击。幸运的是，最直接的危险
就是那些德国骑兵，而他们依然驻扎在瓦伦城里，不会构成
威胁。他们看上去要么在呼呼大睡，要么尚酩酊大醉，显得
完全无害。但是也有人看到他们的指挥官上马过河，向北方
逃去，年轻的小布耶和他的同伴紧随其后。每个人都知道指
挥官会通知布耶将军本人，很快他们就会发现布耶的整个军

队都来到了他们身后。① 国民自卫队指挥官派分遣队去往通
向这个城市的各个要道，用马车或者原木或者犁或者手头一
切可以利用的东西来设立路障。他们还派出信使，向周围的
城镇紧急求援。

他们最担心的事情似乎有一件在早晨变成了现实，有
大约 40 名轻骑兵出现在瓦伦南边的入口，身后还跟着一批
骑兵。市民很快就知道了轻骑兵的指挥官是戈格拉和舒瓦
瑟尔(Choiseul)公爵，他们跟德国骑兵交谈了几句，后者很
快就惊呼起来"国王！王后！"②接着他们越过了路障，挥动
着军刀，用刀背将国民自卫队驱散，最终来到了骚塞的房
子门口，摆成战斗队形。③ 接下来的时刻紧张而茫然，在每
个人的心中都激起了"极其恐惧的焦虑"。轻骑兵们高高地
骑在马背上，戴着饰有羽毛的头盔，佩着手枪和军刀，很
明显地对众人构成威胁。骚塞走了出来，在他的杂货店门
口发表了一场勇敢的爱国演说，宣称他知道这些骑兵"是十
分值得尊敬的公民，也是十分勇敢的战士，不会参与这么
一场只会导致流血的暴力事件"④。但是没有人知道这些骑
兵懂得多少法语，国民自卫队和骑兵之间的僵持仍在继续。
最后，先是一名接着是两名军官要求跟国王对话。当戈格
拉过了一会儿出来，准备组织突围的时候，国民自卫队已
经准备好防御了。他们将四门小加农炮布置在街上，上下
瞄准这些骑兵，并且大声呼唤周围房屋的居民打开房门，

---

① Raigecourt, 187 - 195；Aimond, *Enigme*, 126.
② 原文为德语。——译注
③ Choiseul-Stainville, 90 - 92；Damas, 230 - 232.
④ Fournel, 321.

让仍然留在街上的市民进去避难，只将骑兵队伍留在火力范围内。看到这样危险的景象，戈格拉命令自卫队将他们的加农炮转向一边，但是有一名国民自卫队队员开枪了，将这位贵族从马背上轰了下来。受伤的戈格拉男爵被抬进金色手臂旅馆，后面紧紧跟着那个打伤了他的国民自卫队队员——后者不住地道歉，眼泪都要流下来了——其他的男男女女转而去说服那些群龙无首的骑兵们。经过一些更加紧张的时刻并且诱以免费的美酒，德国人最终被劝服下马，很快跟市民拥成一团，发誓要效忠当地的国民自卫队指挥官。①

对于瓦伦的市民而言，戈格拉以及轻骑兵的出现在很多方面都意味着一个转折。通过这次暴力的威胁行动，瓦伦市民前所未有地坚信，国王的逃亡不仅仅代表着君主想要给他和他的家人寻找一个远离巴黎的避难所，还暗示着一个巨大而危险的阴谋，其中牵涉外国士兵，或许还有外国军队。另外，花费在市领导骚塞身上的努力一定是十分强大的。就在几天之前，戈格拉曾经以十分有力的爱国之情诱使他大体汇报了城镇和国民自卫队的情况，即使其他市民依然疑心重重。现在这位杂货商渐渐明白，他被一个贵族所操纵，犯下了错误。"在爱国主义的掩饰之下，"他后来这样写道，"戈格拉对我隐瞒了他罪恶的叛变。我只能对此表示出我最深切的憎恨。"②这段经历对于骚塞后来对国王立场的转变，无疑起到了十分关键的作用。

_19_

---

① Fournel，323；*AP* 27：508.
② 骚塞的来信，1791 年 6 月 21 日，AD Ardennes，L 78。

无论如何，增援力量很快就从四面八方赶到。大约在午夜过后半小时，有人派出了三四名骑着马的治安官，他们很快就在各个村庄之间奔波呼喊着："武装起来，武装起来！"之后骚塞也马上向当地最大的军事中心凡尔登（Verdun）送信求助："快！请派你们的国民自卫队带着加农炮来。国王和王室家族现在都在这里。快点！赶紧来帮我们！"①甚至在信使到达之前，有些临近的村庄就听到了瓦伦教堂的钟声，很快，民兵们就开始列队向瓦伦进发，敲着战鼓，旗帜迎风飘扬。在位于北方两英里处的蒙特布兰维尔（Montblainville），最早的信使大约在午夜一点来到瓦伦。虽然对目前紧急状况的确切含义仍然不甚清楚——信使在消息尚未完全充分得到理解之前就疾驰而去通知别的村庄了——然而人们听到了武装起来的呼声，大约有一百人在刚过一点半的时候徒步到达了瓦伦。当他们得知这场危机的确切性质之后，都做好了战斗的准备。就像在之前的动员行动中那样，妇女和儿童也很快赶来，带着整车整车的食物和供给。②

在阿尔贡森林里一座附近山头上的蒙特福孔，在接近三点钟的时候得到了消息。那里的居民后来回忆起，前一天晚上一切显得是那么平静，而他们得知这个"既突然又令人难以置信的消息"之后又是多么震惊。但是，他们也抓起了能召集来的任何武器，在天亮之前赶到了瓦伦。消息在五点一刻的时候传到了凡尔登，地区领导在派出约四百名自卫队队员和法国常规军之前，也把消息传递了下去。南方二十英里之外

① Lesort, 10 - 11；Pionnier, 108.
② AN D XXIX bis 36 (I)，dos. 370.

的特里奥（Triaucourt）在大约同一时间得到了消息；在阿尔贡西侧的奥特里（Autry）也在大约一小时之后得到消息，这些消息既有直接来自瓦伦的，也有从其他两个城镇辗转而来的。事实上，很多地区一听到消息之后就马上敲响了自己教堂的大钟，并另外派出信使通知住在其他农庄和小村子里的朋友和家人。一个连锁反应就此启动，使这个消息以一种令人惊异的速度传播出去。到早晨的时候，来到瓦伦的武装力量有的来自屈西（Cuisy）、塞普特萨尔热（Septsarges）和比蒙特福孔更远一些的贝坦库尔（Bethincourt），还有来自默兹河畔的达纳武（Dannevoux）和西弗里（Sivry）以及比默兹河还要远的当维莱尔（Damvillers）。在那天早晨，消息来到了南边四十五英里之外的圣迪兹尔（Saint-Dizier），以及西边七十多英里之外的马恩河畔沙隆（Chalons-sur-Marne，今香槟沙隆）和兰斯。在东边差不多同等距离之外的梅斯（Metz）和蒂永维尔（Thionville）大约在下午时分得到了消息。所有这些城镇都很快向瓦伦派出了分遣队。①

6月22日早晨，有几千人出现在了瓦伦这个阿尔贡地区的小镇上：带着火枪的自卫队队员，随便抓着什么武器的农民，还有尽力为男人准备食物和面包的女人。虽然有那么几个不太守规矩的人闯进了当地居民的家，搜寻食物和饮水，但是绝大部分到达者都秩序井然，静静等待着他们确信一定会到来的袭击。一位年长一些的爱国贵族，从前曾担任过国王军队里的指挥官，开始在现场系统地布置防御工作。围绕

①　Lesort, 10 - 12; Bimbenet, 187 - 193, 235 - 238; Fournel, 335; Pionnier, 108; AD Marne, I L 329; AD Aisne, L 605; AD Haute-Marne, L 274.

着城镇的一周大部分都布置了路障，瓦伦中心地区的那座木桥也被拆掉了一部分。天亮之后不久有六十五名轻骑兵从北方到达，但是当时人们都已经用火枪武装了起来，骑兵队被迫等在城外，只有指挥官德隆（Deslon）队长被放进城里面见国王。①

## 国家的命运

与此同时，市议会正在同城里的贵族和当地法庭的法官一起召开紧急会议，他们正在苦苦思索应该如何对待国王。这些平素以店主、小商人和小律师为主业的一小群人，突然发现自己背负着如此的重担，即一个名副其实的最高法院——这个国家的命运也许就掌握在他们手中。在凌晨两点钟再次召集会议之后不久，他们派出了一名信使——理发师芒然（Mangin）——去国民议会通报国王出现的消息，并征询他们的建议。但是他们知道等到巴黎的回复也许需要几天时间，而他们不能无限期地推迟他们的决定。他们一开始答应过要帮助国王一家继续他们的旅程，但是骑兵队的到来以及他们的指挥官咄咄逼人地威胁着要以武力强行带走国王，都使得他们的合作精神和善意大幅度减退——特别是当他们在指挥官中间发现了戈格拉，并意识到他的诡计和谎言之后。

此外，通过他们自己的思考，以及雅各宾党人和其他在市政大厅里的爱国人士的迫切意见，议会成员开始仔细地思

① Aimond, *Histoire de Varennes*, 326, Aimond, *Enigme*, 149 – 152; Fournel, 324.

考国王的这次逃亡究竟意味着什么。路易告诉过他们，他不会离开这个国家，会一直待在蒙特梅迪。但是国王确实依然还掌控着形势吗？对于国王对巴黎气氛的感受，他们觉得十分诧异，这同他们自己从报纸上以及同市长的通信中获得的印象完全不同。他们都听说过路易的顾问有多么靠不住，还有对他施加影响是多么容易，无论这些意图本身是如何有价值。如果后来人们断定国王是受了误导，他们这个城镇会面临怎样的遭遇呢？他们自己会如同德鲁埃所说的那样，被指控犯下叛国罪吗？而且，就算国王最后并没有穿过国境，他不在巴黎会对国民议会和新宪法的生死存亡有什么样的影响？大部分议会成员都狂热地支持宪法，正如他们支持国王那样。内战或者外国入侵的可能性实在是太显而易见了，尤其是对瓦伦这样紧邻边境的城镇而言。

　　他们同这个问题搏斗了多长时间，在两难的忠诚问题上徘徊了多久，我们已经不得而知。但是，在某个时刻——也许就是在骚塞给凡尔登送信求助的时候——他们明白地放弃了护送国王去蒙特梅迪的想法，转而决定拖延时间，等待足够的武力支持来保卫城市。但无论如何，在夜晚行将结束的时候，骚塞和一小部分议员觉得有责任向路易说明他们已经改变了决定。这真是一个不同寻常的场景。一个食品商、一个制革工人和一个小镇法官正式告知国王他们决定违抗他的命令，因为他们不能允许他继续他的旅程。在王室在场的情况下他们艰难地表达着自己的意见，他们告诉路易，"他们脆弱而急切的感受，就像是一个大家族的成员忽然发现了自己的父亲，但是却恐怕他们现在又要失去他了"。他们向他保证，"他深受人民的热爱，他王权的威仪存在于所有人民的心中，他的名字挂在所有人民的嘴边；但是他的居所在巴黎，甚至那些远在外省的人民都急切而焦虑地呼唤他回到巴黎去"。他们还表达了对于"他的离去可能导致的流血事件"的恐惧，以及他们确信"国家的救赎依赖于宪法的完成，而宪法又取决于他的返回"。地方议会的结论被迫精简到只剩重点，因为门外聚集着越来越多的男人、妇女和儿童，他们持续不断地呼喊着："国王万岁！国家万岁！去巴黎，去巴黎！"①

起初国王和王后似乎并没有明白，甚至都没有在听，他们只是不停地问马匹和随行人员是否已经备好，好让他们继续余下的旅程。玛丽-安托瓦内特甚至求助于骚塞的妻子，告诉她这个小镇能借助帮助国王获取多大的好处，希望她能对丈夫施加影响。骚塞夫人回答说，在小镇居民的记忆中，她非常热爱国王，但是她也爱自己的丈夫，因为他要对此事负责，她害怕他放走国王一家之后自己会受到惩罚。另一个说法——或许是真的，或许是杜撰的——则是国王向在场的自卫队队员之一老热罗代尔（Géraudel）求情，而后者就职业来说仅仅是一名樵夫。国王再次发誓说他将永远不会离开这个国家，他所期待的都是国家的福祉。但是据说热罗代尔是这样回复的："陛下，我们不确定是否能够信任你。"②最近两年以来的大革命已经改变了一切。

当德隆队长于大约五点钟到达骚塞家住宅的时候，他立刻询问国王他应该做些什么。但是当时的路易显得既逆来顺受又听天由命："我没有什么可命令你的，我现在是个囚犯

---

① Fournel, 311 - 312, 325.

② Aimond, *Histoire de Varennes*, 325, Aimond, *Enigme*, 143.

了。"德隆试图和王后以及另一位军官说德语——王后的母语——讨论另一种能够解救国王一家的军事方案。但是在场的市民立刻大吼起来："不要说德语！"德隆只好退回到城外，跟他的部队一起等待着最终根本没有到来的命令。① 无论如何，当一个小时之后，国民议会和拉法耶特（Lafayette）将军于前一天早晨派出的两名信使到达了瓦伦，局势就被彻底改变了。来自巴黎的国民自卫队军官巴永（Bayon）和将军的助理之一罗默夫（Romeuf），一直在日夜追踪着国王一家的行踪——他们还不清楚国王一行依然在按自己的计划前进，还是已经被绑架了。他们的指示是官方的，并且是对"所有国民自卫队的军官和队员或军队"下达的。如果信使们成功地追上了国王一家，"官员们必须采取任何措施防止发生绑架行动，并阻止国王一家继续前进，另外马上通知立法机构"② 。面对着两个大革命时期的国家中央权威发出的互相矛盾的命令——国王的意愿和国民议会的意愿——瓦伦的人民毫不犹豫地选择了遵从国民议会。信使们随即来到骚塞家二楼，对国王和王后宣布了命令。玛丽-安托瓦内特勃然大怒。"太无礼了！"她冷笑着把命令丢在地上。路易显得更加不动声色，但也同样十分悲伤，他只说了一句话："法国再也没有国王了。"③

　　实际上国民议会只明确要求要拦下国王和王后并通知议

---

① Damas，237.

② *AP* 27：358.

③ Choiseul-Stainville，101；Tourzel，201；Aimond，*Enigme*，154 - 156.

24　　会。但是瓦伦的人民却在这个问题上达成了共识："必须马上把国王一家送回巴黎去。"除了宪法要求国王和议会必须保持非常密切的接触之外，每个人都很担忧瓦伦当地的军事状况。他们依然担心布耶将军会发动攻击，而国王一旦被送到别处，他们就可以指望自己的城镇或许能够幸免于难。所以当早晨七点半的时候，当太阳高高升起，气温逐渐升高，市政官员和国王一家都因整夜没睡而近乎筋疲力尽的时候，两辆马车调转车头，穿过拱门，向城外的山脉开去。在两千名国民自卫队队员的护送下，国王、王后以及他们的孩子们开始了回到巴黎的艰苦跋涉。

可以说，国王突然出现在法国东南部一个小镇的那天晚上，是整个法国大革命期间最富有戏剧性和最痛切的时刻。对于当地的居民而言这一经历是难以忘怀的，在某种程度上甚至重塑了他们的人生。德鲁埃很快就被选入了国民公会（National Convention），这在很大程度上跟他那天晚上的表现有关。骚塞则被狂热的爱国者当作邪恶的化身而追踪了很多年。他的妻子在1792年躲避外国入侵者时藏入了一口井，不慎失足而死。实际上，整个瓦伦都在后来不断受到各种反大革命组织的灭城威胁。"瓦伦，不幸的瓦伦，"一个末日预言这样说道，"你们的废墟将很快被深深犁进土地。"①与此形成对照的是，全国的爱国者们写来了潮水一般的感谢信。国民议会奖励瓦伦一笔总计约20万法郎的巨款，分发给当地的市民。将会有许多雕塑、旗帜和手绘彩盘向这个城市和它的人

① AN D XXIX Bis 38，dos. 388.

民致敬，"来自国家，充满感激"，并且在国王一家被国民自卫队拦下的金色手臂小旅店那里，将会竖立起一座纪念塔。小说家和历史学家将会在整个 19 世纪一次次地来到骚塞楼上 　*25*的小房间去朝圣，直到那里跟整个市中心一起在 1914 年 8 月德国人的进攻中成为废墟——然后又在四年之后的阿尔贡之战中被美国人再次粉碎。①

　　除了对瓦伦居民的影响之外，那天晚上的事件最终成为法国大革命史乃至法国君主制度的转折点，随即对巴黎，对国民议会，以及对整个欧洲产生了不可估量的重大影响。我们接下来的章节将会关注在以上范围更大的语境中，瓦伦之行是怎样影响了整个王国不同的社会、政治群体的生活。

---

　　①　*AP* 29：532 – 534；Lenôtre, passim.

# 第二章　法国的国王

　　站在这场舞台中心的就是路易本人，波旁王朝的第五位君主，在瓦伦事件发生的那一年刚满三十六岁。他是一个令人好奇、神秘莫测的人，在很多方面都跟他的家族中在他之前或者之后的国王完全不同。甚至那些十分了解他的同时代人，也都觉得他难以接近、难以沟通、令人捉摸不透。不知道是由于胆怯和不确定，还是出于一种政治策略的考虑，他很少说话，既沉默又神秘。

　　据大家所说，他曾经是一个羞怯而沉默寡言的孩子，有些缺乏自尊心，在招摇、谄媚和才智的世界里从来都没有如鱼得水过，而这些是巴黎西南处十五英里的王家宫殿凡尔赛宫中宫廷生活的精髓部分。他是上一任国王路易十五的孙子，在四个兄弟之中排行第二，跟他的兄弟相比，他不可避免地落在了下风。他的同时代人总是错将他的羞怯和迟缓当成一种缺乏智慧的表现，并且这种错误的印象往往又被他的外表所加强了。尽管他从来自德国的母亲那里继承了金发碧眼，但也从自己的父亲那儿遗传了一种肥胖的趋向，并且在后来的日子里同对食物和美酒的衷心热爱混合在了一起。即使作为一个年轻人，他也很少关心自己的外貌，以一种缓慢而蹒跚的步伐走路，那副模样跟宫廷式的优雅恰成对照。王后的

27

《旧制度末期的路易十六》　路易体格魁梧，体态佝偻，长着肥厚的双下巴，脸上带着昏昏欲睡的神情。他跟自己仪态优雅的凡尔赛朝臣形成了鲜明的对比。

侍女之一，康庞（Campan）夫人对此的形容非常典型："他的步态很沉重，没有高贵的风度。他根本不重视衣着，而且无论他的发型师每天付出多大努力，他的头发因为他漫不经心的举止也总是乱糟糟的。"①

他沉迷于锁匠或者石工这样的活动，也使同时代的人感到困窘。据说他的锁匠导师曾经告诉他说，这样的爱好"并不符合人们对于君主消遣习惯的通常想象"②。既符合公众的期待，又符合他王室前任们形象的消遣，就是他对打猎的热爱。在青少年时期，他几乎每天都在巴黎周边广阔的王家森林里漫游，每条小道和旁路他都烂熟于心。当上国王之后，只要出现了适合打猎的好天气，他就不惜取消跟外国大使的会议，即使是在作战的时候。③ 每次出征他都会留下详细的记录，列出每一只他射中或是被他的猎狗扑倒的牡鹿、熊、兔子和燕子，在这场时间跨度长达十四年的动物大屠杀中，牺牲品的数目多达 20 万。④

尽管有朝臣和大使们的暗讽，以及他本人的担忧，但是路易其实并不是没有头脑的。他的教育一直都得到了特殊的关照，特别是当他的父亲和兄长去世，他本人成为法国王太子，王位的直接继承人的时候。他有条不紊地致力于学习，有时甚至躲在书房逃避那些他缺乏风度也没有兴趣参加的宫廷活动。并且他取得的成就也并不平庸。最终他掌握了英语、德语和意大利语。凭借对于细节的良好记忆力，他在天文、

① Campan, 113.
② Bachaumont, 104.
③ Hardman and Price, 243 - 244, 297.
④ Nicolardot, 112 - 113.

地理和历史方面都取得了一定的成就。在他导师的帮助下，他尝试着翻译了英国历史学家吉本（Gibbon）的作品。他终生都有阅读的习惯，经常对他详细阅读过的报纸发表评论，并在 1777 年购买了一部著名的狄德罗《百科全书》。他也非常喜欢地图，对法国地理有很深的研究，并谋划着要做一次穿越他整个王国的旅行。① 实际上，他对于事实和数据非常痴迷，这可以通过以下事实展现出来，即他详尽的打猎数据，和以一种近乎一个会计或者本笃会修士的精确记录下来的长长的清单和列表，记录着漫长岁月中所有的宫廷侍从和猎狗看管的名字和职位，记录着从他 12 岁起骑过的所有马匹的名字和详细信息（一共 128 匹），还有王家园林中所有他观测到的动物，以及他日常生活预算的每一个细节。他还记了一本详尽的私人日记，但这也同样是他所有日常活动的事实记录，其中打猎占据了最重要的位置。任何地方都没有出现任何个人情感或者想法的痕迹。②

　　在他的导师认为是王权所必不可少的责任和义务方面，路易接受的教导也许比他的任何一位波旁先祖都要多，这些教导在他尚是一个男孩的时候就作为王家版的教义问答仔细抄写了下来。③ 同样无可置疑的是他也深受宗教训导的影响，他像近代早期的那些法国君主一样重视基督教的虔诚与道德。他的导师曾让他宣誓"将我信仰的宗教戒律深深印在我心中"，并且在他的一生中，他每天参加弥撒，年复一年地履行复活

---

　　① Hardman and Price, 294；Nicolardot, 207；Campan, 113；Padover, 16 - 17；Saint-Priest, 2：49 - 50, 62 - 63.

　　② Nicolardot, 117, 120, 151 - 160, 189 - 214, 233.

　　③ Falloux, passim；Padover, 15 - 16；Hardman, 20.

节义务，正如他在日记中所写下的那样。他的君权来自于神授这一点是清晰而毋庸置疑的："我知道我能够继承王位是上帝的恩赐。"他在自己的"教义问答"第一页这样写道。也许是来自他导师的教导，或许是基督徒的责任感和家长制作风，他获得了一种强烈的信念，即国王应该对他的人民负责。"我的人民应该知道我首要的关心和愿望就是减轻并改善他们的状况……王子的慈悲应该模仿上帝的慈悲。"这种观点他在大革命之前和大革命之中都曾反复重申过。[①] 同时，他似乎显示出了一种心理上的需要，希望得到人民的欣赏，对于他代表他们做出的努力，他也希望能获得人民的溢美之词。1775年，在他登上王位一年之后，他在兰斯接受加冕礼时得到的热情款待使他深受影响——他也将 1786 年从巴黎去港口城市瑟堡（Cherbourg）的行程称作他统治时期最欢乐的时刻，驾着马车列队迎接民众的欢呼。在他的生命将要终结的时刻，如果没有听到民众按惯例高呼"国王万岁"或者高呼时有气无力，他就会深觉悲痛。[②]

如果他曾经从他的导师那里或者自己的阅读中习得了启蒙运动对于"公共设施"或者"公意"的强调，很显然他也是从家长式统治的术语角度出发来理解这些概念的。国王在做决定的时候必须考虑到"公意"，但是只有君主本人的意见才是最终裁决，才称得上是"法律的本质"[③]。他除了坚信君主要对人民的福祉负责之外，还对一种等级分明的阶级社会抱有

30

---

① Falloux, 1，7，27，35；Nicolardot, 49-50；Hardman and Price, 167.

② Bachaumont, 57-59；Padover, 128-129；Lever, 184-195.

③ Falloux, 98.

强烈的感受，而这种等级社会是早已为启蒙运动的社会思潮所摒弃的。他还很明显地具有双重观点，两种互相矛盾的目标——一方面是大众的福利，另一方面是保持王家的特权和威仪。这困惑了整整一代人，当人们提到 18 世纪后期的君主时，往往将他们称作"开明君主"。这种分裂的目标所固有的困难之中也掺杂了路易本人的性格问题，他的缺乏自信随着时间的推移变得更加严重了。他病态地在自己的判断和顾问们的不同意见之间游移不定——一方面赞成改革，另一方面想要保持威严和传统——经常会觉得做出决定是一种极其痛苦的过程。根据他孩子们的家庭女教师，后来陪同他一起去瓦伦的图尔泽夫人的说法，他"极其缺乏自信，总是很容易被说服，别人对事情的理解要超过他本人"。"他的心，"康庞夫人在他死后这样写道，"能使他看到真相，但是他的原则、偏见、恐惧，以及特权者和虔诚者的喧嚷，往往使他胆怯，迫使他放弃在对人民的热爱驱使下原初打算采纳的想法。"①

1770 年，国家政策和国际联盟体系为他选择了一位妻子，即未来的王后，这使得他的身份认同感变得更加复杂了。玛丽-安托瓦内特是奥地利女大公玛利亚-特蕾西亚的女儿，在十六个孩子中排行倒数第二，比路易还要小一岁。她一头金发，有哈布斯堡(Hapsburg)家族特有的鹰钩鼻和厚厚的下唇，即使算不上美丽动人，也是优雅而富有魅力的。她仅仅受过一点初步的教育，能讲一口流利的法语，只稍带一点德国口音，但是她几乎不会正确地拼写，对历史、地理或文学

*31*

---

① Tourzel, 103；Campan, 114.

都近乎一无所知。去维也纳将这个十四岁小姑娘培训成为未来法国王后的导师，形容她非常聪明，但是也极端任性，对学习或者是严肃的谈话一类事情只能保持非常短暂的注意力。很难想象还有比这更不般配的一对：肥胖、内向、缺乏安全感的路易，以及优雅、活泼、自信的年轻公主。[①] 这对夫妻潜在的不合还包括在婚姻的头七年中一直困扰他们的性生活失调，路易的生殖器畸形使得他们的夫妻生活既痛苦又艰难。一段时期过后他们仍然没有孩子，于是开始流传出这样的说法，玛丽觉得她的丈夫既烦人又令人生厌。随即有流言蜚语开始传播——玛丽四处卖弄风情，而路易缺乏男性能力。这种羞辱只可能会再次抹杀一个男人的尊严，尤其是路易的王室前辈们正是以性能力卓越而著称的。[②]

这场灾难性的婚姻在 1777 年获得了一点转机，当时距离路易登基已经过去了三年，玛丽的大哥，奥地利皇帝约瑟夫二世来到凡尔赛，试图改善他们的关系。国王被说服接受了一次小手术来改善他在夫妻生活中的表现。同时，年轻的王后也受到了兄长的严厉斥责，命令她为了她家族的国际战略，应负担起作为妻子和母亲的责任。[③] 约瑟夫的婚姻辅导成就斐然：接下来的八年玛丽怀孕了五次，最终有一个女儿两个儿子活了下来。当第一个孩子出生的时候，路易完全被欢乐和对妻子的感激之情所征服，他对朝臣骄傲地宣布说要努力

---

① Zweig, 4 - 6, 82 - 83; Girault de Coursac and Girault de Coursac, 21 - 22; Saint-Priest, 2; 62; Hardman, 24.

② Bachaumont, 79; Zweig, 21 - 24; Padover, 33 - 36, 96 - 104.

③ Nicolardot, 62; Arneth, 4 - 18; Padover, 96 - 104.

孕育更多的子孙。①

特别是路易有了子嗣之后，总是非常关心此事的法国民

众对路易的爱戴到达了一个新的高度。因为对前一任君主路
易十五的统治深感失望——他没完没了的风流韵事，以及国
际事务的广泛失败——很多人显然开始把希望寄托在年轻的
国王身上，盛赞他的诚恳、履行责任时的努力、对妻子的忠
实以及对宗教的虔诚。他的温和、谦逊、远离宫廷，以及对
外表的漫不经心——都使得民众对他更加喜爱。1778 年出版
的《秘密回忆》一书中有过这样的说法："没有人能比路易十六
更自然，更亲切可爱。"也有很多故事流传着他对待宫廷仆人
是多么仁爱而又亲密，当他打猎归来的时候，"既没有剃须也
没有扑粉，身上的衣服也乱糟糟的"②。这种强烈的正面形象
在大革命的早年得到了延续甚至是增强。

另一方面，王后却从来没有改变，乃至做任何努力去改
变她即位没多久就获得的明显的负面印象。怀孕和监督孩子
们学习，多少使她的行为有所收敛，减轻了她初到法国宫廷
的那几年中永恒的寻欢作乐之气。尽管如此，她也从未觉得
在法国的生活十分称心如意，并且总是不喜欢跟凡尔赛宫廷
联系在一起的没完没了的公共仪式。她组织了一个私下的小
社交圈子，围绕在她身边的是一小群富有魅力的年轻男女，
其中最有名的是阿图瓦（Artois）伯爵（国王最小的弟弟）、朗
巴勒（Lamballe）公主和美丽的波利尼亚克（Polignac）公爵夫
人。王后被人们鄙夷地称作"奥地利女人"，成为无穷无尽的

---

① Bachaumont, 155; Arneth, 20 - 21; Zweig, 136 - 137.

② Bachaumont, 126.

流言和嘲讽的对象。甚至还有一些胡编乱造的乱伦和女同性恋色情作品是以她为主角的。在俗艳的"项链事件"中，据说王后参与了一场数目庞大的王室诈骗案，这进一步抹黑了她的公共形象。[1] 因为国王对宫廷生活毫无兴趣，王后又十分排外，很多古老的贵族家族感觉被边缘化或受到了排挤。这些家族中的部分年轻成员很快就将在大革命中拥抱那些改革措施。[2]

33

　　虽然跟玛丽的性生活有关的大部分传闻都是彻底的谎言，但是确实有一位她的男性密友跟她有着不同寻常的关系。她第一次遇到瑞典伯爵，军官阿克塞尔·冯·费森（Axel von Fersen）时，他们彼此还都是青少年。她当时还是王太子妃，而他正在欧洲进行游学旅行。后来他离开了几年，在罗尚波（Rochambeau）将军麾下参加了美国独立战争，但是只要军情允许，他就会定时回到凡尔赛宫中。王后从没有被法国人迷住过，却迅速地被这位英俊的外国人所吸引，他有着沉静保守的风度，与宫中的其他年轻人迥然不同。在王后的帮助下，费森拥有了自己的法国军团，并在巴黎有了一处居所。在1786 年生下最后一个孩子之后，国王和王后开始再次分居，或许就是在那段时间她和瑞典伯爵的关系变得特别亲近起来。我们也许永远无法确知他们是否真的是情侣。费森在宫中的言行总是极其谨慎，但是他们在凡尔赛附近森林中的小特里阿农宫（Petit Trianon）中有过无数次的单独会面。对国王夫妇非常了解的大臣圣普利斯特（Saint-Priest）伯爵对此事确定无疑，将费

---

　　① Bachaumont，67，143，165，226；Saint-Priest，2：65 - 66；Zweig，34 - 38，187，Chap. 10；Hunt，*Family and Romance*，Chap. 4.

　　② Wick，Passim.

森称为王后"有名无实的爱人"——就像蓬巴杜夫人曾被称作路易十五的"有名无实的情妇"一样。不管他们身体接触的程度究竟如何，这两人之间确实有着深刻而密切的情谊——这一点清楚地显示在费森写给他妹妹的私人信件中——这份情谊在 1791 年国王一家出逃时将会起到十分关键的作用。①

## 国王与大革命

从 18 世纪 80 年代末期开始，国王、王后乃至整个法国都被卷入了一段动荡和危机的时期。法国参与美国独立战争虽然取得了成功但却花费巨大，再加上效率低下和不够充分的税收体系，使得整个国家陷入了一场日渐增强的经济危机当中，只得尽力支付所有的账单。在旧制度和即将到来的法国大革命中，国王究竟扮演了什么样的角色，这个问题可以永无止境地争论下去。但是路易对这一系列事件最具渗透性的影响，与其说来自于他做了什么，不如说是由于他没有做什么：因为他极度缺乏领导力、他的犹豫不决和前后不一。

在他统治的早期时期，即他的祖父在 1774 年去世之后不久，年轻的国王看上去是以相当的努力和责任感来专注履行他的职责的。他花费大量的时间阅读报告，与议员们交谈。他同外交部长的通信尽管有时显得尴尬笨拙，但依然显示出了对复杂的国际关系的把握能力。他密切地关注着发生在美国殖民地上的革命事件，而且多少对法国介入此事的策略做出了贡献，为了"支持那些向我求助的被压迫的人们"，但最

34

35

---

① Saint-Priest, 2: 67, 72, 80, 84, 90, 92; Zweig, 226 – 247.

《1785 年的阿克塞尔·冯·费森伯爵》

重要的是指挥打击英格兰，"我家园的对手和天然的敌人"，因为它过去"践踏了法国的荣耀"。① 但是他非常依赖两位年长议员的建议和决定，这两位就是在他刚当上国王时对他进行指导和教育的莫勒帕（Maurepas）伯爵和韦尔热纳（Vergennes）伯爵。但是随着这两位导师在 1781 年和 1787 年相继去世，80 年代的经济危机也变得更加棘手，其余的大臣之中阴谋和内斗也愈加激烈，国王开始在不同的顾问之间辗转求助，并开始明显地表现出对手头任务的力不从心。年复一年，他开始花越来越多的时间捕猎，记录在他的日志中的"猎物"数目急剧上升。② 在原则上他依然希望为"他的子民"争取最好的，但是对于如何实现这一愿望，他却一直不确定且摇摆不定。18 世纪 80 年代末期，那些在他身边的人发现他变得整日昏昏欲睡。他从前一直沉默寡言，现在似乎变得更加不善表达，寂静无声，甚至在重要的辩论中昏然入睡——还打起了呼噜。③ 在统治的后期，他大部分时间都在激进的大臣和临时代理的大臣之间摇摆不定，在为一场激烈而彻底的革命而努力和采取反对革命的紧缩措施之间摇摆不定。最后，在 1788 年年中，先是大主教洛密尼·德·布里埃纳（Loménie de Brienne）然后是瑞士银行家雅克·内克（Jacques Necker）占据了支配地位，路易被说服采取意义重大的行动，为磋商目前不断恶化的形势召开三级会议。但是政策上的不断起伏波动不但在整个国家造成了一种深深的不确定和动荡感，

---

① Hardman and Price，263，288.

② Nicolardot，107，112 - 113；Padover，135.

③ Saint-Priest，2：48 - 50；Fersen，82 - 83. See also Bachaumont，36；Padover，89.

还——通过前后不一致的改革措施——使得人民学会并习惯了存在产生巨大变革的可能性。

18 世纪 80 年代后期也见证了王后政治影响力的大幅度增加。在他执政的第一年，路易有计划地把玛丽隔绝在所有的政策决定和会议之外——遵从国王反奥地利的导师的意见，至少王后相信是这样。但是她通过自己的能力，早就施展过一种间接的影响力来成就或者毁灭个别大臣。她在宫廷阴谋中的参与，毫无异议地对于倡导改革的大臣杜尔哥（Turgot）1775 年下台和内克 1781 年第一次下台起到了一定的作用。在那时，她那身为皇帝的兄长曾经对她的"胡乱干预"表示过不满，特别是当这对奥地利的立场没有丝毫帮助的时候。但是约瑟夫二世和他能干的大使梅西-阿让特伊伯爵（Mercy-Argenteuil）成功地让王后逐渐理解了哈布斯堡王朝的策略，也使得她逐渐理解了国际政治的运作方式，并将她培训成为在法国政权心脏地带活动的名副其实的奥地利间谍。① 在大革命即将发生之前，因为路易失去了他最信任的导师，也被各种均告失败的改革措施弄得既困惑又迷茫，他开始依赖玛丽在各方面给他提供意见。从 1788 年开始，他邀请她参与一些会议。甚至当她不在场的时候，有时他也会在讨论中离开房间去征询她的意见——这使得大臣们既惊愕又困惑。并且，与路易不同，王后从来不被犹豫不决或不能确定所困扰。她毫不犹豫地断定这些所谓"爱国者"和自由大臣提出的改革，是对她所信奉的一切事物的诅咒。她坚定果断地反对一切改

① Arneth, 2, 38 - 39, 110; Bachaumont, 226; Padover, 92 - 95.

革，而这最终也开始对国王产生影响。①

在大革命爆发的最初几个月，尽管出现了一系列极其重大的事件，如成立国民议会，巴黎攻陷巴士底狱的人民起义，对贵族和神职人员特权的镇压，以及取消"封建制度"，国王却依然在法国各个阶层的人民中间受到广泛的欢迎。他在 7 月 23 日发表演说，坚持保守的贵族立场，并拒绝承认国民议会的存在，这使得爱国的代理人们深感失望。但是在接下来一连串匆忙的事件发生之后，局面开始朝着对大革命有利的方向发展，人们也就很快原谅了国王。大部分爱国者都仍然确信他的本意是好的，他争取的是整个民族的最大利益，这只是一个听信了谗言的好国王的经典案例罢了。后来的发展似乎提供了证据表明路易一度抛开了他那个阶层的一切"偏见"，真心实意地支持大革命。在攻陷巴士底狱一周年那天举行的联盟节（Fête de la Fédération）上，对于君主的正面印象再次得到了加强。就是在这里，在几十万名欢呼的民众面前，朱斯坦·乔治、埃蒂安·拉代和其他来自瓦伦的国民自卫队队员见证了路易在"祖国祭坛"之前举起手，宣誓表示支持新宪法。每个人都知道，对路易这样十分的虔诚的人来说，这样的宣誓是一种神圣的行为，于是胜利的愉悦很快就传播开来，大革命已经成功，并且君主确定无疑地站在人民这一边，恰如其分地配得上"法国国王"这一称号。

但是现在回过头来看，我们知道这一流传很广的场景与其说是事实，不如说是一种美好想象的产物。早在 1789 年 6 月初，路易就被爱国代理人们对他的长子悲惨地去世表现出

①　Campan，224；Lescure，270；Saint-Priest，2：77，82 - 83.

的漠不关心激怒了。1789 年 9 月国民议会没有能够授予他绝对否决权，他对此也十分不满。但是对于路易和王后来说，那一年的关键无疑是可怕的"十月事件"（October Days）。在 10 月 5 日和 6 日，几百名巴黎妇女，后来还有几千名荷枪实弹的国民自卫队队员在凡尔赛游行，强迫国王将他的居所搬回巴黎。王家随从们都不能忘记王后一大清早在宫殿走廊里奔走逃命的景象，她身上只穿着晨衣，侍女和孩子们紧紧跟在她身后。① 我们已经无法确知那些追逐她的人是想要伤害她，还是只想跟她谈谈，讨一些面包吃。但是玛丽本人确信她刚刚极其惊险地逃脱了一场谋杀。王室一家当天下午坐着缓慢的马车驶回巴黎，一大群粗野而吵闹的男女就跟在他们身后——王家卫兵耸立的长矛尖举在人群上头——只会让这样的体验更加可怕可厌。

　　一家人沉默而愠怒地搬进了指定给他们的居所——在巴黎中心地区的卢浮宫建筑群中最西端的杜伊勒里宫（Tuile-ries）。在那之后的几个星期，他们拒绝出门，甚至拒绝到毗连的花园里散散步。② 在这一事件过后几个星期，国王给他的表亲西班牙国王写了一封意义极其重大的信件——这封信直到 20 世纪才为历史学家所发现。在这封信中事实上他坦白而自觉地断绝了同大革命的一切关系，抗议攻陷巴士底狱之后发生的"那些通过胁迫和恐吓强迫我做出的所有有违国王尊严的举动"。不管他曾经受到了怎样的诱惑，想要同一场改革运动合作，现在他又完全回到了传统形象上独裁主义的君主

① Saint-Priest，2：88 - 90.
② Saint-Priest，2：90 - 91.

身份上来了："看在我自己的份上，看在我孩子们的份上，看在我全家人的份上，我一定要确保在我的王室家族中流传下来的、经过时间考验而得到确认的王权，无论如何都不会消亡。"并且他庄严地宣称，他 6 月 23 日发布的保守宣言只是他采取的一种策略。① 他和王后二人开始相信只是一小撮巴黎的激进分子，即雅各宾党人攫取了对国家的控制，而数量庞大的外省民众依然全力支持国王，他们只是在等待一个事件来向他表现出自己的爱与忠诚罢了。但是在眼下，这只是国王的一种策略，一种"最坏的办法"：耐心地等待，等待邪恶走完自己的过程，那些革命者采取的不可能的民主和社会平等计划最终会摧毁他们自身。"他使自己相信，"圣普利斯特这样写道，"国民议会将会自己犯下错误，最终名誉扫地。国王自身的软弱使得他不能自拔地抱着这样的想法，因为对于他的性格来说，要让他免于直面日复一日的反对派的需求，实在是太困难了。"②

我们现在知道了，国王的誓言和他在国民议会面前的各种表现——当他看上去似乎是在支持他们的行动时——大部分是由爱国的领导者们精心编排的，尤其是拉法耶特侯爵，他既是美国独立战争中的年轻英雄，也是 1790 年最具影响力的革命领袖。诚然，坚定不移从来都不是路易的特长，并且他对情况做出评估的时候更是经常摇摆不定。1790 年春天，国王一家终于敢于冒险走出杜伊勒里宫，到花园里四下活动，甚至坐马车进城。6 月的时候他们被允许驾车去王后位于巴

*39*

---

① Mousset，228.

② Saint-Priest，2：24 - 25；also Arneth，126 - 127；Feuillet de Conches，2：46 - 48；Tourzel，105，142.

*40*

《1790 年 7 月 14 日，路易在战神广场宣誓效忠宪法》 国王站在台阶上（图中右上），面朝拉法耶特，他身边围绕着国民议会主席、市长巴伊和抱着王太子的王后。

黎西部城外的圣克鲁（Saint-Cloud）城堡，在乡下度过的时光似乎振奋了他们的精神。国王也被他自己在联盟节上受到的狂热欢迎，以及随后整整一周的庆祝活动所深深打动。他每天骑马出去巡视他的部队和国民自卫队，他们以无比的热情和真诚高呼着"国王万岁"，这点燃了他心中对于人民的热爱和欣赏的期待。[1] 有那么一段时间，他和王后二人似乎是被伟大的演说家兼大革命领袖米拉波（Mirabeau）伯爵下了咒语，后者那时将自己秘密出卖给了君主，他坚持说只要稍作妥协就可以让国王重新掌握权力，成为一位更加强有力的立宪君主。[2]

　　但是米拉波在 1791 年突然去世了，而且在那之前很久，王后（如果不是国王）就已经对他彻底丧失信任了。[3] 随着几个月的时间过去，尤其是随着局势变得更加复杂和不确定，路易转而越来越依赖于他的妻子，寻求建议和指导。关于玛丽是否真的考虑过与大革命这个恶魔暂时妥协，这个尚不能确定。在这个时期她几乎从始至终都在给维也纳的兄弟和在奥地利的知心密友梅西-阿让特伊（Mercy-Argenteuil）写信抱怨，说她感觉她自己和她的家人都成了"造反的暴民"——或者有时她会改用中世纪的说法"诸臣"——的俘虏。这些人厚颜无耻地要求与贵族乃至王室平起平坐，这简直使她气得发狂。"这些怪物们，"她在 1790 年 6 月给梅西的信中这样写道，"如今已经越来越粗野无礼了。我完全陷入了绝望。"在描述

---

　　[1]　Tourzel，78，80，102；Tackett，*Becoming a Revolutionary*，297 - 298.

　　[2]　Arneth，129，132；Campan，279.

　　[3]　Arneth，134，139；Tourzel，158.

*41* 中，她一直用**怪物**和**恐怖**这些字眼来形容革命者。当1791年1月西班牙大使跟她交谈的时候，他感觉自己"站在一个已经到了忍耐极限的女人面前"。她对他说话时，声音因为激动而颤抖："如果路易不驱逐那些围绕在我们周围的恶魔，那就是对他自己，对他的国民乃至对整个欧洲的失职，无论这需要付出多么巨大的代价。"①在王后的影响下，路易开始以他自己独有的笨拙而自欺的方式，日益投入一场双面游戏中，这不仅对国王本人来说异常危险，对于大革命和法国也都将是灾难性的。

## 决定逃跑

我们也许永远都无法确知，路易是在何时和怎样的情况下做出逃离巴黎的重大决定的。在他离开王宫的那天晚上，他在书桌上留下了一份亲笔写的声明，其中倾诉了他的满腹委屈，并试图给他逃离巴黎、不再与大革命领导人合作的行为寻找合理性。他苦涩地抱怨了被国民议会剥夺的所有王权：对军队、外交和外省事务的直接控制权，签发赦免令，还有事实上完全否决任何他不同意的法律的权力。对于国民议会大幅度削减他的个人财政预算，他也感到十分愤怒。这不仅很大程度上影响了他的生活方式，也让他觉得减少了君王的威仪。在联盟节的庆祝活动上，他被迫同国民议会的主席而不是他的家人坐在一起，这也使他因感觉受到轻慢而满怀愤

---

① Tourzel, 81；Arneth, 126 - 127，129；Feuillet de Conches，2：41 - 42；Mousset，241.

　　《1791年2月28日发生在杜伊勒里宫的争执》　　在这幅倾向于爱国者的绘画中，　路易十六正在跟拉法耶特交谈（图中右后方），　表现出支持国民自卫队强迫赶来支持国王的反大革命贵族解除武装。　事实上，　路易对于王权保卫者们的遭遇十分不满。

懑。接下来就是国民议会对法国天主教会的彻底重组，然后要求神职人员宣誓忠于宪法，他也觉得这些举措都是强迫他接受的。尤其是后面的这几条，撕碎了传统而虔诚的王权意识——特别是当这些法令1791年春天遭到罗马教皇的正式谴责的时候。①

42　　对于一个波旁家族的国王，一个同天主教有着紧密联系的绝对王权的继承人，同时也是一个有上千年传统的规则的继承人来说，这些理由并不充分。是否就是这些理由促发了国王的逃亡行动，我们尚不能确定。事实上，许多路易反对的法律是在逃亡计划成型一年多以前就已经颁布的。至少从1789年7月开始，许多朝臣、部长最后是王后本人，都在力劝路易远离首都危险的暴民，在忠诚的军队保护之下，撤退到一个安全的地方去。但是路易一直拒绝这样的计划。在十月事件期间，路易拒绝了圣普利斯特精心计划的、撤退到凡尔赛南部二十英里外的朗布依埃（Rambouillet）的建议。同样，在1790年春天，当他全家都在居住在圣克鲁的时候，他也拒绝了逃亡到贡比涅（Compiègne）或者其他什么地方的提议。②在某种程度上说，这还是那个老问题，即他总是很难下定决心。同时他也很担心一旦逃亡，会给其他家庭成员造成什么样的影响。他最小的弟弟阿图瓦伯爵在巴士底狱被攻陷不久后就流亡国外，还有他两位年长的姑妈，路易十五的两个女儿，也在1791年年初设法离开法国到罗马去"朝圣"。但是他的妹妹伊丽莎白和他的弟弟普罗旺斯伯爵——即后来的路易

---

①　AP 27：378 – 383.

②　Tourzel，20 – 21；Saint-Priest，2：14，83，93；Campan，267 – 268，273 – 274；Bouillé，228.

十八——都还留在巴黎。但是无论如何，发生在 1791 年的两起戏剧化而暴力的事件——两者都深深影响了国王和他住在杜伊勒里宫的家人——似乎在路易下定决心尝试逃亡的过程中起到了十分关键的作用。

发生在 2 月 28 日的那起复杂而令人困惑的事件始于知名的攻陷文森（Vincennes）王家监狱的行动，该监狱位于首都的西边，传说当时这里已经变成了秘密囚禁爱国者的新巴士底狱。当拉法耶特将军带着人数众多的国民自卫队分遣队去制止骚乱的时候，新的流言传播开来，说国王现在无人保护，他的生命随时可能遭到威胁。随着暴力袭击的威胁愈演愈烈，大约三百名狂热的居住在巴黎的贵族青年——他们中许多人曾经是当时已被解散的王家卫队的成员，或者是保守的国王俱乐部的成员——冲向杜伊勒里宫，试图保护他们的国王。

进入杜伊勒里宫之后，他们开始故意激怒并侮辱守在那 43 里的爱国者自卫队。为了避免发生血腥的对抗事件，国王介入其中，要求他的"捍卫者"放下手中的武器，静静地离开此地。但是当他们服从之后，许多人却遭到了愤怒的自卫队队员的殴打和逮捕。国王的双方协定被推翻了，同时他的尊严也遭到了公开侮辱，这使他感到极为愤怒。"我忠心的仆人们，"后来在逃亡的那天晚上，他这样写道，"就这样被粗暴地拖出了王宫。"并且他自己，也被迫"尝尽了辛酸苦难"。①

更加威胁到国王和他的家人的事件发生在 1791 年 4 月 18 44 日。那是从国王一家计划回到圣克鲁城堡庆祝复活节时开始

---

① *AP* 27：383；also Feuillet de Conches, 2：10 - 11；Tourzel, 160 - 161；Mousset, 264；Legendre, letter of March 2, 1791.

的。大批群众聚集在杜伊勒里宫的东门之外阻止国王离开，并且这些人很快得到了国民自卫队的支持，而这些自卫队队员本应该帮助开路的。这些人正确地推测出国王是要逃避同倾向大革命的、"遵从宪法的"神职人员一起参加复活节仪式，所以他们拒绝离去，自卫队队员也拒绝听从命令，尽管拉法耶特本人也在苦苦哀求他们。在此过程中，国王的几名仆人和朝臣被抓了起来，并受到了绞刑的威胁，而国王本人也平生第一次听到了直接针对他的嘲讽，人们甚至还威胁要罢免他的王位。路易又一次感到不能自已的挫败和愤怒。"这真是太不可思议了，"据说他这样评论道，"在给了整个国家自由之后，我自己本人却被剥夺了自由。"最终，国王一家被迫从马车里出来，重新回到杜伊勒里宫，"被迫返回他们的监狱"。几位关系密切的观察者感觉4月18日的这次事件是使得国王相信他们一家面临着迫在眉睫的危险，并有必要立刻逃亡的关键因素。在跟瓦伦的杂货店店主骚塞以及后来跟国民议会解释他的行程的时候，国王都直接地提到了这起事件。①

但是分别发生在深冬和早春的这两起事件还造成了另外一个影响。自从2月28日之后，国民自卫队接到命令，禁止贵族们进入杜伊勒里宫，无论他们传统的头衔听上去有多么吓人，除非他们有特殊的个人或行政问题要同国王磋商。4月18日事件见证了更加严格的限制，驱散了大部分与国王关系密切的贵族亲信，还有这个家庭的随行主教和其他神职人员，这些人都拒绝宣誓效忠。虽然路易和玛丽过去一直没有

---

① Tourzel, 173 - 176, 185；Feuillet de Conches, 2：46 - 48；Arneth, 155；Campan, 286；*AP* 27：552 - 553.

像他们的前辈那样严格地执行宫廷礼仪，但大革命的磨练却使他们前所未有地密切依赖贵族出身的追随者们的支持和陪伴。现在，突然之间，宫殿里就显得空空荡荡了。在曾经的"伟大"帝国，男男女女簇拥着两位统治者，沐浴在他们带来的光芒之中，现在这里只有大革命自卫队和一伙出身低微的仆人，来回奔忙着干活。对于国王夫妇来说，1791 年春天解散宫廷看起来确实是既没有必要又极其残忍的一项打击，他们认为这是专门用来羞辱并隔离他们的，"拒绝陛下拥有被忠心于他的人簇拥着这样简单的安慰"。"将国王一家扣押做俘虏并不能满足他们，"贵族代理人艾兰·德·巴佐热(Irland de Bazôges)这样写道，"他们现在想要把那些继续忠实于他、能给他带来些许安慰的人都驱散。"实际上，在逃离的时刻留下的那份声明中，路易特别抱怨说他被剥夺了"几乎所有的宫廷显要"①。

无论是这些暴力行为促使国王做出了这一最终决定，还是仅仅强化了他之前的决心，在 1791 年 4 月中旬的时候事情似乎就已经没有回旋的余地了。"现在对于国王来说这一点更加确定无疑，"阿克塞尔·冯·费森 4 月 18 日这样写道，"现在必须行动，而且必须尽可能快地行动。"②

## 计划逃亡

国王夫妇 1791 年 6 月采取的计划是在此之前 9 个月由主

---

①　*AP* 27：383；Tourzel，160-161，163，174；Irland de Bazôges, letter of March 4，1791；Mousset，249.

②　Fersen，97，103-105.

教帕米耶（Pamiers）和布雷特伊（Breteuil）男爵构思出来的，
后者从前是国王的保守派大臣，当时正流亡在瑞士。这个提
议与最初计划的逃亡目的并不相同，并不是只把国王撤离到
一个远离巴黎的安全地带——例如朗布依埃或者鲁昂——而
是要确保他能一直逃亡到边境，这样他就可以得到或者至少
是威胁说得到了外国部队的支持。这一行为的基本假设是一
旦国王离开了首都，远离巴黎的雅各宾党人和国民议会中的
激进分子，就会找到数目庞大的追随者。身边有忠诚的卫士，
还有外国势力的支持——这个想法接下来认为——届时来自
整个国家的其他法国人都会前来支持他。在这样新的力量形
势之下，国王就将有能力同整个宪法制度重新协商，并将大
革命引向结束。①

46

　　在 1790 年 10 月末国王已经同意考虑这样一个计划，至
少是将其作为一个有可能性的方案，而谋士们开始着手构思
详细的安排。从一开始，布耶侯爵——总部位于梅茨（Metz）
的法国东北部队的将军——就全权负责准备在前线接待国王。
从巴黎逃跑以及经由陆路的长途跋涉将由王后，或者不如说
是由冯·费森一手操办。玛丽和她的瑞典伴侣之间的关系在
那时开辟了一个全新的维度，并且这两个人组织的密谋跟整
个大革命时期孵化出的其他任何事情一样，都世故而复杂，
充满欺骗性。

　　夜复一夜，在整个冬天和 1791 年的春天——甚至在国王
真正接受这个计划之前——费森和玛丽就在宫中秘密地见面，
共同构思一个计划，而这个计划确定无疑是整个事件中最令

---

　　① 　Bouillé, 215 - 216；Bouillé fils, 17 - 19, 21 - 22.

人心惊胆战的部分：逃离杜伊勒里宫，逃离伟大的、丰富的、可疑的首都巴黎。虽然关键的事务依然需要征询路易的意见，并且毫无疑问他还是一位拥有否决权的国王，但是在这件事以及很多其他的问题上，他已经逐渐地把自己的权威让渡给了王后。在此过程中，以及在当时那种极端的环境下，费森事实上已经成为王室家族某种程度上的实际代理人。每周都有几个晚上，费森乔装成平民来到王宫，穿着双排扣长礼服，戴着最受欢迎的阶层中的某些人常戴的圆边帽。他对于自己跟王室家族关系的描述或许完全没有言过其实。"如果没有我，"他在跟自己在瑞典的密友陶贝（Taube）男爵的信中这样写道，"他们就不可能逃走。他们只信任我。除了我，他们不可能依靠其他任何人的判断力来完成这样一个计划。"①

从一开始费森就清楚，这个计划如果想要成功，只能依靠外国的支持。国王的个人预算非常有限，但是他需要大量的金钱来支付雇佣兵的军费，以及维持他一家必要的生活开支，直到情况有可能会变得"正常"。这个计划还要求有相当数量的奥地利军队在边境集合，"要有足够的数量，能够作为一个集结点，让那些对当前事件不满的、心怀善意的各方过来参与到我们中间"②。但是主要由王后推动的跟外国政权的长期谈判，结果却是非常令人沮丧的。许多周边国家的君主，虽然对国王一家的窘境抱有同情，但是对于做出承诺却表示犹豫，除非其他大国也同意参与其中。王后对于自己的亲哥哥利奥波德本人的谨慎态度尤其感到失望，后者在 1790 年约

---

① Fersen，113.

② Feuillet de Conches，2：38 - 40；Fersen，82.

瑟夫去世之后成为奥地利皇帝。最后直到 1791 年 6 月底，利奥波德才直接表示，同意提供钱和军队方面的全力支持。但即使这时皇帝也特别指出只有当国王逃脱**之后**，并处于一个可以独立做出行动的地位之时，他才会提供援助。想要获得这样一种地位的愿望，大大推动了国王的逃亡行动，但也使事先的行动规划变得更加困难。①

对于逃亡行动的过程，布耶和费森最初都大力建议国王一家分成几个小组，乘坐小型的不引人注意的交通工具，以便快速地冲向边境。而这一建议正是国王的弟弟"大亲王"所采取的策略，在国王夫妇逃亡的当天晚上，他化装成一位英国商人，毫无阻碍地逃到了布鲁塞尔。② 但是国王和王后坚决不同意分开行动，也不同意不跟他们的孩子或者国王的妹妹伊丽莎白一起走。王后还坚持要带着孩子们的两位保姆，这就使得事情变得更加复杂了。他们很快又加上了一位家庭密友达谷（d'Agoult）侯爵，作为出现问题时的"向导"和发言人，还有其他三位伪装成马车夫的贵族作为保镖。最后，参与行动的总共有十一个人，这样就不可能只乘坐一辆马车了。③

为了满足这样的需求，费森开始认真地研究这个复杂的旅行方案，而为了保证这些人能顺利地被秘密运送到边境，他必须成功找出这样一个方案。为了构建一种伪装，瑞典人得到了一位俄罗斯男爵夫人科尔夫夫人的帮助，她当时正打算在 6 月带着女儿离开法国。男爵夫人将声称，她"不小心毁

---

① E. g., Arneth, 165, 169, 151, 162, 177 – 179; Tourzel, 176.
② Louis XVIII, 45 – 77.
③ Bouillé, 240; Fersen, 128; Bouillé fils, 39; Damas, 207.

掉"了她的护照，并要求官方再颁发一份副本给她，而这份文件将会给国王一家使用。同样由科尔夫夫人出面订做了一辆四轮双座篷盖马车——这辆马车拥有大大的车轮以及粗大的悬挂式弹簧，将要带着国王一家奔向安全之地。这辆马车的制造由男爵夫人的一位"朋友"监督——这位朋友不是别人，就是费森本人——特殊设计的车辆用了整整三个月的时间才完工，一共花费了接近 6000 法郎，这在当时是一笔大数目，只有最富有的人才能负担得起。这辆马车极其巨大，涂成了黑色，带有明黄色的边框，着实是奢侈的典范，非常适合国王使用，虽然只是一位拙劣地计划着逃亡的国王。这辆马车还拥有皮革和塔夫绸内饰、装有衬垫的座椅，内嵌许多装行李的小隔间、野餐用具、酒瓶架、紧急修理工具箱，还有一个皮革包裹的便壶。同时还准备了一辆小一些的双轮轻便马车，以供两位保姆使用。①

为了把这所有十一个人从杜伊勒里宫转移到城外的驿道上去，费森构思了一个复杂精巧的方案，以一种准备军事战役的方式和谨慎态度，来安排所有人、马车和马的行动。方案提出要使用杜伊勒里宫内一些鲜为人知的走廊和空房间，其中最重要的一处是位于底层的一个房间，房间内有一扇直接通往外面庭院的小门。这间屋子在 4 月 18 日之前，已经由国王的手下清空，准备用作国王一家外逃的秘密集合场所。还另外有一扇小门，连接着这个房间和通往王室套房的楼梯，这扇门是给王后的首席侍女准备的。国王一家使用的房间中

① Bouillé fils，43；Tourzel，193；Bimbenet，36，51；Choiseul-Stainville，44.

有几间也经过了重新布置，以确保王室成员能够更方便地走
到后面的通道，也使得国王一家的房间远离守卫在外面的仆
人和卫兵。①

49    与此同时，王后和几位可信的侍女也在为乔装打扮成"科
尔夫夫人一家"准备道具，包括给五岁的王太子做的小裙子，
以及给国王准备的财务代理人穿的服装。除了这身衣服之外，
国王似乎只带了一套耀眼的红金双色套装，那还是他在1786
年去瑟堡的路上穿着的，他原本打算在边境挂帅指挥他的王
家军队时穿这身衣服。但是，无论如何，贵为法国的王后，
是很难像普通人一样生活的，玛丽费了很大的力气，事先偷
运出去自己的全部行头，包括大部分的钻石和珠宝，几件家
具，以及一只特别设计制造并且塞得满满的化妆箱。为了掩
盖这一系列的行动，他们还小心安排了许多的活动和借口。
但是不走运的是，收集和运送王后细软的"必需品"还是被发
现了，并引起了王后一位侍女的怀疑，而且这位侍女不仅是
爱国者，还是国民自卫队长官的情妇。最终，国王一家不得
不做出了那个致命的决定，即把逃亡的日期推迟一天，避开
那名侍女值班的日子。②

事实上，如果他们曾经希望能够不受注意地溜走，那么
最重要的就是要猝不及防地、不受猜疑地抓住那些革命者。
整个1791年上半年，特别是在4月18日之后，国王夫妇处
心积虑地实施了一个欺骗政策。在抓紧一切时机向外国的各

---

①  E. g. , Bimbenet, 44, 57 - 62；65 - 82；Choiseul-Stainville, 75 -
77；Weber, 324 - 325.

②  Choiseul-Stainville, 50, 52；Tourzel, 190 - 92；Campan, 286 - 90；
Feuillet de Conches, 2：14, 127 - 128；Bimbenet, 26, 40 - 44.

位国王秘密谴责大革命的同时，他们想方设法诱使革命者们相信，他们是全力支持国民议会的。4月19日，路易十六本人亲临国民议会，这是一年多以来的第一次，并且重申他已经接受了宪法；四天之后，他给自己所有的大使送去了一条内容类似的、十分高调的消息。在那之后不久，国王和王后同接受宪法的神职人员一起参加了复活节弥撒，尽管国王本人对"主张分裂的"教会持有强烈的反感。费森已经跟布雷特伊男爵解释过，国王已经决心"不惜一切代价执行他的计划，并使得乱党（指革命者）对他的真实意图一无所知。自此之后，他表面上将会认可并彻底地拥抱大革命以及革命领袖们。他将会表现得完全依赖他们的决策，并预先考虑到那些乌合之众的愿望以使得他们保持安静，最终为成功逃离巴黎创造出必要的信任感"①。

与此同时，布耶将军也对当地的爱国者执行了类似的欺瞒政策。他的司令部在位于巴黎东部约180英里处的梅茨。时年52岁的布耶男爵弗朗索瓦-克劳德-阿木尔（François-Claude-Amour）因为深入参与了七年战争和美国独立战争，当时已经在法国相当地臭名昭著。他也是平息最近发生的南锡兵变的英雄——或者从另一个角度衡量，也可以说是反派头目。事实上，当时已经有一些大革命政治领袖在接近他，把他当作潜在的盟友加以拉拢。但是因为帕米耶主教首先带了国王的一封信给他，要求他的协助，因此，按照他自己的说法，他已经完全地决定效忠于王室。在费森访问梅茨之后，

50

---

① *AP* 25：201，312-13；Fersen，87；also Fersen，108；Tourzel，179；Arneth，155；Feuillet de Conches，2：48-49.

《弗朗索瓦-克劳德-阿木尔·德·布耶男爵》

他也派了自己的长子和副官到巴黎，并为国王的边境之旅制
订了非常详尽的计划。①

　　首先有一个最紧迫的任务，就是找到一个合适的修建防
御工事的位置，以便国王撤退。布耶一开始考虑过贝桑松
（Besançon）和瓦朗谢纳（Valenciennes）两个地方，但是他最终
还是推荐了位于卢森堡西南部的城堡小镇蒙特梅迪。选择这
里不仅是因为这个城堡处于布耶的直接管辖之下，还因为这
里在面对巴黎的西南方向，以及北方边境的方向都有牢固的
防御工事。但是，因为害怕遭到围攻，国王本人并不会待在
城堡里，而是选择了蒙特梅迪北部的托内尔城堡，这里离奥
地利边境只有不到两英里。保护国王的部队总计有差不多一
万人，分别分布在防御工事内部和周围。②

　　至于国王一家的逃跑路线，布耶最初的提议是走最近的
路，穿过兰斯、武济耶（Vouziers）和斯特奈（Stenay）——这条
路线在实际逃跑路线的北边。这条路不仅是最近的，并且经
过的地区绝大部分都是贫穷而居民稀少的乡村，很大程度上
避开了激进分子的主要据点。但是路易在去兰斯参加自己加
冕礼的一路上曾经走过这里，他十分担心自己会被沿途的当
地革命者认出来。最终，他们选择了更靠南边的一条道路：
穿过蒙米拉伊（Montmirail）、马恩河畔沙隆（Châlons-sur-
Marne，1998年后改称香槟沙隆）、圣梅内乌尔德（Sainte-Me-
nehould）以及克莱蒙（Clermont），并且小心地避开了以"极端

*51*

---

　　①　Bouillé，202，226-233，247-249，215-216；Bouillé fils，17-19，
21-22，24-25，56-59；Heidenstam，44-45.
　　②　Bouillé，219-220，240，255；Bouillé fils，37-39，44，87；Fers-
en，121.

分子"而著称的凡尔登。① 这条道路一经选定,布耶就指派弗朗索瓦·德·戈格拉去勘察道路,后者坐着一辆普通的邮政马车,手里握着表出发了。戈格拉当时四十五岁,是一位受过训练的军队工程师兼地图绘制师,他还是一位地位显贵的君主主义者,曾经做过王后的私人秘书。因为国王一行的行进速度必须尽可能快,一路上需要频繁更换马匹,戈格拉这一路上还记录了沿线的驿马站。但是,经过克莱蒙之后,因为要绕开凡尔登,他们必须转而向北,离开王家驿道。因此,为了完成这最后一段路程,必须要从军中抽调备用的马匹,安排在瓦伦城外一处隐秘的位置。但是他们的这位同谋对瓦伦的政治氛围所知不多,戈格拉悄悄地——但是正如我们所看到的,也是十分笨拙地——询问了当地的几位市民,其中就包括副市长骚塞。戈格拉得出的结论是这座城市非常地"安全"。布耶本人将会带着马匹和数量庞大的护卫队等待在丹镇(Dun)附近的最后一个驿马站,这里距瓦伦大约十五英里,到蒙特梅迪的路程差不多也是十五英里。②

给国王准备护卫队这件事儿给筹划此事的人员提出了全新的挑战。他们都想要在路易一离开巴黎之后就派军队保护他,但是向首都附近派兵这样的举动实在太危险了。并且,如果过早地提前布置护卫队,也许反而会使群众注意到国王一家的马车。最终,经过国王和王后的同意之后,他们决定在国王一家到来之前几小时派出规模不大的一队骑兵。如果有必要,这些骑兵可以跟当地人解释他们是被派来护送军饷

---

① Bouillé fils, 37 - 39; Fersen, 118, 121; Tourzel, 196.

② Campan, 282; Fersen, 121; Bouillé, 251; Choiseul-Stainville, 55 - 56, 58; Bouillé fils, 70 - 71; Damas, 207.

的。但是一般来说，所有这些分遣队都得到通知，要远远地跟随并照看着国王的马车，只有当国王被人认出来，可能遭遇了麻烦的时候，他们才能出手干预。[①] 到了什么程度军队才能出面，可能是这整个计划中最为微妙的问题了。对此，布耶只能交给他年轻的陆军军官们自行决定，而这些年轻军官大部分都在最后一刻才得到国王到达的通知。

经过争论，他们最终决定把最早的一个护卫队安排在松韦斯尔（Somme-Vesle），这是位于沙隆东部的一个小镇。这个护卫队的指挥官的职责之一，是给沿线的其他分队送信，只要国王一行经过就通知下一站。还有一个同样重要的任务，就是在国王经过之后封闭道路，阻止来自巴黎的信使传播警报。[②] 这么一个性命攸关的位置，布耶却莫名其妙地选择了克劳德-安托万-加布里埃尔·德·舒瓦瑟尔-斯坦维尔（Claude-Antoine-Gabriel de Choiseul-Stainville）公爵来担任，后者当时只有三十岁，并且相当缺乏经验。虽然大家公认舒瓦瑟尔本人忠心耿耿，也相当尊重他的高贵血统，但是费森和王后都对他轻浮的名声表示了审慎的态度，敦促布耶将军另寻其他人选。在一封信中，费森将他形容为"一个头脑混乱的年轻人"[③]。

但是相对于军官来说，布耶本人更为担心的是军官们将要带领的军队是否忠诚。在整个冬天以及接下来的1791年春天，当地的爱国者社团都势头凶猛地招募了大批驻扎在当地

---

① Bouillé，253；Damas，205 - 206 and 208；Choiseul-Stainville，63；Fersen，130。

② Bouillé fils，72 - 73；Choiseul-Stainville，49。

③ Fersen，136；Bouillé fils，70 - 71。

的法国军人，并且这些军人对自己军队长官的忠诚和动机都产生了强烈的怀疑——这些军队长官几乎无一例外，都来自于越来越不受信任的贵族阶层。各处的军队长官们都只能眼睁睁地看着自己的手下变得越来越无组织无纪律，他们中甚至有人开始宣称，自己只会遵守得到他们自己认可的命令。在这样的情况下，布耶认为他别无选择，只能完全地依赖于外国雇佣兵来完成计划。[1] 他请求杜伊勒里宫准备充足的资金，以确保他的瑞士和德国部队能得到很高的报酬，并且还能给结账日留出足够的数目。费森和王后东拼西凑了差不多一百万里弗——其中大部分来自费森自己的腰包——他们将这笔钱裹在一卷卷的白色塔夫绸里，大胆地用船运到了梅茨。然而，逃亡计划在春天遭到了更加严重的威胁，支持大革命的新任陆军大臣将布耶手下最好的外国部队转移到了另外一个省。[2]

但是布耶要操心的还有国王本人是不是靠得住这个问题。他自己曾经设想过要不要邀请达谷侯爵跟他一起逃亡，以弥补国王本人缺乏旅行经验的问题。然而，在最后关头，国王一家又抛开了达谷，以给女家庭教师图尔泽夫人让出位置，而图尔泽夫人一听说这个逃亡计划就提出要带着她的报酬一起上路。布耶还担心，国王可能永远下不了足够的决心去执行这么一个大胆的计划，他很可能会在最后一刻突然反悔，而作为同谋的布耶只能束手就擒，被控以叛国的罪名。[3] 而

54

---

[1] Bouillé, 243 - 246；Bouillé fils, 33 - 41，62 - 63，80.

[2] Fersen, 130；Bouillé, 220 - 222，242；Bouillé fils, 64 - 65；Damas, 203 - 205；Choiseul-Stainville, 37；Aimond, *Enigme*, 131.

[3] Bouillé, 254 - 255，252；Fischbach, 205 - 206.

国王一再推迟出发的日期，更加深了布耶这样的恐惧。逃亡的日子起初定在 5 月底，然后变成了 6 月初，接着再一次又一次地推迟到 6 月 12 日、15 日，乃至 19 日。[①] 更加不幸的是，布耶一直到 6 月 15 日才知道国王一家又再次更改了出发的日期，改到了 20 日。当时，布耶将军已经下达了所有的指令，他的部队也开始行动，准备就位了。这些不得不修改的命令，最后东拼西凑在一起，很可能会造成许多微小的错误和矛盾，最终影响整个庞大计划的顺利实施。其中问题最严重的可能是，一个骑兵分遣队将会被迫在途中露宿一夜，这会引发当地居民的强烈不安和巨大怀疑。[②]

尽管对于国王的逃亡制订了如此详尽的计划，但是值得注意的是，对于国王真的到达蒙特梅迪之后应该做些什么，却似乎并没有人关注过。布耶声称从来没有人告诉过他国王的打算。路易可能会同他的保守派前部长布雷特伊男爵一起，在当地建立一个临时政府，指派布雷特伊担任首相。布雷特伊当时已经流亡到了瑞士，他被命令起草一份政策文件，并马上到蒙特梅迪去跟国王汇合。但是提前送到卢森堡以便递交给国王的这份政策文件后来再也没有打开过，并且很显然是被毁掉了。[③] 从路易离开时放在桌面上的声明来判断——这份声明中提到了他本人在 1789 年 6 月 23 日的演说——路易很显然是想要维持国民议会的。但是他依然将国民议会称

---

[①]　Choiseul-Stainville, 38, 55；Bouillé, 222；Fersen, 101, 109, 128, 132, 136.

[②]　Fersen, 137；Bouillé fils, 77 - 79；Bouillé, 254 - 255；Choiseul-Stainville, 42 - 43；Damas, 208.

[③]　Bouillé, 223；Fersen, 110；Choiseul-Stainville, 34, 53, 55 - 56.

作"三级会议"，并提议说贵族可以在其中起到举足轻重的作用，并以此来重新赢得他们过去的特权。在其他方面，他暗示了想要推翻大革命的大部分成果，恢复他从前的大部分王权，取消教士民事组织法，重新夺回大革命分子手里的教会财产，并最终废除 1789 年 10 月之后通过的一切法案。在路易的心目中，这种彻底的"反大革命活动"会心平气和地在蒙特梅迪的国王以及他的反对者们之间进行协调，而后者是他本人尽管蒙受了许多羞辱，依然愿意去宽宏大量地原谅的。一旦局势平稳下来，他就会从边境附近的堡垒里撤回，选择一个跟巴黎保持安全距离的居住地——比如说，在"从前的"首都北部七十五英里处的贡比涅（Compiègne）。①

## 风　险

但是路易的子民会温顺地接受这样的安排吗？从国王逃亡之后那一段时间的反应来看，肯定有很大一部分人是不会的。很难想象国王真的顺利逃脱而没有引起一场内战的情形。王后和布耶将军都已经设想过这样的情况可能会发生。不仅如此，玛丽王后和将军还推测出路易可能很快就会被迫撤退进入奥地利边境，以确保自身的安全，他们甚至已经在计划劝说他这么做了。② 虽然路易本人很想长时间地待在境内，但是一旦国王一家明显身陷险境，他肯定会马上越过边境线

① Feuillet de Conches，2：101 - 125；Lefebvre, *Recueil de documents*，274 - 284；Fersen，128；Choiseul-Stainville，34；Bouillé，223.

② Bouillé，200 - 201；Arneth，152 - 154，171；Feuillet de Conches，2：129 - 130；Campan，290；Choiseul-Stainville，53. *AP* 27：558.

进入别国领土，哪怕只是临近边界处——或者是国王身边那些很了解如何操纵他的人开始给他施加这样的压力。虽然路易可能曾经希望，要为了国民的幸福而行动，但是他的胜利逃亡很明显会引起一场全面的内战，甚至可能是国际战争——而因此卷入无尽的痛苦中的，正是那些被他称作"我的孩子们"的人民。

奥地利大使梅西-阿让特伊十分清楚这一点。在整个冬天和春天的漫长通信过程中，梅西反复恳求王后向国王反映逃亡会带来的后果，以及一旦失败又会引发什么样的局面。梅西声称，国王和王后大大低估了大革命在何种程度上得到了人民群众的支持："在目前阶段，逃亡已经不太可能了。每个村庄都会是你们前进道路上不可逾越的障碍。而我一旦设想行动失败会是一场怎样的灾难，就忍不住瑟瑟发抖。"他明白当时的情况令人沮丧而不快，且国王已经丧失了他大部分的权力。但是这位奥地利外交官力争国王一家最好还是静待风暴平息。"如果您能坚持待在巴黎，大革命分子制造出的那些疯狂的产物迟早肯定会自己崩塌。"但是，选择"这样极端的行动（逃亡）几乎已经不可避免地注定了国王一家的命运"①。

那么，这些就是路易的逃亡所面临的风险。这些风险确实高得惊人。成功逃亡可能会引发内战，而逃亡失败可能会造成"极大的灾难"，并且可能会使得君主制度走上绝路。

① Arneth, 152 - 154; Feuillet de Conches, 2: 55 - 59, 127 - 128, 63.

# 第三章　逃亡的国王

　　在逃亡前一天，国王夫妻面临的挑战既明显又严峻：如何让他们以及全家人不受察觉地从一个拥有多达两千名工作人员的宫殿里溜出去——国民自卫队队员、家政人员、政府工作人员——这些人的生活就是围着国王和王后团团转。而关于他们准备逃亡的流言已经在巴黎流传了一段时间，这就使得逃亡变得更加困难。随着王后的侍女的告发，杜伊勒里宫的内外都增加了额外的守卫。确实，出于浓厚的怀疑氛围，国王一家必须将表面上的若无其事维持到最后一刻。因此，王后一整天都小心谨慎地照常行事。她参加弥撒；她做头发；她带着孩子跟几个侍臣一起驾马车去蒂沃力宫(Tivoli)；她跟全家包括国王的弟弟和妹妹一起吃晚饭，然后准备就寝。但是她的女儿，十二岁的长公主觉察出了父母之间不同寻常的紧张气氛。尤其令她难以理解的是，以公主生病为借口，除了首席保姆布瑞尼埃夫人(Madame Brunier)之外，她自己所有的侍女都被打发走了。①

　　其实，她的双亲此时正忙着为即将到来的逃亡做最后的

---

　　①　Madame Royale, in Weber, 313 - 314；AN D XXIX bis 38, dos. 389；Bimbenet, 44.

各种准备。眼下最紧迫的任务之一是选出三名专业的士兵来护送他们逃走，并负责一些具体的实际事务，同时提供一定程度的保护。为此，当时已经被遣散的王家护卫队前指挥官达谷伯爵招募了三个最出色的手下。弗朗索瓦-弗洛伦·德·瓦洛里（Françios-Florent de Valory）、弗朗索瓦-麦尔科伊尔·德·穆斯蒂耶（François-Melchoir de Moustier）和让-弗朗索瓦·麦尔登（Jean-François Malden）都是不知名的外省小贵族，已经在王家护卫队里服务了差不多二十年之久。他们三个都目睹了自己的护卫队在十月事件中如何遭受巴黎群众的羞辱。从那之后，他们就经常参加巴黎的保守贵族的小团体活动，这些人还匆匆参与了 2 月 28 日保卫国王的活动——虽然他们声称并不是自愿参加的。他们都曾宣誓要效忠于国王，甚至在被大革命者逮捕，遭到严酷的审问之下，他们依然也要对"他们的主人"保持忠诚。"完全献身于我的国王，"瓦洛里这样告诉他们，"我绝对不会质疑他的命令，我发誓要奉献给他我的忠诚、我的顺从、我的尊敬和爱。"路易本人在 6 月 17 日召见了穆斯蒂耶，并命令后者给他自己和其他两名同伴去找来私人通讯员的制服：短外套、及膝皮短裤和圆边帽。在逃亡那一天的晚饭之前，国王和王后命令这几个人从卢浮宫的后侧走廊偷偷进入他们的房间。在那里，国王给了他们具体的指示，这些指示是之前的几个月里费森和布耶研究出来的。这三个人一直声称，在那条晚上之前他们一直对逃亡一无所知，并且我们也没有理由去质疑这一点。①

---

① Valory, 257 - 259; Moustier, 4; Bimbenet, 92 - 128; Louis XVI-II, 40 - 41.

与此同时，费森正在进行一系列的快速行动，启动人员、马车和马匹进入安排好的预定位置。6月20日白天，他访问了自己的银行家和瑞典大使；他秘密地穿过杜伊勒里宫，取了几个包裹放在四轮马车上；他一直照料着最后时刻购买的马匹、鞍具和马鞭，以及不同的马车的最终启动——这些活动经常是分阶段进行的，以避免引起怀疑。那天晚上大约六点，费森的德国马车夫巴尔塔萨·沙贝尔（Balthasar Sapel），驾驶着那辆巨大的黑色逃亡马车从马车作坊出发，来到一位富有的英国商人位于克里希街（Rue de Clichy）的住宅。接近八点时，一辆准备用来接两位保姆的单马双轮轻便马车停在宫殿对面河岸的塞纳河边。大约与此同时，一辆普通的小型出租马车被遗弃在香榭丽舍大道上，靠近杜伊勒里宫的花园处，这是给费森本人准备的，他过一会儿就会来开走这辆车。九点半的时候，瓦洛里和穆斯蒂耶在克里希街跟沙贝尔汇合，一起驾着那辆四轮马车在城市西部的郊外迂回穿行，接着转过城墙外侧新建的北部林荫大道，停在位于巴黎东北部角落的圣马丁海关大门附近。接着，瓦洛里骑马去了邦迪村，为第一个驿马站准备马匹。①

在王宫内部，逃亡行动的第一阶段是在大约下午三时开始发动的。被布耶派到巴黎传递最后一个消息的舒瓦瑟尔公爵坐马车出发，去往松韦斯尔的驿马站，在那里跟早些时候派出去保护国王的一队骑兵汇合。陪伴舒瓦瑟尔的大概是这整个逃亡活动中最格格不入的参与者，王后的理发师让-弗朗索瓦·奥提耶（Jean-François Autié），大家都称他为"列奥纳

---

① Bimbenet, 28 - 29, 51, 57 - 62; Moustier, 6 - 7.

多先生"。在最后几天，王后觉得如果没有一位合适的理发师，那么在蒙特梅迪的日子就会艰苦得令人难以想象。在舒瓦瑟尔出发之前不久，她召见了列奥纳多，问他是否愿意遵照她的一切命令。当这位理发师满腔热情地做出了肯定的答复时——对于一位王后，除了这样还能怎么答复呢？——她告诉理发师跟着舒瓦瑟尔先生一起出发，并要逐字逐句地执行他的一切指令。这位时年 33 岁的理发师，并不知道他当时要去哪儿，也没有带换洗的衣服，甚至都不可能来得及临时取消他当天下午的约会，就这样震惊而懵懂地跟着舒瓦瑟尔踏上了东去的道路。①

　　在大约 10 时 30 分，国王一家终于开始行动了。晚餐结束之后，路易拥抱了他的弟弟普罗旺斯伯爵，并将他送上向东去往布鲁塞尔的逃亡之路——他成功逃脱了，这是这对兄弟的最后一次见面。然后玛丽-安托瓦内特和图尔泽夫人悄悄离开去唤醒两个孩子，并且通知他们的保姆当天晚上就要准备出发。这两位王家保姆，布瑞尼埃夫人和纳维尔夫人（Madame de Neuville）当时的震惊并不在列奥纳多先生之下。但她们是完全忠于国王一家的，随时准备跟随他们到任何地方——事实上，在十月事件中，是纳维尔夫人抱着王太子冲出了凡尔赛宫的城墙。王后、图尔泽夫人和保姆们领着或抱着孩子，静静地从后面的楼梯走到底楼，进入由国王的贴身侍卫搬空的那个黑暗的房间。保姆很快地帮孩子们乔装打扮，王太子和他的姐姐都打扮成了小女孩。孩子们收拾停当之后，

---

　　① Choiseul-Stainville, 69 - 74；Aimond, *Enigme*, 56；Lenôre, 270 - 276.

麦尔登领着保姆们回到楼上，走出正殿，渡过塞纳河，上了停在那里等待着她们的马车。一个雇来的马车夫将会把她们带到克莱村（Claye），这是计划好的逃亡路线上的第二站，她们将会在这里紧张不安地等待一整夜。①

回到底楼那个黑暗的房间，王后静静地打开了通向外面的门，这把钥匙是她几个星期前通过一个诡计弄到手的。一轮凸月低低地挂在地平线上，可能还遮掩在云里。王后仔细计算过他们离开的时间，正好是在大批仆人下班离开王宫的时候。② 在每天晚上都成群结队离开的大批男男女女中间，守卫似乎根本就没有注意到这些乔装打扮过的逃亡者。图尔泽夫人哆哆嗦嗦地抱着睡意朦胧的王太子，牵着他姐姐的手，看似漫不经心地走过庭院，朝着王宫东侧大街上那一排亮着灯的马车走去——每天夜里这个时候，这里都有车等着那些离开杜伊勒里宫的人。费森本人则打扮成一名普通的司机，正坐在那辆出租马车里等待着。接下来他们在城里稍稍兜了个圈，等其他的家庭成员也准备好要离开的时候，大约在深夜十一时，他们又回到了最初的地点。图尔泽惊讶于费森这个瑞典人竟然能如此逼真地模仿一个巴黎马车夫的样子，他吹着口哨，时不时地停下来跟其他的车夫交换烟草，随便聊天。而公主记得的却只有"时间从来没有过得那么慢过"③。

费森回来之后不久，国王的妹妹伊丽莎白就已经乔装打

---

① Bimbenet，8-11，65-82.

② Aimond，*Enigme*，57；Lafayette，3：77；Weber，325；*Almanach de la ville de Lyon*，xix.

③ Tourzel，191-192；Weber，314-316. 根据某些说法，图尔泽夫人走出王宫的时候是跟麦尔登或费森，甚至可能是和王后本人在一起的；Lenôre，41-42.

《1791年6月21日凌晨12点30分，路易十六离开杜伊勒里宫》　提着灯笼的国王带着逃亡的人穿过杜伊勒里宫的庭院，跟等在外面坐在出租马车上的费森汇合。而实际上，这些逃亡的人几乎都是单独离开的。

扮完毕，穿过一扇隐藏在护壁板上的秘门，溜出了自己的房间。她走出王宫，径直来到坐在出租马车里等待着的费森面前，接着费森把她带到了那扇正确的门前。本来接下来国王就该动身了，但是在最后一刻拉法耶特将军和巴黎市长巴伊(Bailly)突然出现了，没有经过通知就直接闯进了王宫，于是路易只得跟他们交谈了几句。只有到了十一时三十分之后，这两位巴黎的领导人终于离开了，路易才得以假装去就寝，打发走了他的仆人，然后走到楼上，乔装打扮，接着由麦尔登搀扶着来到外面等待着的马车上。出于一贯的黏液质的性格，他甚至在穿过庭院的时候还停下来系鞋带扣。最后一个要离开的就是王后本人了。出于某些原因，她差点撞上正准备离开王宫的拉法耶特将军。但是将军当时被他周围随从手举的火把照得眼花，又正巧心不在焉在想些别的事情，因此没有注意到那个独自走在阴影里的女人。经过如此令人惊心动魄的时刻之后，王后自己终于也登上了出租马车。①

　　当时已经是十二点半了，比计划的时间晚了一小时。一家人在小小的马车里拥作一团的时候，费森开始发动马车穿过巴黎，麦尔登扮作男仆坐在车后。他们走得很慢，唯恐引起什么人的注意。费森并没有径直驾车到圣马丁门，而是先沿着克里希街往西北方向走，确定停在那里的四轮大马车已经离开了。他也很小心地避开了位于巴黎东北方向的那些地区，在那些地方的居民疑心总是很重，而且深夜大街上也还是有人在活动。终于到达圣马丁门之后，费森又花了好几分

　　① 　Choiseul-Stainville, 75-77; Bimbenet, 35-36, 92-103; Tourzel, 192; *AP* 27: 553; Aimond, *Enigme*, 56-57.

钟时间十分紧张地寻找穆斯蒂耶、沙贝尔和四轮大马车的踪影，最后发现车停在暗处，比他预计的停车地点要远上许多。找到大马车之后，费森和其他两位保镖马上把乘客都转移到了大马车上，将小出租马车推进一条水沟里，然后踏上了一路向东出城的道路。这些各式各样的的延误已经使得他们比计划时间落后两小时了。那是一年中最短的一个夜晚，黎明的曙光已经开始隐约地出现了。费森冲着他的马车夫大吼起来，催着他加快速度："快一点，巴尔塔萨！"与此同时，沙贝尔自己也想起了这一点："赶紧的，快一点！你的马可并不累，催它们走快一些！"半小时之后他们到达位于邦迪的第一个驿马站时，瓦洛里已经等在那里了，带着准备替换的马匹。①

在这里，费森离开了队伍。他已经以高度的审慎和机智完成了逃跑密谋中他自己的那一部分任务，指挥国王一家近乎奇迹一般地逃出了杜伊勒里宫和巴黎。接下来他打算独自骑马向北，进入奥地利和荷兰，接着沿着国境线的外侧前进，在蒙特梅迪跟国王一家再次汇合。"再见了，科尔夫夫人。"他跟乔装打扮过的王后简短地道别，然后骑马去往勒布尔热（Le Bourget），同时国王一家依然一路向东。②

下一站是克莱，在那里两位保姆乘坐的小马车跟他们汇合了，旅行者全体终于到齐。在太阳开始缓缓升起的时候——这大约是四点过后——车队开始穿过法兰西岛和香槟地区那些起伏的平原。并不能说他们这群人一点都不显眼。

① Tourzel，193－194；Choiseul-Stainville，78－79；Aimond，*Enigme*，58；Bimbenet，57－62。

② Bimbenet，61－62；Choiseul-Stainville，78－79。

双轮小马车是黄色的，黑色的四轮大马车也有着黄色的边框，还有穿着鲜明的黄色外套的三个保镖——瓦洛里骑着马走在前面，麦尔登坐在大马车的车顶上，穆斯蒂耶骑马跟在最后——这一队人马一路上所到之地，无论是乡村还是城镇，都吸引了当地人的目光。① 诚然，这是从巴黎去往德国的主干道，富有的旅行者乘坐着豪华的马车，这并不是什么史无前例的景象。但是当他们继续前行去往洛林（Lorraine）的时候，围观群众就开始特别地关注这三位保镖。很显然穆斯蒂耶选择黄色的制服只是一个纯然的巧合，但是对于当地人来说，他们对孔代亲王（Prince de Condé）的侍卫制服真是再熟悉不过了。这位亲王是一位非常受人厌恶的反大革命的武装领袖，也是在法国的这一地区拥有无数领地的大封建领主。②

接下来的路程是法国的主要公路之一，笔直而宽阔，一向维护得很好，两侧都种了树，一半的道路路基上铺着石头，其他的则是碎石——道路高高隆起在田野上。部分道路是在1785年刚刚完工的。跟其他富有的长途旅行者一样，王国一家每到达一处驿马站，就会更换马匹和车夫。瓦洛里总是骑马远远走在前面，以通知下一个驿马站的站长早点准备好马匹，等后面的马车一到就换上。他们要求每个驿马站准备十匹或者十一匹马——六匹马拉四轮大马车，两匹拉双轮小马车，还有两匹给瓦洛里和穆斯蒂耶当坐骑。每一站都会派出一两个马车夫或者说"向导"，骑马跟在一匹拉车的马旁边，将这一队人带到下一个驿马站，然后自己再回到上一站。路

64

---

① Bimbenet, 8 - 12, 36, 51.
② Aimond, *Enigme*, 8 - 9.

易带了一口袋金币，时不时地就会拿出来给瓦洛里，用来支付马车夫的费用和小费。① 他们在路上的行进速度差不多是每小时九到十英里，但是在每个驿马站都要花上十五到二十分钟，而全程有十九个驿马站，因此他们行进的平均速度接近每小时七英里。② *65*

　　气温逐渐升高，马车平稳地驶过田野，马匹的更换也十分顺利，旅行者们感到了一阵解放的欢欣。当时的天气炎热而潮湿，但是他们一路上并没有遇到雨。大约是在埃托日 (Etoges) 附近的一个地方，大马车的一个车轮撞上了路标石，四匹马绊倒了，弄坏了它们的缰绳。修理工作花掉了大约四十分钟，这使得他们更加赶不上安排好的时间进度了。③ 但是，除此之外，旅行一路上畅通无阻。这段旅程最危险的部分似乎已经被他们远远甩在了身后，现在剩下的问题就只是赶到松韦斯尔，在那里就会有人照料他们，如果需要的话，舒瓦瑟尔的骑兵也会保护他们。

　　在马车里，国王一家用手吃了一顿愉快的野餐式的早餐，"像是猎人们或者是平民阶级的旅行者们那样"，穆斯蒂耶这样形容。他们还互相交流了逃离杜伊勒里宫的经历。现在国王一家的逃亡肯定已经被人发现了，拉法耶特将会多么羞愧和尴尬，王后还对此评论了一番。国王拿出了他的地图和事

---

　　① Valory, 270; Bimbenet, 82 – 92; *AP* 27: 552 – 553; Vast, 15; Arbellot and Lepetit, 18.

　　② Aimond, *Enigme*, 13. 从巴黎到瓦伦大约有 146 英里，他们一共花了 20.5 小时，即每小时 7.1 英里。考虑到路上一共停靠了 19 个驿马站，他们的时速大约是 9.2 英里。

　　③ Fournel, 356; Lacroix, 128; Weber, 316. Vast, 24 – 25; Aimond, *Enigme*, 65 – 66, 74.

先准备好的旅行日程，大声地念出每一个路过的城镇或驿马
站的名字。这是他第三次离开巴黎到别处旅行，也是他 1786
年去瑟堡的辉煌旅程之后的第一次。他现在已经沉浸在对地
理和清单的热忱之中了。王后负责指派他们各自都要扮演什
么角色——在凡尔赛附近的小特里阿农宫，她也曾经热衷于
跟侍臣们玩类似的游戏。图尔泽夫人将成为科尔夫男爵夫人，
王太子和公主则是她的两个孩子。伊丽莎白和玛丽-安托瓦内
特将扮成她的两个侍女。王后和国王的妹妹已经按照这样的
身份乔装打扮过了，穿着简单的晨衣、短披风和相配的帽子。
至于国王本人，他穿着平民的外衣、一件褐色的背心和小小
的圆帽子。他将成为杜兰先生，男爵夫人的营业代理人。①

66　　　但是旅行者们很快就厌倦了角色扮演和必须严格隐姓埋
名的苛刻。特别是路易，他从来都不擅长假装成别人。不管
怎样，他依然相信离开巴黎、雅各宾俱乐部、煽动人心的报
纸和狂热的暴民，一切都会变得不一样的；国王和王后现在
应当获得恰如其分的尊重。天气越来越热，他们放下了遮阳
板，摘下帽子和面纱，看着外面在田野里劳作的农民。这些
农民也看着他们，好奇这些坐着奇怪的黄黑两色马车旅行的
有钱贵族的身份。在一段长长的上坡路上，类似从拉费泰苏
茹瓦尔(La Ferté-sous-Jouarre)到马恩河谷(Marne Valley)的
一路，在马匹拉着车艰难地往山上走的时候，大部分人都下
车来步行了。后来，国王开始在驿马站下车四处走动，让自
己透透气，甚至停下来跟围观的人交谈，询问天气和庄稼的

---

　　① Tourzel, 193 - 195；Weber, 315；Moustier, 9 - 11；Vast, 1；
Pétion, 194.

情况，就像他年轻时候曾经跟凡尔赛宫外的劳工聊天那样。保镖和保姆对国王的无忧无虑一开始表示担忧，在一个驿马站，穆斯蒂耶还试图将他与那些探头探脑的乡下人隔离开。但是，路易告诉他的保镖"不用担心，这样的小心谨慎是没有必要的。这段旅行现在看起来已经平安无事了"。最后，保镖们得出结论说国王一家知道自己在干什么，所以他们自己就没有必要再操心了。①

然而，其实国王已经被人认出来了。一个名叫弗朗索瓦·皮卡尔（François Picard）的马车夫确定，在蒙米拉伊（Montmirail）的驿马站换马的时候他看到了国王。又过了三站之后，在尚特里比耶尔热（Chaintrix-Bierges），驿马站站长让-巴蒂斯特·德·拉尼（Jean-Baptiste de Lagny）和他的女婿加布里埃尔·瓦莱（Gabriel Vallet）都认出了国王。他们两人都参加过1790年的联盟节。在这里，可能还有当地人记得，国王全家都在驿马站附设的小旅馆里走出来透气，留下两个装饰着王家纹样的银质小碗给人欣赏。无论如何，拉尼派瓦莱去给大马车带路到马恩河畔沙隆去，这位女婿一到那儿，就把这个消息偷偷说给那里的驿马站站长听，这位站长跟瓦莱他们全家人都很熟悉。②

当他们大约下午四点驶入沙隆的时候，旅行者们原本应 67
该警惕起来的。沙隆是位于巴黎和蒙特梅迪之间最大的城市，当地肯定会有在凡尔赛见过国王和王后的贵族。但是路易看

---

① Bimbenet，65 - 82，92 - 103，115 - 128；Moustier，11；Aimond，*Enigme*，64 - 65.

② Aimond，*Enigme*，64 - 65，68 - 69；Vast，16 - 19，27，39 - 41.

上去并没有比他在经过那些小驿马站时更加小心谨慎。除了驿马站站长维耶(Viet)，还有其他好几个人也认出了他。"几乎每个人都认出了我们，"伊丽莎白公主后来回忆说，"许多人因见到了国王而感谢上帝，并且祝福国王一路平安。"① 不知道民众是确实十分高兴看到国王离开巴黎，还是仅仅太过震惊不知道如何反应，维耶和他的马厩帮手只是沉默地帮国王换上了新的马匹，目送马车驶出了城。市长当时就得到了消息，但是他也不知道该如何是好。过了几小时之后，当巴黎来的信使带来了国王一家逃走的消息，并传达了议会的命令要求阻止他们，市政府才匆忙开始采取行动。②

在离开沙隆一路向东走向洛林边境的过程中，国王一家的心情都极度乐观，他们认为自己已经过了最后一个大关，马上就要投向舒瓦瑟尔公爵和他的骑兵们的保护了。国王手头有详细的旅行日志，所以他知道他们已经比原计划的时间安排落后三小时了。但是他似乎完全没有意识到这会是一个问题。无论如何，在松韦斯尔附近一个位于离村庄不远的主路上的驿马站进入视野时，他们欢乐的兴致就突然中断了。在他们面前开阔的一望无际的农田里，并没有任何军队的踪影。瓦洛里小心地打探了消息，发现骑兵确实在这里驻扎过，就在驿马站附近一个小池塘边上。但是骑兵队已经被当地的农民弄得心烦意乱，一小时之前，他们刚刚离开了。刚开始国王一行认为舒瓦瑟尔可能只是把他们沿着大路带到了远处一个安静些的地方。但是当他们到达下一个驿马站时，舒瓦

---

① Weber, 316; Aimond, *Enigme*, 74 - 76; Vast, 41 - 43.

② Vast, 62, 67 - 69, 72; Aimond, *Enigme*, 76 - 78; AN D XXIX bis 36 (1), dos. 370.

瑟尔和他的骑兵却依然不见踪影。当国王一家在刚刚降临的暮色中驶向圣梅内乌尔德城，远处就是阿尔贡森林那漆黑的暗影时，他们，用图尔泽夫人的话来形容，已经深陷"极度的焦虑"之中。①

## 崩　溃

在之前的日子里，国王的逃亡行动计划得十分顺利，除了路易在最后时刻决定将出发时间推迟一天所导致的变动。当费森和国王一家做好了准备工作，成功逃出巴黎的时候，布耶将军也早已安排军队做好了一系列的准备活动，迎接国王一行。将军本人于 6 月 16 日离开了位于梅茨的司令部，并通知当地的军官，他要到前线去监视奥地利军队的行动。同时他下达命令，集中大量的战士和给养输送到蒙特梅迪。6 月 20 日他到达斯特奈，这是位于默兹河畔的一个军事重镇，地处蒙特梅迪和瓦伦之间。他的小儿子和另一个军官雷格古尔(Raigecourt)伯爵已经被派去瓦伦，带着一队驿马跟已经驻扎在那里的大约四十名德国军人汇合。为避免引人怀疑，他们将马匹栓在河西岸一家小旅店的马厩里，当接到国王即将到达的通知后，再将马匹牵到瓦伦的最南边。6 月 20 日夜里，老布耶和几名军官偷偷往南骑了大约八英里，在一个约定好的位置，一个叫作丹镇的小镇北侧等待着国王一家的到来。与此同时，德国骑兵的其他特遣部队在指挥官达马(De-

① Tourzel, 195 - 197；Valory, 270；Vast, 97 - 99；Aimond, *Enigme*, 79.

mas)和安多万（Andoins）的率领下从南部出发，分别在克莱蒙和圣梅内乌尔德就位。6月21日早晨，弗朗索瓦·德·戈格拉本人带着四十名骑兵从圣梅内乌尔德出发，大约在中午的时候到达松韦斯尔，跟等待在那里的舒瓦瑟尔公爵以及理发师列奥纳多汇合。①

69

然而，所有这些事先安排好的计划，都不是在真空中进行的，而是处于平民的密切注视之下，并且这些民众绝不是消极被动的。在整个6月，瓦伦的居民们并不是仅有的对该地区不明原因的部队活动越来越表示担心的人。对于"南锡的屠夫"布耶将军以及在战场上指挥的贵族军官的怀疑，随着说德语的雇佣兵人数越来越多而日益增强。人民看到，在每个经过的分遣队中，都有大量的这类雇佣兵。军队没有充分地预先提醒民众将会有骑兵出现，而这进一步加强了紧张气氛。直到最后一刻，城镇的领导人才被告知已经派出部队来护送从巴黎运送到前线的军饷。但是这样的说法并没有减轻当地人的恐惧。明明从头到尾有一个单独的护卫队就足够了，为什么会出现这么多的骑兵呢？为什么指挥官只派出了说德语的部队？是不是有战争即将爆发了——对于这个边境地区来说，这一直是个十分实际的问题——并且，如果真的是这样，一支德国部队在贵族指挥官的带领下将会倒向哪一边？于是，十分讽刺的是，正是派出保护国王的护卫队，在国王必须穿越的地区的民众心中激起了广泛的怀疑。

在蒙特梅迪，显而易见需要准备一个很大的军营——还

① Bouillé, 256 - 257; Damas, 209, 212 - 213; Bouillé fils, 79, 86, 122 - 129; Raigecourt, 187 - 195; Bimbenet, 238 - 239; Aimond, *Enigme*, 106 - 110.

要烤 18 000 条面包做军粮——这也带来了"怀疑和焦虑"。
"在和平时期这种不同寻常的举动——满街都是军官，到处都
部署了哨兵——在当地人心中引起了普遍的恐慌。"① 就在瓦
伦南部的克莱蒙，当地人目睹了一天有 150 名骑兵骑马穿过
城市，第二天又有 180 名，并且还突然宣布要在当地驻扎过
夜。几乎没有人相信运送保险箱的故事，有传闻说这个"宝
藏"是王后偷运出来给她的哥哥奥地利皇帝的——又或者说这
个宝藏其实就是王后本人。② 在西边更远处的圣梅内乌尔德，
民众也同样看到了不经通报就突然接连出现的两个骑兵队。
第二队是一队龙骑兵，他们在安多万的指挥下，于 6 月 21 日
上午九时左右在市中心的大型广场上下马，在那里等待了一
整天，与此同时他们紧张的指挥官在街上来回踱步，时不时
地骑马出城去往地平线的方向观看。在指挥官不在场的时候，
当地人试图跟这些说外语的骑兵交流，给他们买酒，打听他
们在此地区出现的"真实用意"。许多战士被他们接到的奇怪
命令搞糊涂了，开始怀疑他们的长官是否真的值得信任。到
了下午结束的时候，怀疑已经到了这样一种程度，当地国民
自卫队的队员开始武装起来，准备迎接一场莫名的灾难。③

　　与此同时，松韦斯尔关键性的前沿阵地上，更加灾难性
的事件正在显露出来。在那里，舒瓦瑟尔公爵的轻骑兵并没
有在城里等待，而是在开阔的乡间。这里跟大革命开始之后
的许多法国农村地区一样，农民们变得不愿意向他们的封建

---

①　Bimbenet，177 – 178.

②　Damas，107，210，214，218；Vast，175；Aimond，*Enigme*，96.

③　Bimbenet，183 – 185；Lagache，449 – 453；Buirette，546 – 550；
Vast，101 – 107；Aimond，*Enigme*，33，84 – 86.

领主缴纳税金了。骑兵到来的时候，戴着高高的装饰着羽毛的头盔，那副模样灿烂动人而又令人恐惧。恐慌情绪开始在那里蔓延，据说这些骑兵是来夺取农民的钱或者庄稼的，于是农民们从四面八方赶来，手中抓着干草叉和镰刀，喊叫着威胁着这些骑兵。在下午时分，从过路的旅客那里听到了骚乱情况之后，国民自卫队从沙隆派出了一个代表团来打听情况。舒瓦瑟尔和戈格拉试图跟每个人讲道理，告诉他们保险箱的事情。虽然自卫队显然接受了这样的说法，平静下来回沙隆去了，但是当地的农民依然不相信，他们还在恐吓威胁这个骑兵队。①

在这个时候，舒瓦瑟尔对于迟迟不到的国王一家也开始表示担心。戈格拉仔细计算过路上的时间，根据他的算法，国王一家两点钟就应该已经到了。在给布耶的一封信中，费森甚至说过国王两点半就能到达松韦斯尔："我可以保证这一点。"最终，接近傍晚的时候，年轻的公爵做出了一系列轻率的决定，而这些决定对整个逃亡计划产生了重大的影响。因为对在场的农民感到烦躁不安，并且担心国王是否没能安全逃出巴黎，也害怕如果国王到达，驿马站附近的混乱状况也可能给国王带来危险，舒瓦瑟尔决定撤退，但是他并没有选择沿着道路撤退到稍远一点的地方，而是选择一路撤退到了五十英里之外的布耶位于斯特奈（Stenay）的司令部。更加要命的是，他接着给其他等待在他后面的骑兵分遣队送去了消息："看起来宝藏有可能今天到不了了。我已经离开去跟布耶

----

① Choiseul-Stainville, 80-84; Damas, 233-234; Aimond, *Enigme*, 80-81.

将军汇合了，你们明天会收到新命令的。"最后，在送信的人选上，简直令人难以置信，他居然选了王后的理发师，列奥纳多先生。①

在接下来的八小时中，舒瓦瑟尔公爵和他的小分队将会朝着东北方向前进，穿过乡村而不是走大路，在一个又一个村子里突然出现，引起一片恐慌，接着一头扎进了阿尔贡森林，并且在里面迷路了。与此相反，列奥纳多先生迅速担负起了他作为军队情报员的职责，坐着他的小马车出色地完成了任务。他接连经过了圣梅内乌尔德、克莱蒙和瓦伦，一路散布着暗示国王可能不会来的消息。在前两个城镇，安多万和达马很高兴有这么一个理由可以让他们的军人解下马鞍回住所休息，这在某种程度上缓解了当地人的恐惧情绪。但是他们两人都在几名军官和士兵的陪同下留在驿马站，等着看后面的情况。在瓦伦，指挥官和军队都过夜休息去了。只有雷格古尔和小布耶依然守在旅馆的窗户旁边，等待着或许有命令召唤他们栓在楼下马厩里的驿马。②

在国王的马车队进入圣梅内乌尔德长长的主干道，开进中心广场的时候，他们因为找不到舒瓦瑟尔而引起的焦虑情绪并没有得到缓解。他们确实看到了骑兵，但是这些骑兵看上去正在休息，没有骑马也没有武装，有些甚至还在小旅店里喝酒。更让他们担忧的是一伙一伙的国民自卫队队员，许

---

① Fersen，138；Choiseul-Stainville，80‐84，109‐110；Damas，233‐234；Bouillé fils，95‐98；Aimond，*Enigme*，80‐81。

② Damas，218‐221；Bimbenet，183‐185；Raigecourt，187‐195；Aimond，*Enigme*，108‐110。

多正扛着火枪，在市政厅那典雅的砖石和石灰岩建筑前面的王家广场对面打转。旅行者们当时一定觉得他们误打误撞地闯进了正在城市广场上演的一出戏里，而全城的市民似乎都聚在这里看戏。他们肯定也意识到了每个人都转过头来注视着他们，特别是盯着两位保镖，他们俩看上去完全就是孔代亲王的人。在稍远一点的地方，一条向右倾斜的街道上，国王一家找到了驿马站以及早就在那里准备马匹的瓦洛里和马厩助手。换马的过程又快又顺利。在等待的时候，王后急于知道发生了什么，于是把安多万叫到大马车前。这名军官试图自然地走上前去，但是当他看到国王的时候还是不由自主地行礼了。他悄悄地说："计划没有成功，为了不引起怀疑，我必须离开了。"说完他就迅速地走开了。"这短短的一句话，"图尔泽夫人后来回忆道，"深深刺穿了国王的心。"①

驿马站站长让-巴蒂斯特·德鲁埃来到现场的时候，他的马厩帮手们几乎已经完成了换马的工作。这位站长当时 28 岁，家里还有一个哥哥，他曾经在骑兵队里服役七年，退役之后回到家乡，在自家的田地里劳作，并经营这个由他的寡母拥有的驿马站。他雄心勃勃，自信满满，但是发现自己被迫从事的是农活和体力劳动这样的苦工，跟他青年时代的辉煌履历比起来真是相当落魄了，这也给了他很大的挫败感。②现在，当他看到大马车并且认真地打量里面的乘客时，他震惊地认出了法国王后，他和同伴们一起在凡尔赛附近驻扎的

---

① Tourzel，197；Valory，270 – 274；Moustier，13；Lagache，451；Fournel，340 – 341；Buirette，547 – 548；Vast，107，111 – 118；Aimond，*Enigme*，84 – 87.

② Laurent，248 – 249.

73

《德鲁埃在圣梅内乌尔德认出了国王》　在一家叫作 Au Fuiard（逃亡）的小
旅店里，　国王品尝着圣梅内乌尔德的招牌菜肴猪蹄，　其他人在一边等待着。　德
鲁埃拿着一张纸币上的画像做对比，　认出了国王。　实际上，　国王在圣梅内乌尔
德期间并没有走下马车。

时候曾经见过她一次。虽然他从来没有见过国王，但是坐在王后身边的那位体格魁伟的男人的面孔，立刻让他觉得跟最近刚开始流通的纸币上印着的路易十六的画像惊人相似。在目送两辆马车开走之后，他开始告诉身边的每一个人国王刚刚从这里经过了。一开始，就像尚特里比耶尔热和沙隆的人一样，没人知道该怎么办或者该想些什么。但是仅仅在几分钟后，安多万吹响了喇叭，召集他的龙骑兵上马，准备撤离，就在这个时候他们突然发现了整件事情的真相。这完全是一个阴谋，骑兵队护送的并不是保险箱，而是国王本人，他不是在逃亡就是被绑架了。①

在那之后，在圣梅内乌尔德发生的事情的先后顺序就有些模糊不清了。当地的国民自卫队立刻组织了起来，挎着火枪，敲着鼓，列队站在道路两侧，阻挡住了骑兵的去路。与此同时，其他的市民开始跟骑兵交谈，游说他们背叛自己的长官。在安多万试图劝阻市民的时候，他手下一名骑在马上的军官突然向空中开枪，并冲破自卫队的阻挡骑马逃出了城，躲避开了后面一路追逐他的枪声。现在教堂的钟声大作，整个形势变得混乱不堪，安多万和其他的军官被解除了武装，并出于安全的考虑被锁在监狱里。德鲁埃被叫到市议会，在紧邻暴乱现场的议会大厅里召开了紧急会议。在他讲完自己知道的情况之后，市镇领导们做出了一个不同寻常的决定。如果国王真的逃出了巴黎，那只可能意味着他要逃到边境，也许会带回一支外国军队来进攻自己的国家，终结大革命。

---

① *AP* 27：508；Buirette，547-548；Vast，111-119；Aimond，*Enigme*，87-91.

必须警告其他位于通往边境的路线上的城镇，阻止国王。他们要求德鲁埃本人，作为镇上最出色的骑手之一，马上骑马去追赶国王。这位驿马站站长马上招呼了自己的朋友让·纪尧姆（Jean Guillaume），一位前骑兵，一起动身去追赶国王一家。但是现在距离他们已经有足足一个半小时的路程了。当德鲁埃和纪尧姆接近克莱蒙的时候，他们遇到了派去给国王一家带路的马车夫，他告诉他们大马车和双轮小马车离开了主路，转向北方去了。两位骑士于是调转马头，向着瓦伦的方向狂奔而去。①

　　大约在一小时之前，九时三十分左右的时候，国王一行的车队慢慢地翻过了阿尔贡的山丘，停靠在克莱蒙的驿马站。那时候天已经差不多黑了，驿马站又位于城镇的边缘，所以几乎没有人看到他们。十分迅速地更换了马匹之后，一直等候在附近的达马伯爵十分谨慎地上前跟国王一家交谈，并跟瓦洛里保持着相当的距离。他提醒国王一家在克莱蒙的军队引起了当地人的普遍不安，并保证自己将会在国王的两辆马车开出一段距离之后跟随在后面——这也是布耶将军在信中曾经吩咐过的。但是车队穿过城镇，转而向瓦伦行驶的一路上，他们的行踪已经清晰地暴露了。接下来在克莱蒙发生的事情跟在圣梅内乌尔德大同小异。并没有人认出国王夫妇，但是每个人都看到了孔代亲王信使的黄色制服，并认为这一定跟最近两天不明不白驻扎在他们城镇里的军队有某种关系。大约一小时后，当国民自卫队穿上制服集合完毕之后，那位

75

————————

　　①　Bimbenet, 183 - 185；Lagache, 452 - 453；AN D XXIX bis 37, dos. 386；report of municipality of Sainte-Menehould, July 28, 1791；Buirette, 547 - 553.

从圣梅内乌尔德逃出来的军官到达了克莱蒙，告诉达马国王
一行已经被认出来了，并且在他们离开之后已经爆发了全面
的骚乱。当指挥官试图重整队伍时，大部分人已经喝得醉醺
醺，并且被当地人说服了，他们拒绝执行命令。他只能跟很
少几名骑兵一起逃走，快马加鞭赶去警告国王。[①]

与此同时，大马车的乘客们正在长长的埃尔河谷中平稳
地前进，并且由于长途跋涉而疲惫不堪，"即使又紧张又焦
虑"依然在黑暗中打起盹来。[②] 如果他们那时知道了从后面逐
步逼近的一波波恐慌和暴动，恐怕还会更加紧张。由圣梅内
乌尔德和克莱蒙的事件，以及舒瓦瑟尔公爵骑马狂奔过阿尔
贡的村庄所引发的局部浪潮规模较小，而不久之后，官方信
使和市民涌上法兰西的街道，宣布国王失踪的消息，引发的
则是更加可观的怒火狂潮。

十一时到达瓦伦之后，等待着他们的是又一次不安和失
望的打击。布耶和舒瓦瑟尔曾说过会在第一排房子附近的路
边树丛里安置一批新的马匹，但是瓦洛里和穆斯蒂耶骑马找
遍了沉睡中的村庄，一直走到路边都没有发觉驿马的踪迹。
他们甚至在村庄入口处敲开了几户人家的门，但是同样没有
得到任何帮助。旅行者们要求马车夫放弃寻找驿马，继续前
进去丹镇，但是克莱蒙来的马车夫严格执行自己驿站长的命
令，除非马匹得到了充分的喂食和休息，不然不会去比瓦伦
更远的地方。在他们搜寻马匹和跟马车夫争执的过程中，又
有半小时到四十分钟的时间过去了。在他们依然停在道路旁

76

---

① Damas, 221 - 229; Valory, 276 - 277; Tourzel, 196; Weber, 316;
Bimbenet, 187 - 193; Lagache, 453 - 454; Aimond, *Enigme*, 103.

② Weber, 316.

的时候，德鲁埃和纪尧姆骑马一路小跑着经过他们进了城。①

最后马车夫终于同意一边继续找寻驿马，一边向瓦伦的中心地区前进。他们缓慢地穿过一片漆黑的街道，只有双轮小马车上的灯光照亮。接下来他们听到了各种声音，呼喊，有人在嚷嚷着："着火了，着火了!"图尔泽夫人非常清楚地记得那个时刻："我们觉得我们一定是被人出卖了。我们沿着街道前进，心中的悲伤和痛苦简直难以用语言形容。"他们穿过小旅店金色手臂旁边的拱门，在那里，有人拦住了他们。②

## 回到巴黎

对于国王一家和他们的支持者来说，在瓦伦的那一夜只能说是一场漫无边际的折磨，是他们最可怕的噩梦——如同图尔泽夫人形容的那样，是"八小时死亡一般的等待"。也曾经过有充满希望的时刻：城镇的官员们看上去似乎愿意帮助他们，舒瓦瑟尔和戈格拉奇迹一般地出现了，接下来达马和德隆带着他们的骑兵队也赶到了。一直到最后，他们还抱着希望，认为没准布耶将军就在附近，他马上就会赶来护送他们。路易的军官提出了一个极端的建议，要拆散他们一家，但是被路易坚定地拒绝了，他害怕有人会伤害他的妻子和孩子们。不久之后，城镇议会就改变了心意，拒绝让他们继续逃亡，这真是一个苦涩的打击。而最后从巴黎来的信使出现

---

① Valory, 258, 279 – 285；Moustier, 15 – 18；Weber, 316；*AP* 27：508 – 509；Aimond, *Histoire de Varennes*, 317 – 318.

② Tourzel, 198.

了，命令他们返回首都，带给他们最后的羞辱并宣告了他们逃亡行动的失败。

他们试着拖延了一段时间。他们请求让孩子们多睡一会儿，也让自己能够多休息一段时间。一位保姆甚至假装发作了非常严重的胃痛。最后，他们在恳求之后只得到了一会儿时间，得以单独在一起整理思绪，编出一个共同的说法，并烧掉随身带着的文件。最后，在大约早晨七点半的时候，国王一行从骚塞的店里被人带走，送上两辆马车，掉头开回巴黎。一家人被河对岸聚集在街道和广场上的人山人海吓呆了，群众推推搡搡争着要看国王和王后一眼，并且不停地呼喊着："国家万岁！国王万岁！回巴黎去！"依然殷勤有礼的舒瓦瑟尔公爵搀扶王后登上四轮大马车。她转过头来问他："你觉得费森先生是不是已经逃走了？"公爵回答说他认为是这样。在那之后不久，舒瓦瑟尔就被拖进了人群，遭到了痛打，并跟达马和其他军官一起被关进了凡尔登的监狱。只有狡黠的戈格拉带着包裹着绷带的枪伤设法逃出了城，数天之后才在奥地利边境被捕。当几辆马车沿着回巴黎的道路慢慢爬上山坡的时候，国王一家依然凝视着河对岸，猜测布耶将军到底怎么样了。①

就在那个时刻，将军远在一个半小时的路程之外。在当天清晨四点，他的小儿子和手下军官放弃了在丹镇之外的漫长等待之后，在差不多到达斯特奈的地方追上了布耶将军，

---

① Choiseul-Stainville, 105 - 108; Damas, 239; Tourzel, 202; Campan, 298 - 299; AD Ardennes, L 12 and 78; AN D XXIX bis, dos. 385; Fournel, 326; Aimond, *Histoire de Varennes*, 328; Aimond, *Enigme*, 156 - 159.

并告诉了他这些灾难性的消息。他又花了差不多四十五分钟召集起手下的大部分德国骑兵，大约三四百人，骑上马返回瓦伦。在接近城镇的时候，他们遇到了上百名充分调动起来的农民和自卫队队员，这些人敲着鼓，高举旗帜，朝着四面八方行进。有那么几次，布耶将军一行人不得不抽出军刀以开战相威胁，人群方才让出路来。当他们最终到达瓦伦高处的山上时，已经是九点或者九点半了。他们也没有再接着走下去。

　　布耶后来解释说，当时桥已经被拆掉了，他们没有办法过河。但是瓦伦骑兵队的指挥官在几小时之前刚刚骑马涉水过了河，并且这条路实际上在前方几英里处就转向了埃尔河的右岸。更加有可能的情况是，将军知道了当时国王已在两小时的路程之外，并且已经被几千名荷枪实弹的自卫队队员包围了。遭到了当地人来自四面八方的威胁，也担心着长途向南行进之后马的状况，而且可能还开始怀疑自己手下的骑兵是否可靠——实际上，这些骑兵几小时之后就投靠了爱国者——布耶将军调转马头，返回了斯特奈。他在自己的小酒馆里匆匆喝了一杯咖啡，就召集自己的两个儿子和大约二十名军官，流亡到了几英里之外的奥地利比利时。[①] 两天之后，几个月以来跟布耶一起密切合作的柯林林（Klingling）男爵给他自己的妹妹写了一封信。他对"我们崇高阴谋"的失败表示痛心疾首。"要打败命运是多么困难！像瓦伦这么一个微不足道的小城镇的官员居然阻挡了国王的去路，这是多么奇怪的

---

　　① 　Bouillé, 241 - 246；Bouillé fils, 122 - 135；Bimbenet, 238 - 239；Planta de Wildenberg, 444 - 446；Aimond, *Histoire de Varennes*, 328 - 329；Aimond, *Enigme*, 161 - 166.

宿命啊！哦，我亲爱的，如果我们能够救出国王，就算死了也是心甘情愿的啊！"①

在布耶将军开始撤退的时候，国王一行人刚刚到达克莱蒙。他们永远不会忘记这趟返回巴黎的可怕的旅程。跟6月21日一路顺利地逃到瓦伦相比，回程既沉重又漫长，拖拖拉拉地走了四天。夏天最热的天气现在已经稳定地保持下去了，而且马车前进的速度太慢，掀不起一丝凉风。路边跟随围观的群众为数众多，荡起了漫天的尘土，使得气氛更加凄凉了。瓦洛里当时被捆绑着双手，坐在大马车的车顶上，他回忆过当时的痛苦："我们被太阳烤熟，被灰尘窒息。"②

当他们刚离开瓦伦的时候，伴随在他们身边的是六千名国民自卫队队员，遵照一种类似的命令排成两列，由巴黎的自卫队队员和信使拜翁（Bayon）带领着。但是在他们一路向西的时候，乡下人从各个方向源源不断地出现：男人、女人、孩子，经常是整个村庄全体出动，坐着运货马车或者是徒步，带着各式各样匪夷所思的武器。这些人数量众多，从路上满溢出来，散布在周围的田野上，像一大群蜜蜂那样紧紧跟随着，这让旁观者感到十分震惊。保镖穆斯蒂耶后来回忆说，这些"数不清的群众"，"男女老少都有，带着火枪、军刀、干草叉、长矛、斧头或者镰刀"。代理人佩蒂翁（Pétion）在旅途的后半程一直陪伴着国王一家，他的回忆大同小异：除了自卫队队员之外，还有"老人、女人和孩子，有些带着镰刀或者

<hr/>

① Fischbach, 209.

② Valory, 312；Pétion, 197；Tourzel, 209 – 210. On the weather：Guittard de Floriban, 64 – 66.

长长的烤肉叉，其他人带着棍棒、刀剑或者是古老的枪支"①。有些人赶来仅仅是想要看看国王和王后，他们之前不但没有见过，也从没有想象过能见到他们俩。其他的城镇或者乡村自卫队队员，则是赶来保护国家和国王的——最初曾有谣言说国王遭到绑架了。这差不多是他们第一次有机会把自己的旗帜和五颜六色的新制服派上用场，之前都只是在城里广场附近游行的时候才有机会穿。人群有时甚至是欢欣鼓舞的，特别是当国王的车队经过前一天晚上发生过恐慌的那些地方。人们兴高采烈，载歌载舞，为了国家和国王的健康而频频举杯。市长们发表了精彩的演讲，模仿着他们之前在国民议会的辩论中听到过的花言巧语。忠诚的图尔泽夫人震惊地听到很多当地的权贵滔滔不绝地指责国王，急不可耐地教训他这样抛弃自己的子民，使他们陷入恐慌是多么轻率的行为——即使他只是听信了叛国者的劝告。她认为，这些城镇的官员"内心只有一个念头，就是为自己的胜利而自豪，并羞辱国王一家。用刻薄的谩骂来摧毁不幸的国王对于他们来说是一种乐趣"②。

然而当时依然有非常严重的恐慌情绪。布耶将军和他手下的四百名骑兵一路向着瓦伦飞奔而去，在沿途乡村群众的心中引起了巨大的恐慌，而这种恐慌很快在各个村庄之间传播开来，并随着此地区其他部队的活动而越发增强。很快就有传闻说，有上千名士兵，甚至可能是整个奥地利军队，在一位邪恶的将军带领下来到了洛林和香槟地区，要为抓住了

---

① Moustier, 26；Pétion, 191 - 192；Buirette, 555 - 556.

② Tourzel, 203；Aimond, *Enigme*, 167 - 168；Buirette, 555 - 556.

国王一事惩罚当地的民众。① 跟随国王的滚滚人潮被变幻无常的流言所驱使，节日般的欢乐情绪转眼就可能变成复仇的愤怒和欲望。通常情况下怒火并不是向着国王——整整一路上都能听到"国王万岁"的呼喊声——而是指向那些被认为影响了国王或者是绑架了他的人。然而，民众在拿王后当靶子这个问题上却并没有多少异议。玛丽的性生活不可避免地遭到了非常粗野的评论，人们还非常嘲讽地议论着王太子的"亲生父亲"。当玛丽给一位特别善良温顺的自卫队队员送去一块鸡肉的时候，有人大喊着鸡肉里肯定下了毒，让那个年轻人绝对不要碰它。但是仇恨首当其冲地针对着那三名保镖，他们当时正非常显眼地坐在马车夫的座位上方，依然穿着醒目的黄色制服外套，而这正是旧制度最可恨的一切的象征。民众认为是他们撺掇了这次逃亡，于是他们不断地遭到语言上的攻击，并挨了不少的石子和粪便。有那么几次，民众试图接近大马车来动手殴打他们，但是被国民自卫队队员推开了。②

骚塞本人陪同马车一路走到了克莱蒙，然后回到瓦伦，以防布耶可能会攻击这里。车队接着顺着大路来到了圣梅内乌尔德，这里的市长同样发表了演说，并且德鲁埃和纪尧姆——他们在夜里回到了家——十分招摇地参加了游行。在城镇的西部住着一位当地的贵族达皮埃尔伯爵（Dampierre），他目睹了市长在圣梅内乌尔德的演说之后，试图骑马接近大马车，跟国王一家交谈。自卫队队员推开他之后，他大吼着

---

① Buirette，561 - 562；Nicolas，60 - 61. 同时参见该卷第六章。

② Valory，295 - 296；Pétion，194；Dumas，1：497 - 499；Nicolas，61 - 62.

"国王万岁！"一边朝天开了几枪，然后骑马返回他的城堡。当
地人早就十分仇恨这位伯爵，有人跟踪了他，开枪将他打下
马，并在田野里杀死了他。不知道国王有没有看到这场残暴
的屠杀，但是三位坐在车顶上的保镖惊恐地看到了这一切。①

　　在那一天行将结束的时候，国王一行终于到达了马恩河
畔沙隆，他们已经差不多四十个小时没有睡觉了。"完全难以
形容，"一个目击者这样说，"他们那筋疲力尽的样子。"②但是
国王他们知道，在这里可以暂时忘记压力和疲倦，好好休息
几小时。市长和当地的官员在城门处迎接国王一行，并设宴
款待了他们，安排他们在一个从前的地方官员的豪宅里住下。
大约二十一年前，玛丽-安托瓦内特在从巴黎到奥地利旅行
时，曾经在这所住宅里住过一个晚上。很明显这里的官员非
常同情处在困境之中的国王。当天晚上甚至有几个人表示要
帮助他逃亡，但是路易不愿意离开他的家人，所以这一计划
也就流产了。第二天早晨，国王和王后参加了基督圣体节弥
撒，但是仪式还没有完成，另一队刚从兰斯到达此地的国民
自卫队就催促着他们赶紧出发了。有新的消息说，瓦伦和圣
梅内乌尔德已经遭到了野蛮军队的洗劫焚烧。自卫队队员们
坚持应该把国王尽快带回巴黎。③

　　在上午晚些时候，他们再次出发了，带着庞大的自卫队，
艰难而缓慢地前行着。现在护送他们的差不多有一万五千到

81

---

　　①　Fischbach，87；Valory，298－299；Buirette，556－559；Lefebvre，
"Le meurtre du comte de Dampierre，" 393－405.

　　②　AD Marne，1 L 329：letter of municipality of Neuf-Bellay.

　　③　Tourzel，204－205；Valory，300－306；Nicolas，60－62；Aimond，
*Enigme*，171－173.

三万人，他们取道马恩河谷，而不是走逃亡那天晚上走的更加快捷的穿过蒙米拉伊的那条路。他们在埃佩尔奈（Eperney）停下来吃晚餐，但是街上爆发了一起骚乱，图尔泽夫人差点被拖进了人群之中，他们只得急急忙忙地再次上路。[1] 在接近早晨七点半的时候，他们正行进在开阔的乡间绕开河流，就在这时随从人员突然停住了，人群安静下来，停在前面的道路旁。巴黎的国民议会派出的三名代表已经抵达，正在步行接近他们。代表的前面是国民议会的警卫。议会代表们已经得知国王在大约二十小时之前被拦在瓦伦，于是他们立刻派出了三名代表，这三人经过精挑细选，分别代表议会中不同的政治派别。安托万·巴纳夫（Antoine Barnave）走在最前面，他是一名温和的雅各宾党人，也是一位很有天赋的演说家。当年他只有二十九岁，而且看上去还不到这个年纪。在他后面的是杰罗姆·佩蒂翁（Jérôme Pétion），年纪略大一些，他是一位狂热的民主党人，也是马克西米利安·罗伯斯庇尔和激进的雅各宾派的亲密伙伴；最后是玛丽-查理·德·拉杜尔-莫布尔（Marie-Charles de Latour-Maubourg），他是一位君主主义者，也是拉法耶特的朋友。在漫长的惊恐和不安之后，马车里的女人看到这些人出现表现出难以抑制的激动。她们曾经如此鄙夷过这些人，但是他们现在几乎就是安全的象征。伊丽莎白公主握着代表们的手，恳求他们保护那三位保镖，最近一直有人威胁着要将他们处以私刑。在说了一些表示安慰的话之后，巴纳夫正式宣读了国民议会的命令，命令委托他们确保国王安全回到巴黎。他接着又爬上了大马车的车顶，

---

[1]  Tourzel, 205 - 206; Gillet, 37 - 42; Aimond, *Enigme*, 173 - 175.

《国王一家即将到达巴黎》 国王的大马车和保姆坐的小马车正在穿过勒鲁尔的海关大门, 这里就在通向香榭丽舍大道的出口北边。 蒙马特高地被描绘得高度夸张, 呈现在背景处。

在落日余晖鲜明的照耀下，再次给民众宣读了这一命令。这是法国大革命中另一个非同寻常的时刻，它清晰地标志着主权已经从国王那里转移到了国家。①

这三位代表由军官马蒂厄·杜马(Mathieu Dumas)陪同，他是一位温和的爱国者，也是参加过美国独立战争的老兵。杜马现在接管了国民自卫队的分遣队，他在规模巨大的队伍中重建了一些秩序。在把两个孩子移坐到女人们的膝头之后，巴纳夫和佩蒂翁挤着坐进了大马车，而个子更高的莫布尔跟保姆们一起坐进了双轮小马车。他们在小镇多尔芒(Dormans)过夜，直到午夜过后方才就寝。第二天，在穿过蒂耶里堡(Château-Thierry)的时候，杜马在桥梁那里使了一个计谋，使他们得以摆脱大部分庞杂散漫的随从人员。接下来他们很快到达了莫城(Meaux)，并在那里的主教宅邸中度过了6月24日的夜晚。但是在这一夜城里又聚集了更多的人，有自卫队队员也有围观群众，所以最后穿过夏日的热浪驶向巴黎的那一段旅程一如既往地缓慢而拥堵。佩蒂翁写道："我从来没有经历过如此漫长而累人的一天。"②

当一行人穿过巴黎郊区的时候，他们的情绪明显变得积极起来。发生了几次针对大马车的集体攻击事件，或许主要是针对那几个保镖的。巴纳夫和佩蒂翁开始担心乘客们的安全，他们大声召唤自卫队队员们保护他们，这些队员中有些人是刚从巴黎赶到的。在他们终于到达城墙的时候，有两名

① Dumas，1：489-490；Pétion，192；*AP* 27：428；Aimond，*Enigme*，175-176.

② Dumas，1：490-493；Pétion，193，201；Tourzel，206-211；Aimond，*Enigme*，177-179.

《国王一家回到杜伊勒里宫》　大马车穿过路易十五广场（现在的协和广场），正准备进入杜伊勒里宫的花园。几乎所有的围观者都没有脱帽，这明显表示出了对国王的斥责。注意右侧那个女人正在对面前脱帽的男人怒目而视。

84 军官受伤严重，而杜马几乎被推下了马背。拉法耶特将军带着数量庞大的一支骑兵分遣队在城墙那里迎接了他们。[①] 随从大军被引向了城市的外围，避开了工人阶级居住的社区，通过香榭丽舍大街从西北方向进城。整个巴黎都在亦步亦趋地跟随着国王一起前进，成千上万的男人、女人和孩子都挤在大街上观看国王缓缓向前，还有上百人爬在树上和房顶上。坐在马车里的人看上去筋疲力尽、蓬头垢面。有人在为那三位代表以及德鲁埃和纪尧姆欢呼，还有从瓦伦一路长途跋涉过来的自卫队队员，他们在游行中占据了前方显眼的位置。

85 但是更重要的是，人群默不作声并拒绝脱帽，明显表示出对国王的鄙视之情。类似的表示还有，有些国民自卫队的队员列队站在街道旁，上下颠倒地持着火枪，枪口指向地面。跟在外省地区不一样的是，在巴黎，传统的呼喊"国王万岁！"一声也没有响起。[②] 对于一向对民众的欢呼十分敏感的路易来说，这个时刻只能意味着巨大的伤感。

在道路的尽头，他们穿过了巨大的广场——现在的协和广场——进入了杜伊勒里宫的花园，在宫殿入口处附近停住了。在当时的情形下，法纪已经差不多荡然无存，人群朝大马车奔涌而来，试图抓住那三名保镖。杜马和佩蒂翁费了很大的力气，终于跟其他几名军官一起得以将这三个遭到痛打血流不止的人带到安全的地方。与此同时，国王一家很快地走下马车，毫发无损地进入杜伊勒里宫。仅仅在五天之前，

---

① Dumas, 1: 500 - 502; Tourzel, 211; Pétion, 202.

② Pétion, 202 - 203; Tourzel, 211; Valory, 312; Roger, 71; Rabaut Saint-Etienne, *Précis*, 248.

他们还在希望能够永远地离开这里。①

## 事后调查

"多么奇怪的命运啊!"柯林林男爵曾经这样惊叹过。只要
在死寂的黑夜里再走十五英里,往丹镇的方向前进一两个小
时,国王一家就会得到布耶将军和他手下数百名骑兵的保护。
从国王被抓住的那一刻起,参与并目睹了一路到瓦伦的逃亡
过程的人,都在自省到底哪儿出了问题,他们为什么会失败,
以及到底该归咎给谁。甚至那些爱国者也在详细地思考,命
运奇异的安排是怎样在法国国王接近逃亡成功的时候阻止了
他,虽然逃亡失败对于这些爱国者来说是一场伟大的胜利。
事实上,一代又一代的历史学家都曾经在脑海中构建出许多
的平行宇宙,如果路易真的成功抵达了蒙特梅迪,一切将会
变得多么不同。如果杜伊勒里宫的那个侍女并没有开始疑心,
从而导致国王一家推迟了出发的时间;如果拉法耶特那天深
夜没有到杜伊勒里宫跟路易闲聊;如果舒瓦瑟尔公爵能够在
松韦斯尔附近的草地上多等上一个小时;如果德鲁埃在他的
田地里多待上一会儿而不是那么快返回驿马站;如果驾车去
克莱蒙的马车夫能够被说服或者被贿赂甚至是被逼迫着在瓦
伦继续前进而不是坚持要换马,又将会发生什么?这一连串
的"如果"可以无穷无尽地延续下去。因为确实,在瓦伦发生
的"事件"——像历史上的任何事件那样——是由一些几乎不

---

① Valory, 315 - 323; Moustier, 52; Pétion, 203 - 204; Dumas, 1:
503; Tourzel, 212 - 215; *AP* 27: 527 - 528; Aimond, *Enigme*, 179 - 180.

能确定的子事件构成的，其中的任何一个都可能会完全改变事情最终的走向。

然而，如果我们从这一系列的事件中后退一步，观察那些独立的行动和反应的细枝末节，就可能会发现有两个主要的因素造成了发生在瓦伦的事件。第一个就是这整个冒险活动的中心人物——路易十六本人——的性格和行为。国王一惯的优柔寡断和不可信赖的性格，对于整个大革命的起源和走向都有着非常深远的影响。在我们目前讨论的事件中，如果能尽早而坚定地决定逃亡，肯定会大大提高成功的几率。甚至是在 1791 年 4 月之后，路易似乎已经决定了要逃亡，但是这个行动本身却依然被一再推迟，虽然所有的计划最迟在5 月初就已经全部就位。行动只要推迟一天，这个复杂的密谋被发现的可能性就增加一分——事实上，王后的一位侍女确实在 6 月发现了这个计划。行动只要推迟一天，那些法国士兵——在爱国俱乐部那些日益强大的影响下——就更倾向于拒绝听令于他们的贵族军官，更可能会采取积极的行动来阻止他们拒绝接受的任何行动。在动身之前的几个月，布耶将军变得对他手下的军队越来越缺乏信任，对整个计划也越来越抱悲观态度。① 最终，他决定依靠那些外国军人，那些说德语的骑兵，而这在很大程度上加重了一直在观察他们行动的村民和市民的疑心。但是即使这样，逃亡计划还是有可能成功的，如果国王没有挑衅他的命运，一路上拉下马车窗的遮阳板，也没有随意地走出马车，公开出现在所有围观者面前的话。当然，这样的行为与国王未能理解革命的真正含

---

① Bouillé, 220 - 222，225 - 226.

义和广泛的诉求密切相关，他认为他所憎恶的大革命变革是
由国民议会中的一些激进分子和他们对巴黎"乌合之众"的蛊
惑控制而引起的。

但从这个意义上说，瓦伦事件失败的第二个根本性原因
正是在于大革命在法国人的态度和心理上引起的彻底转变。
一种新的自信、自立，与整个国家而不仅仅是局部地区的认
同感——这也是我们在小镇瓦伦观察到的转变——现在已经
渗透到了大部分法国人之中。正是诸如此类的发展，从侧面
解释了为何在圣梅内乌尔德和瓦伦这样的区区小镇，官员竟
敢采取行动阻止国王。虽然德鲁埃和骚塞的个人行为不应被
低估，但是如果没有市镇地方议会和全体市民的支持，这样
的行动几乎是不可能发生的。那些雇佣骑兵在逃亡发生之前
的几天里不同寻常、难以解释的行为，以及人民对于带领这
些军队的贵族军官的普遍怀疑，更加大大加强了他们支持这
些行动的意愿。在国王的车队到达之前，圣梅内乌尔德和克
莱蒙的情况就已经接近发生叛乱的临界点。梅西-阿让特伊警
告过国王夫妇，考虑到大革命发生后的新的心态，"每个村庄
都会是你们道路上难以逾越的障碍"，而他说的一点都没
有错。

事实上，从一个角度来说，真正的问题可能并不是为何
逃亡会失败，而是它怎能会如此接近成功。国王一家能够不
受察觉地逃出杜伊勒里宫，从警觉而充满怀疑的巴黎成功离
开，这堪称是惊人的成就。还有，他们顺着主干道一路顺利
地逃到了离奥地利边境仅仅十几英里的地方，这一切都表明
了布耶将军尤其是阿克塞尔·冯·费森出色的组织能力。他
们齐心协力，差一点就实现了历史上最伟大的一次逃亡行动。

# 第四章　我们伟大的城市——巴黎

　　路易和他的家人在 6 月 25 日回到的这座城市，也将是他们最终被囚禁的城市，自身就是一个宇宙，跟这个王国中的其他城镇或地区有着天翻地覆的差别。巴黎当时有 70 万人口，是整个基督教世界中第二大的城市，也是当时全世界十个最大的城市之一。如果一个人爬上了巴黎圣母院的塔楼——这座大教堂位于这个大都市中心的塞纳河上的一座小岛上——他可能就会对这个丰富多彩、充满活力的复杂世界的非凡多样性有所了解。① 从这个有利的角度，一个观察者可以很容易地辨认出巴黎的许多建筑名胜，早在 18 世纪就已经有大量游客蜂拥而至参观这些建筑：哥特式的司法大楼，就在从前的巴黎高等法院的西边；雄伟的文艺复兴式的市政厅横跨河流，向北延伸而去；法兰西学院巴洛克式的圆屋顶就在沿着河边更向西一点的地方；就在它的对面，是卢浮宫巨大的右岸建筑，以及一路向西延伸的部分，即杜伊勒里宫。除了这些民用建筑的塔楼之外，天主教会在过去的几个世纪里修建了至少两百座各式尖顶和塔楼，其中有许多当时已经被大革命收为己用，一同被没收的还有许多神职人员的财产

---

　　①　Mercier, 34, 108, 328. 下文大部分来源于此书。

和收入。一般来说，在城市的西部和其他几个地方，游客也可以分辨出几个色调明显更白的社区，在绿色的植物中间点缀着较新的建筑。这里大概就是整个欧洲贵族家庭最集中的地区。尽管大革命已经将这些家庭从前享有的法律和政治特权扫荡一空，但是他们——与那些神职人员不同——巨额的财富和文化影响力大部分都保留了下来。

除了这些壮观的财富和权利纪念碑之外，这座城市的大部分地区都显得更加暗淡和俗丽，是一堆胡乱堆叠在一起的小而多层的建筑物，有些摇摇欲坠，有些互相支撑在一起。在东部市郊可以看到巴黎特有的工人阶级的聚集区：特别是在圣安多万区，从现已不存的巴士底广场一路向东延伸到乡村；在圣马赛尔街区，这些聚集区沿着比较小的比弗尔河（Biévre River）蜿蜒而下，与从东南方向过来的塞纳河缠绕在一起。费森在 6 月 21 日清晨驾车带着国王一家离开这座城市时，曾经小心避开的正是这些地区。但是在城市的几乎每个地方都可以看到类似的住宅，通常直接与宫殿和教堂毗邻。这里就是数量众多的巴黎平民的住宅，他们最近开始自称为"第三等级"。

我们在这里讨论的这些人，数量大约有十万，他们分散在城市各处，职业分别是政府工作人员、专业人士、商人、店主或者是熟练的工匠，过着舒适而稳定的家庭生活。这个群体中的相当一部分人出生在城市，事实上全部的男人和大部分的女人都受过教育。此地数量众多的"中产阶级"已经比这个国家其他地区所有的中产阶级加起来都要多，事实上已经成为当地革命领袖的核心力量。但是大部分巴黎人过的都是更加不稳定的生活。这些人是雇佣工人、商店售货员、洗

90 衣女工、街头小贩、男仆、临时工和娼妓（据估计有大约 4 万人）——他们要么就业不稳定，要么失业、穷困潦倒。许多人都是移民，他们带着各式各样的穿着打扮和口音，来自这个王国的许多不同地区，甚至来自其他别的国家：一些有本钱和才能的人立刻找到工作，过上了稳定的生活；那些没有受过教育、没有一技之长的人则漂浮在社会边缘，生活动荡而悲惨。如此数量众多的大人物和小人物、富有的人和赤贫的人、学问高深的人和文盲——以及处在这两个极端之间的人——同时并存，这赋予了这个城市非常特殊的个性。事实上，塞巴斯蒂安·梅西埃（Sébastien Mercier），那位 18 世纪晚期的巴黎观察家，曾经恰如其分地将这个城市描述为"人类的大熔炉"。①

91 尽管国王更倾向于认为 1789 年以来巴黎的动荡不安是一小撮雅各宾派和捣乱分子造成的结果，但是有充分的证据表明大革命对巴黎社会的各个阶层都有影响。1790—1791 年经过这座城市的外国游客无一例外地注意到了这种转变的外在表现：街头随处可见有人评论政治，讨论甚至发生在陌生人之间；几乎所有的男人和女人都戴着三色的爱国徽章或帽徽；宣传大革命的报纸和小册子到处售卖或是分发；在剧场和歌剧院的幕间休息期间，有人唱起了爱国歌曲。② 这种巴黎日常生活的政治化是大革命进程的一个组成部分，在这一点上与两年多之前对瓦伦的农民和市民产生的影响并没有太多不同。几乎在任何地方，国民议会都以人民、主权、和平等名

---

① Mercier, 34；Tulard, 33 - 35, 44 - 49；Roche, chap. 1；Godechot, 67 - 70, 83.

② Thompson, 100 - 101, 118 - 119.

义对旧制度的体系进行猛烈攻击，这鼓励着男男女女更加普遍地质疑权威和不公正。但是在巴黎，民主、和平等具有腐蚀性的逻辑迅速地将部分人推向了一个千禧年之愿，那就是对整个世界进行彻底的变革。

这种特殊的激进性，首先跟这座城市在 18 世纪曾被当作一个名副其实的文化战场的经历有关。法国最高法院反对君主制的财政和宗教政策的政治斗争，詹森教派的不同政见者反对天主教会的运动，以及启蒙主义哲学家反对教权主义和蒙昧主义的思想斗争，在巴黎，任何一个方面都比法国或欧洲其他任何地方程度更甚。事实上，这座城市是举世公认的启蒙主义运动的首都，吸引了来自整个大西洋世界的知识分子来到它的沙龙、咖啡馆和编辑室。这些复杂而又经常互相冲突的运动影响了巴黎人的许多方面，有助于在这些不同寻常地受过良好教育的巴黎人中间培养一种批判性的和独立思考的氛围。

但是巴黎的激进化也跟最近的事态发展有关。到 1791 年初，巴黎已经充斥着数十种日报和无数的不定期刊物，这些出版物几乎阐明了政治上的每一种立场。在这个城市的许多地区，辩论的基调和内容越来越受到一群极具天赋的激进作家的影响，比如卡米尔·德穆兰（Camille Desmoulin）、让-保罗·马拉（Jean‐Paul Marat）、尼古拉·德·博内维尔（Nicolas de Bonneville）、路易丝·卡利奥（Louise Kéralio）和她的丈夫弗朗索瓦·罗伯（François Robert）——他提倡更广泛的民主和平等主义原则。① 法国的大部分报纸，无论是否激进，都对绝大多数的男男女女几乎没有直接的影响，他们很少接

*92*

---

① 　特别参见 Censer, chap. 2。

触印刷文字。然而，在巴黎，不仅人们的文字素养高得出奇，而且那些没有受过教育的人也有其他能够接触最新政治评论的途径。这座城市有七百多家咖啡馆，经常光顾的人会听到每天夜间都有人大声朗读各种报纸和小册子，并有自命的"首席演说家"对上面的文章发表评论，而这些人已经在这样的地方占据了主导地位。① 另一些人则由游荡在大街上的数百名卖小册子和报纸的小贩提供消息——或者是错误的消息。这些小贩不断地大声喊着报刊上的头条消息，或者对这些消息发表自己耸人听闻的解释，以期多卖出几份报纸。在巴黎的威廉·肖特（William Short），托马斯·杰斐逊的受保护者兼美国众议员，非常惊讶于这些流行的报纸非同寻常的影响力。"这些报纸，"他在给杰斐逊的信中说道，"被沿街兜售，卖报人在巴黎的每个角落大声叫卖，将报纸廉价出售或者是赠送给那些如饥似渴地阅读它们的人。"梅西埃对这些卖报人的潜在影响力感到震惊，他们中的许多人实际上是文盲。"简单的立法提案变成了正式的法令，整个社区都被从未发生过的事件激怒。在被这些小贩的虚假宣传误导了一千次之后，老百姓还是依然相信他们。"②

最后，自从大革命开始以来，巴黎的激进主义就受到了政治团体异常扩张的影响。我们已经看到了当地的爱国者俱乐部在瓦伦及其周边地区产生的影响。在巴黎，在国王逃亡的那个时期，至少存在五十个这样的社团。③ 这些社团中有少部分——像外省的大多数俱乐部那样——是相对精英的，

---

① Mercier，70.

② Short，20：585；Mercier，402；Andress，177.

③ Boutier and Boutry，40.

它们的会费过高，使得会员基本上局限在中上层阶级。著名的雅各宾俱乐部就是这样，它位于离国民议会和杜伊勒里宫不远的塞纳河右岸，整个王国的"宪法之友"就是脱胎于这个俱乐部。然而，巴黎的许多俱乐部都是为了吸引地位更加低微的社会成员而设立的，这些人是国民议会通过财产资格限制而被排除在投票和办公场所之外的"消极公民"。

在招募中下层阶级参与政治活动这一点上，没有任何一个巴黎的团体比"人权之友社"（Society of Friends of the Rights of Man，在历史上更知名的称呼是科德利埃俱乐部〔Cordeliers Club〕）更加积极了。他们在塞纳河左岸拉丁区附近、出版区的中心集会，成员由一群激进的知识分子组成——像德穆兰、马拉、罗伯和乔治·丹东（Georges Danton）那样的人——还有当地商人和手工业者组成的一个规模可观的分遣队，其中有男有女。从一开始，科德利埃俱乐部开展的日程就包括两个方面：一方面，促进民主和平等的扩展，捍卫普通人民的权利；另一方面，根除那些大多数成员认为对大革命造成威胁的阴谋。① 但是在1790—1791年，巴黎出现了三十多个民主协会团体"博爱社团"（fraternal society），这个俱乐部只是其中资格最老而最著名的一个。其中一些团体是围绕着渴望在这个城市的特定社区发挥领导作用的个人而发起的。而另外一些——比如贫困人群博爱社团——是在1791年年初由科德利埃俱乐部成员自己发起的，目的是动员大众支持他们的平等主义政治。所有的博爱社团都吁求所有人都应该具有选举权并有资格担任公职，而不仅仅是那些有

---

① Mathiez，4 - 10.

财产的人。有些团体还允许妇女参加，这些妇女呼吁更普遍地增强女性爱国人士的地位和作用。1791 年春天，弗朗索瓦·罗伯和科德利埃俱乐部试图将这些团体的活动统一在一个"中央委员会"的协调之下。由此，人权之友社想要以这样的方式建立一个以巴黎为根据地的政治俱乐部网络，跟雅各宾派的全国性网络非常类似。①

第二套城市协会系统围绕着巴黎的四十八个新区（sections）发展起来。在 1790 年春，新区取代了过去的（旧）区（district），被设计成选举的单位，用于定期选拔官员。但是直到 1791 年年初，他们都在几乎连续不断地开会，自以为控制了一系列的社区事务，并经常对当天的政治事件发表意见。虽然会员仅限于男性"积极公民"，但是领导层与当地的社区联系密切，这赋予了他们某种草根性的特质。事实上，许多有大量工人阶级选民的区域都采取了平等主义和民主政治的立场，跟科德利埃俱乐部和各个博爱社团的立场类似。他们的权力和影响力在他们开始互相交流并举行联合会议来协调政策后变得更加强大。到 1791 年春，各个区和博爱社团都成为越来越独立于国民议会和普通的巴黎市政府的影响机构。②

在国王逃亡之前的几个月里，一系列事态的发展使得巴黎的社区变得更加紧张和疑心重重。整个冬天和春天，工人们的罢工和其他集体行动，使得这座城市陷入了几乎是持续性的混乱之中。男女工人的生活部分地受到了物价飞涨的影

---

① 尤其参见 Mathiez；Bourdin；Monnier，4 - 6。

② Burstin，"Une Révolution à l'oeuvre，" parts 2 and 3；and Kaplan，*La fin des corporations*，chaps. 13 - 15。

响，而物价上涨是由于政府大量印发纸币而引起的。然而，动乱也可能与革命过程本身有关，因为熟练的工人们将同样的平等主义逻辑应用于劳动制度，而其他人用这样的劳动制度对抗政治和社会制度。1791 年 3 月，国民议会正式废除了行会制度，这使得许多熟练工人受到了鼓舞。行会制度曾经给工匠大师赋予了许多权力。然而，在国王逃亡行动的前几天，议会通过了一项对工人们十分不利的法令，这就是著名的勒夏普利埃法(Le Chapelier Law)，这项法令宣告工人协会和集体谈判都是非法行为。①

95

　　下层阶级和中产阶级也同样因持续不断流传的反革命阴谋的谣言而感到不安。人民的恐惧被已经移民的贵族咆哮不停的声明所引发，他们威胁要从莱茵河的对岸入侵，也被大革命头两年里孵化出的那些十分真实、广为人知的阴谋所引发。生活在这座城市里的贵族人数众多，他们中的许多都拥有自己的保守主义俱乐部和出版社，与国民议会中本来就有的保守少数派紧密相连，这更加剧了这种紧张局势。1790 年年底成立了一个君主制俱乐部，其成员主要来自贵族和神职人员，这似乎是一个阴谋，试图恢复旧制度的所有弊端。也许更令人不安的是教士民事组织法(Civil Constitution of the Clergy)和要求神职人员宣誓所引起的宗教分裂，在首都及其郊区，大约有 34％的教区神职人员拒绝了宣誓。就像对于瓦伦的人来说那样，对于巴黎人，"不听话的"神职人员成为潜伏在他们中间的反对大革命力量的可见象征。对于这些神职人员或贵族筹划的阴谋的恐惧，是整个冬天和春天巴黎骚乱

---

　　① Burstin，"La loi Le Chapelier"；Andress，122 – 135.

的主要原因。①

　　控制这个紧张而动荡的城市的责任落在了市政的两个关键人物身上，他们都是在 1789 年 7 月由国民议会自身选出来的：市长让-西尔万·巴伊（Jean-Sylvain Bailly）以及国民自卫队指挥官拉法耶特侯爵。巴伊是享有盛名的天文学家、著名的法兰西学院的成员，也曾经是伏尔泰和本杰明·富兰克林的朋友。巴伊作为国民议会特别有能力的第一任主席已经赢得了政治上的名望。而侯爵就相对要年轻得多——在瓦伦事件发生时只有三十三岁——他为人所知不仅是因为在美国革命中的功绩，也因为他在大革命前夕就参与了一系列自由主义事业。1791 年，巴伊和拉法耶特手下有超过 5 万名国民自卫队队员可供调遣。这些兵力中大约有 1 万人（其中大多数之前是军人）是在营房中永久性服役、领工资和生活的。其余的是自愿的公民士兵，只有在轮换或紧急情况下才上岗。因为志愿者们需要自己购买制服，并且需要有足够的时间进行少量的训练，所以其中大多数人都来自中产阶级。② 纵然总的兵力看上去数量惊人，而且比旧制度体制下存在的任何东西规模都要大，但是它也不是没有自身的问题。困扰着军队的不听领袖指挥这一问题，也同样对国民自卫队产生了影响。4 月 18 日，一些自卫队的分遣队队员拒绝国王一家离开杜伊勒里宫——即使有拉法耶特的正式命令——正反映出了这方面

96

---

① Burstin, "Une Révolution à l'oeuvre"; Andress, chaps. 2 - 4; Pisani, 1：191 - 199; Tackett, *Religion, Revolution, and Regional Culture*, 354.

② Godechot, 245 - 48; Burstin, "La Révolution à l'oeuvre," 287 - 289, 293 - 295; Carrot, 1：41, 69 - 71.

的问题。但是在 4 月 18 日的事件之后，将军得到了自由地改革部队的权利，他还加强了相关方面的纪律，要开除不听命令的自卫队队员。①

　　1791 年上半年，自卫队一直处于活跃状态，每天都要调停各种工人抗议活动、市场争斗，以及反对神职人员或者贵族的暴乱，据传闻说后者正在策划反对大革命的活动和内战。巴黎的观察者和外国游客都被无休止的混乱、始终存在的威胁和不断攻击这座城市的暴力行为所困扰，而 2 月 28 日和 4 月 18 日的暴力事件仅仅是其中最具戏剧性的例子。"每天都有骚动发生，"英国特工威廉·迈尔斯（William Miles）写道，拉法耶特和他的下属"像许多小邮差一样不停地到处跑"。英国大使乔治·格兰威尔·高尔伯爵（George Granville Gower）汇报称"这个国家在绝对的无政府状态下吃力地运转着"。威廉·肖特认为，无休止的骚乱"给巴黎社会带来了一种阴暗和焦虑，使得它的居民生活得极端痛苦"。上了年纪的巴黎市民吉塔尔·德·弗洛里班（Guittard de Floriban）也有同样的感觉。"难道我们就不能快乐地，"他恳求道，"简简单单地和平相处吗？所有这些暴力让我感到不知所措和沮丧。"②在瓦伦事件发生前夕，巴黎早已处在爆发的边缘，过一天算一天。

---

　　①　Andress, 110 - 111; Burstin, "Une Révolution à l'oeuvre," 254; Gower, 82.

　　②　Miles, 1：209; Gower, 80; Short, 20：348; Guittard de Floriban, 45.

*97* 　　**不忠的路易**

　　几个月以来，巴黎一直流传着谣言，说有人要密谋绑架国王。一名代理人早在 1 月就报告了有这样一种威胁，2 月乃至整个春天，报纸上开始刊登类似的报道。尽管这些阴谋的细节一般都是相当模糊的，但是通常的假设是会有人——外国势力、"那些贵族"甚至可能是王后——将会不顾国王本人的意愿，强行绑架他。① 在逃亡的前夕，激进的记者斯坦尼斯拉·弗隆(Stanislas Fréron)报道称，玛丽-安托瓦内特和国王的妹妹伊丽莎白事实上曾经试图逃走。马拉发表文章，将这个故事含糊不清地演绎了一番，点缀以他一贯的末日预言。在国王的一名仆人告发之后，拉法耶特和他的副官们增加了王宫的守卫。然而，在过去的几个月里，这个城市里已经有太多的谣言，然而却没有一个成真，所以没人把这个新的告发事件太当回事。②

　　无论如何，在 6 月 21 日早晨七点，杜伊勒里宫的仆人们拉开国王的帘子，发现床上居然没有人，他们全都惊呆了。起初，他们希望国王只是去了王后的房间，但是当他们发现她的床根本没有人睡过，并且孩子们和伊丽莎白公主也不见

---

　　①　Gaultier de Biauzat，letter of January 29；*Ami du peuple*，February 14 and March 10（感谢 Jeremy Popkin 对我的提示）；还有 Legendre，letter of February 2；Ruault，221，233 - 234；Vernier，letter of May 1；Colson，192.

　　②　*AP* 27：370 - 372；Aimond，*Enigme*，52 - 53；*L'orateur du peuple*，vol. 6，no. 45（ca. June 20）；*L'ami du peuple*，June 21（在国王的逃亡行为广为人知之前就已经问世）.

了之后，整个宫殿就处于一片混乱之中。许多仆人很快地换上了便服，逃之夭夭，担心他们会被指控为同谋。[①] 当拉法耶特和巴伊到达的时候（另有传言泄露消息说他们起初根本就不能相信这件事），消息已经传出了杜伊勒里宫，并以惊人的速度沿着街道四处流传开来。[②] 一位巴黎人回忆那次经历："我听到有轰鸣声渐渐接近，类似于风暴中波浪发出的声音。越接近，那声音就越大，并且以更大的力量掠过。"年轻的治安官菲利克斯·福尔孔（Félix Faulcon）是来自普瓦捷市（Poitiers）的代理人，他在自己的房间写东西时听到了街上和隔壁房子里传来的叫喊声，接着就捕捉到了"国王不见了"这几个字眼。另一名代理人，律师兼历史学家安托万·蒂博多（Antoine Thibaudeau），是被塞纳河附近鸣响示警的大炮声惊醒的。

没过多久，所有人都守在窗前，从街对面的房子或者楼下的人那里打听消息。在八时到九时之间，随着消息的传播，每个教区都响起了教堂的钟声。当不祥的鼓声开始传递集结的命令时，人们边穿制服边冲过街道，加入他们的国民自卫队队伍。[③]

许多人匆匆赶到杜伊勒里宫去亲眼看热闹。八点半的时候，一大群人冲进大门，爬上了通往王室房间的楼梯，对那些还没有来得及逃走的警卫和仆人们发出恐吓和辱骂。指派

① AN D XXIX bis 38, dos. 389；Bimbenet, 14 - 15, 17, 35 - 36, 44.

② Lacroix, 1 - 2；Leclercq, 582 - 583.

③ Leclercq, 581；Faulcon, 421；Thibaudeau, 139 - 140；Colson, 194；Ferrières, 360.

《在得知国王出走之后，人们纷纷赶到杜伊勒里宫》 6月21日上午， 市民和国民自卫队穿过新桥， 往卢浮宫的方向走去。 在右边可以看到圣热尔曼-奥赛尔教堂的塔楼。

给国王妹妹的士兵被推搡到墙边并遭到威胁，直到人们看到一扇新发现的修建在书架里的秘门。有报道称，人们毁坏了王室的肖像画和王后房间里的大量家具。但是在大多数情况下，人们只是呆呆地聚在一起，谈着闲话。当市政官员抵达、敦促需要封锁房屋以保存证据时，人群顿时就散开了。[①] 在其他地方，巴伊和拉法耶特在试图前往市政厅的时候被充满敌意的人群包围了，后者认为他俩应该对逃亡事件负责。但是将军表现得坦然自若，在只有很少几名卫兵陪同的情况下带领市长走到了安全地区。但是，杜伊勒里宫的夜间守卫指挥官奥蒙公爵（Aumont）就没那么幸运了。他被一大群人逼到走投无路，并且遭到了殴打，衣服也被撕破，最终才被一队民兵救了出来。在这个城市的其他地区，有谣言开始传播，说监狱里关押着危险的反革命分子，他们可能很快就会逃脱出来袭击人民，因此地方军队必须马上进城来防止可能出现的大屠杀。[②]

但是总体来说，在最初的震惊和激动过后，整个城市都还算平静。几乎所有的观察者都对这种比较温和的反应发表了评论。"这里非常的平静，"西班牙大使写道，"还有一种麻木的感觉，好像每个人都得了中风一样。"报纸《喋喋不休》（Le babillard）的自由记者写道："巴黎从未如此深受打击又这样保持平静。尤其是普通民众，他们依然保持着秩序。"年轻的德国作家康拉德-恩格尔贝特·厄斯纳对大街上坚定和乐观主

99

---

① Bimbenet, 14, 35 – 36; Ruault, 246; Panon Desbassayns, 186; Leclercq, 581.

② Lacroix, 4; Oelsner, 18; *Chronique de Paris*, no. 173, June 22; *Le babillard*, no. 18, June 22; Leclercq, 585.

义的氛围感到惊讶："人们走来走去，充满了好奇心，但是没有任何破坏或者混乱。愤怒与其说是通过痛苦，不如说是在有趣的玩笑中表现出来的。人们互相询问，跟从未见过的人交谈，讨论，说笑。这件大事影响了整个社会，将上百万人从日常生活中撕扯出来，他们不再关心那些琐碎小事，同时也更加接近彼此。"①在短期之内，暴露出来的阴谋比之前的谣言和对阴谋的恐惧破坏性要小得多。

很明显，民众如此克制的关键因素之一在于市政当局立即采取了有力的行动。在当天上午十点，巴伊就匆忙召集了市议会，在接下去的六天里，他们都会夜以继日地连续开会。②议员们很快就跟国民议会确定了联络人，几乎每个小时都会派出官员来往于彼此之间。他们还试图跟社区委员会建立密切的联系，邀请每一个委员会都在市政厅派出两名代表，以确保市议会跟地方机构的沟通。通过这种方式，议会为了应对此次危机而颁布的新法令很快就通过街头巷尾的喇叭传遍了城市的每一个角落。另外，巴伊和市议会议员们还迅速调查了那些哪怕十分牵强的指控——关于可能的越狱或者是有"敌人"准备从周围的山上轰击这座城市。因此，恐慌一旦出现，就很快地被消除了。③

在市长联系他们之前，许多区已经开始采取行动了。许多地方碰巧正是要在那一天早晨开会，选举新的立法机关。

---

① Mousset，273；Short，20：562；*Le babillard*，no. 18，June 22；Oelsner，38.

② Lacroix，1-2，5，11.

③ Lacroix，3，14-15，22，25，179；Bourdin，241；Panon Desbassayns，186.

当发生紧急状况的消息传到他们那里时，他们立刻宣布召开常设会议，并动员他们所在社区的国民自卫队。这是第一次，那些卑微的"消极公民"——因为没有足够的财产而无法获得投票权的人——受到了广泛的欢迎。这些居民中有人闯入了政府的弹药库，为自己夺取武器。有些区则更进一步，声称已经完全控制了当地的民兵，拒绝拉法耶特的监管，并怀疑他参与了国王的失踪事件。将军和市领导人长期以来一直对各区的激进主义持怀疑态度，这一次他们终于有机会重申他们对所有警卫力量的控制，阻挠独立的准军事组织的建立。但是在国家危机期间，市政当局只能容忍各区的常设会议，并默认其成为事实上的行政单位的主张。这些都是十分重要的先例。在瓦伦事件发生之后的一年内，区将会演变成激进的武装"无套裤汉"的主要制度基础，而"无套裤汉"又将成为推翻国王的重要力量，也将在巴黎的恐怖时期占有重要的地位。①

对大革命来说具有同等重要性的是民众对待国王态度的巨大转变。在大革命的头两年里，路易在绝大多数巴黎人的心目中都保持着非常正面的形象，无论他们属于哪种政治派别。当年 2 月，当国王的几位年长的姑妈移民去罗马之后，巴黎市场区的博爱社团的几位女性成员写信给路易："我们爱你，将你视作我们敬爱的父亲。我们想要告诉你，你的家人抛弃了你，我们为此感到多么伤心。"一个月之后，当路易从一次严重的感冒和喉咙疼痛中恢复时，整个巴黎都流露出了

---

① Lacroix，1 - 2，5，7，13，22，53，141 - 142，185；Charavay，ix；Burstin，"La Révolution à l'oeuvre，" 256 - 257；Genty，105；Bourdin，241 - 244；*Le patriote françois*，no. 683，June 22；Mathiez，51，64.

非比寻常的情感和善意。巴黎圣母院的感恩活动集中地体现了民众的欣喜之情，在此活动中鸣响了礼炮，并且用一种特殊的灯光整夜照亮了城市。6 月 21 日之前最严重的敌对情绪来源于国王拒绝听"遵从宪法的"神职人员做弥撒。这件事引起的严重的不满情绪直接导致了 4 月 18 日的事件，并且从那之后，激进的媒体对待路易的态度就截然不同了。但是，国王似乎很快就认识到了自己的错误，并且以自己的方式努力改正（但是，正如我们所知，这实际上是为了掩盖他的逃亡计划）。大部分巴黎人已经准备引述那句经过了时间考验的老话"好国王听了坏建议"，并打算将他的"错误"归咎于来自贵族或者是王后的影响。①

　　但是这一切都被国王的逃亡改变了。使巴黎人目瞪口呆的不仅是路易的离开，还有他留下的宣布与大革命断绝关系的信，声明他之前对新法律的默许是被迫的。厄斯纳为他看到的聚集在街上阅读、讨论国王信件副本的人的数量所震惊。在此，在国王亲手写下的便条中，他明确表示，这次逃亡活动完全是他自己的想法，并不是受了什么顾问的影响。现在真相大白，路易对法国人说了谎。他在一年之前刚刚庄严地许下的誓言——在上帝面前宣誓国家会支持宪法——原来是不真诚的。②

　　事实上，在 6 月 21 日之后，已经很难找到哪怕一张报纸——除了那些最保守的保王党——愿意对国王发表任何正面的评价。《巴黎编年史》(*The Chronique de Paris*) 提到了国

---

　　①　Bourdin, 235 - 237；Guittard de Floriban, 34；Short, 19：635；Gower, 71；Censer, 111 - 115.

　　②　Oelsner, 21.

王的"背信弃义"，在策划逃亡行动时的"残暴而黑暗的伪装"。一向态度温和的《佩尔勒日报》(*Journal de Perlet*)对比了国王之前的声明和他的最新宣言。编辑质问道："人们还如何能够相信国王说的任何事情？"①严肃的反应，名副其实的潮水般的嘲讽，以及对于国王的反感和厌恶，给当时的旁观者都留下了深刻的印象。有些报道甚至开始评论国王的怯懦行为，他放弃了自己的朝臣和保王党，把他们都丢给了愤怒的民众。在洪水般泛滥的文章和小册子里——在之后的三个星期里出版了一百多种——他被冠以各种各样的标签，比如"叛国者""骗子""懦夫"，或者仅仅是"虚伪的路易"。"试着想想你所能想到的最侮辱人的措辞，"巴黎的学者兼书商尼古拉·吕奥(Nicolas Ruault)这样写道，"就是这样你也还是低估了当时实际说出的那些话。"瑞士作家埃蒂安·杜蒙(Etienne Dumont)说："没有一种耻辱的绰号，没有被人毫不留情地反复提起，伴着冷血的嘲笑。"②

巴黎的激进分子们，本身就已经对阴谋诡计过分敏感，此时更是感到特别烦躁不安，简直是遭到了侮辱。他们怎么能如此盲目，被瞒天过海，对这么一个史上最大的阴谋视而不见？"我们相信了国王的甜言蜜语。"雅克-皮埃尔·布里索(Jacques-Pierre Brissot)抗议道，他是一位野心勃勃的作家，也是巴黎的一位政治人物。"我们被蒙骗了。曾经仅仅质疑国王的承诺都像是罪恶。但是现在这位'爱国的'国王逃走了……

---

① *Chronique de Paris*, no. 173, June 22; *Journal de Perlet*, no. 692, June 28.

② Leclercq, 672 – 676; *Chronique de Paris*, no. 173, June 22; Roland, 2：316；Ruault, 246 – 247；Dumont, 222.

　　《被带回猪窝的猪一家》　这是返回杜伊勒里宫的另一个视角——只在右侧的远处可以隐约看出。　变形扭曲的国王一家正坐在玩具马车里前行。

撕下了他的伪装。"人们不停地将国王称作"背誓者",这是指 103
他背叛了自己的誓言。威廉·肖特发现每个巴黎人都这样称
呼他:"叛国者路易、不忠的路易。""他逃走了,"《巴黎编年
史》这样写道,"背弃了他所有的不忠实的承诺。他挑选的逃
亡时机几乎就是在起誓那天的一周年。他在天地和国家面前
发誓,而正是这个国家曾经原谅了他早先所有的错误。"方济
各会的修士改编了伏尔泰的著名戏剧《布鲁图斯》(Brutus)中
的一段:

> 请记住这一天,在奥古斯塔的祭坛前
> 路易发誓说他将会永远忠实而公正。
> 但是这就是人民和君主之间的纽带啊
> 当他背叛了自己的誓言,也就割裂了我们。①

当时社会上对国王的愤怒之情,最明显的表现体现在对
待国王象征的方式上。在瓦伦事件发生之前,路易的小画像 104
几乎悬挂在巴黎每个家庭和店铺的墙壁上。但是现在,几乎
就在一夜之间,画像就都被摘下来了,其中很多甚至毫不掩
饰地被扔进了垃圾堆。② 事实上,国王的肖像经历了一种惊
人的变型。总的来说,他被画成了一种动物,大部分情形下
是一头猪。这明显地暗示他有暴饮暴食的毛病——这曾经被
看成是一种简直讨人喜爱的特质,现在却被描绘得令人厌恶。

---

① AN D XXIX bis 35,dos. 365;*Le patriote françois*,no. 683,June
22;Short,20:585;*Chronique de Paris*,no. 173,June 22;Mathiez,51;
Mousset,273.

② Oelsner,21;*Chronique de Paris*,no. 173,June 22.

从那之后的好几个星期，"猪国王"无处不在，出现在报纸上、小册子上、招贴画和雕像上。经常出现的是猪的一家：一个猪王后和形态不一的其他王室猪成员，陪伴着像猪一般的路易。在逃亡发生之后不久，有人甚至在杜伊勒里宫的墙上挂了一个很大的牌子，上面写着"一头很大的猪背信弃义逃走了。如果有人找到了他，请速将他还给他的钢笔，将会提供一点微薄的报酬"①。

## "无套裤汉"的诞生

6月22日深夜，巴黎人得到了失踪的国王将要回到住所的消息。在大约十时三十分的时候，差不多在二十四小时之前从瓦伦派来的理发师芒然（Mangin）终于到达了巴黎。在骑马穿过街道的时候，他高喊着："国王找到了！国王已经被拦下来了！"在长途骑行之后，他满面尘土，显然已经筋疲力尽了。他交给国民议会一张书面报告，并上气不接下气地汇报了在他的家乡发生的事情，他的描述多少经过了篡改，也并不十分准确。许多巴黎人跟着他进了国民议会，接着又冲出去将这个故事讲给自己的朋友们听，这就进一步歪曲了原本的叙述。但是大家依然领会到了抓捕行动的精髓，这个消息很快就传遍了全城。大部分人那个时候已经入睡了，但是纷纷被喧哗声惊起，冲到窗边乃至街头，急切地询问事情的细节。接下来的一整夜，人们都在思考这个意想不到的事件可

---

① Leclercq，675‐676；Duprat，146‐188；Hunt，*Family Romance*，50‐51。

能的走向。他们都曾以为那时国王一家肯定已经逃到了国外，     *105*
马上就要宣布开战了。在洛林地区一个小镇抓住国王显得简直不
可思议，这带来了一种全新的欢喜、自信和力量。这再一次证明
了命运，也许就是上帝本身，确实是站在大革命这一边的。①

　　碰巧的是，第二天就是圣体节（Corpus Christi），这个节
日是为了纪念圣餐礼仪式而举办的，也是天主教礼拜仪式上
最盛大的节日之一。为此人们已经提前计划了好几周——像
往常每年这个时候一样——抬着圣体穿行在这个城市的五十
二个教区里，穿过装饰着五颜六色的挂毯、鲜花和其他装饰
的街道。人们将会唱起宗教赞美诗；国民自卫队的游行队伍
将会走在神职人员的身后，接着是各个工人团体的宗教博爱
社团，手中高举着他们的旗帜。夜里将会有篝火和焰火，还
会有一场名副其实的狂欢。②

　　但是目前，庆祝活动已经转变成了全市范围的庆祝国王
被俘的活动。在所有的游行队伍中，最壮观的是围绕着圣热
尔曼-奥赛尔教堂的游行。这座教堂是一座哥特式建筑，位于
卢浮宫和杜伊勒里宫的官方教区东侧。在最初的设想中，游
行队伍包括国王和他的家人，以及一个人数众多的国民议会
代表团，还有几百名来自国民自卫队的精英，由拉法耶特将
军亲自率领。但是随着国王的失踪以及他被捕的消息，传统
的宗教音乐有很大一部分被一批爱国歌曲所取代了。旁观者

----

　　① *AP* 27：24－26；Panon Desbassayns，188；*Chronique de Paris*，
no. 174，June 23；Rabaut Saint-Etienne，"Correspondance，" 265；Gaultier
de Biauzat，2：370－371.

　　② Lacroix，49－50，100；Burstin，257－258；Panon Desbassayns，
189；McManners，2：122－123.

印象最深刻的，就是这首充满活力和乐观的流行歌曲，它一遍又一遍地在整个城市里响起："啊，一切都会好，一切都会好的！"（Ah，ça ira! Ça ira! Ça ira!）当时在现场第一次听到这首歌的爱国神父托马·兰代（Thomas Lindet）向这位不知名的作曲家表示祝贺，"因为他帮助法国人激发了勇气，重新点燃了他们天性中的热情"。也没有任何人忽略了此事的象征意义，即在游行队伍中代替了失踪国王位置的，是国民议会的代表——国王本人仍在坐在马车里，在返回巴黎的半途中，没准正走在香槟区的什么地方。一份报纸指出，国民议会代表的出现"本身就代表着一定的胜利。热烈的掌声和幸福的呼喊声跟国民自卫队的音乐声混合在一起"①。

不知道是事先计划好的还是即兴之举，很多跟在国民议会代表身后游行的自卫队队员跟随代表返回会议大厅，要求也允许他们宣誓效忠于宪法，而就在一天前，议会刚要求所有的军人代表执行过同样的宣誓。短暂的晚餐时间过后，全城的自卫队队员都出现在大厅里，同样要求宣誓。这一事件可能部分是由拉法耶特策划的，在他未能成功阻止国王逃亡之后，他急于想重新获得爱国者们的好评。② 但是将军并没有料到事件后来非同凡响的发展。就像在当天的早些时候重组他们的游行队伍那样——将一种宗教行动转化成政治行动——来自整个巴黎的普通市民穿过越来越浓的暮色，向议会大厅前进。他们要么跟邻居结伴，要么跟工人博爱社团的伙伴一起，要求也同样允许他们宣誓。音乐家们在大厅右侧

---

① Lindet，286；*Chronique de Paris*，no. 175，June 24；*AP* 27：444；Thibaudeau，150 - 151.

② *AP* 27：448，453 - 454；Reinhard，119 - 120.

空空荡荡的长椅上坐了下来。那里理论上是给保守派和贵族代表准备的，但是通常他们都不会出现。乐队又再一次奏响了"一切都会好"的曲调，还有各种各样的爱国歌曲。一队又一队的市民穿过烛光照亮的大厅，从一扇门进去，又从另一扇门出来，他们跟着歌曲的曲调一起唱着，在经过议会主席的面前时举起手，高喊着"我宣誓！"他们还沉浸在节日的气氛中，到达大厅时依然穿着各式各样、色彩缤纷的奇装异服。这里有穿着亮蓝色或绿色白色相间制服的自卫队队员，还有穿着各式朴素的中产阶级服装的男人们，他们穿着短裤、带搭扣的鞋子，戴着三角帽。但是这里也有数量众多的普通民众，妇女们穿着围裙、戴着帽子，男人们穿着工人的长裤——他们现在被称作"无套裤汉"。他们六个人排成一排穿过大厅，有屠夫、煤矿工人和卖鱼的女人，面包师的长矛尖上挑着面包，来自中央市场的矮壮的搬运工带着大大的圆帽子——来自各行各业的男女老少。有些女人在宣誓时高高举起手中的婴儿，仿佛下一代人也包括在这次效忠国家的共同宣誓活动中。行进的节奏很快，但也至少持续了两个小时。吉塔尔（Guittard）估计有超过 15 000 人，其他人觉得更有可能是 50 000 人。平民人数众多的东部郊区，即圣安多万和圣马赛尔尤其得到了充分的体现。玛丽-让娜·罗兰当时三十七岁，是一位地方官员的妻子，也是一位热情的激进革命者，她声称几乎整个圣安多万的民众都出动了，队伍穿过城市的一端，几乎都延伸到了两英里之外的圣安多万区。①

①　*AP* 27：453－454；Lindet，286；Faulcon，433；Thibaudeau，149－151；Roland，2：309；Guittard de Floriban，65；*Journal de Perlet*，no. 689，June 25；Oelsner，21－22。

在长时间的不确定和恐惧之后，这个多彩的节日夜晚标志着紧张情绪的释放，似乎也增强了一种团结和自信的新意识。无疑地，部分由博爱社团和更加激进的区动员起来之后，普通民众也开始具有了一种初步的政治意识。有些人扛着写有"不自由，毋宁死"字样的旗帜，其他人续写了"一定会胜利"的歌词，内容是要将贵族和国王送下地狱。虽然总体来说他们的效忠行为是由国民议会操纵的，但是他们也清楚地表明了自己的态度，即如果国民议会的决定没有得到他们的同意，他们是绝不会屈从的。"好代表们长命百岁！"有人这样高喊着，"但是其他人就当心点儿罢！"[1]另外，虽然大家的情绪大都非常愉快，但是他们依然带着一些令人难以置信的奇怪武器，从镰刀到干草叉，从棍棒到长矛。许多长矛上戴着明亮的红色"自由帽"——这种帽子现在是爱国工人最喜爱的帽子。但是帽子的下面就是锋利的尖刺和钩子，这些东西最初是设计用来刺杀骑兵的马匹的，但是最近上面挑着的，往往是在近来层出不穷的暴力事件中的受害者的头颅。几乎可以确定，有些长矛是在最近两天从地方军械库中非法夺取来的。[2] 自从令人痛心的 1789 年"十月事件"过后，这样的武器是第一次出现在议会中。从象征意义上来说，这个非同寻常的夜间游行标志着无套裤汉已经成为一种具有自我意识、良好组织的政治力量。在不久后的将来，这就会是国民议会和整个法国都不得不慎重考虑的一种力量。

108

---

[1]　Roland，2：309.

[2]　Burstin，"Une révolution à l'oeuvre," 257.

## 国王不是必需的

在过去的一千多年时间里，巴黎人总是拥有一位国王。按照这个理论，每当有一位国王去世，另一位国王，即前国王最亲近的男性继承人就会立刻出现，夺走王权——"国王去世了；新国王万岁！"——即使这里的新国王仅仅是个孩子，而王权要由其他人代理。但是现在，对于数目众多的巴黎人来说，王权的神话已经被打破了。当路易从瓦伦被带回巴黎，穿过城市的街道，重新进驻杜伊勒里宫，每个人心中都有一个巨大的疑惑，即君主乃至于君主制度将会变成什么样子。书商尼古拉·吕奥在给他兄弟的一封信中审时度势："我们必须决定该拿这个国王怎么办，现在他只是名义上的国王了。这个问题极度微妙，也非常尴尬。"[1]在巴黎的每个人都开始仔细考虑这个问题，并提出解决方法：应该继续让路易当国王，但他也只是个傀儡；他应该被剥夺一切权利，直到宪法完成实施，然后再将王位交还给他，他可以选择接受或者放弃；他应该被流放，离开巴黎乃至离开这个国家；他应该因叛国罪被投入监狱并得到审判；他应该被废黜，王权应该交给年幼的王太子，后者应该按照大革命的理念悉心教育。但是巴黎人自从国王逃走的那一天起就处在困惑之中，有些甚至开始走得更远。他们扪心自问，是否君主制本身真的不可或缺，如果说现在还不是时候让法国人独立地在一个没有国王的共和国生活。

---

① Ruault，248.

　　当然，这并不是巴黎人第一次提到"共和国"这个词。在大约一年之前，未来的议会成员路易·拉维贡特里（Louis Lavicomterie）就发表了一篇名为"关于人民和国王"的文章，在其中公开提倡一种没有君主的政府制度。小说家兼历史学家路易丝·卡利奥是一位激进的出版商，她很快就在她的报纸《国家信使》（*Mercure Nationale*）中谈到了这种观点。这一观念后来被她的丈夫弗朗索瓦·罗伯在年底出版的一本小册子中更进一步地阐明。1791 年春天，共和政治的观念已经在一些激进的知识分子中风行一时。虽然在这些讨论中，总是会有一些推测性和学术性的成分。激进分子的首要任务依然是要向所有人敞开投票权，无论他们的收入如何。而建立一个没有国王的法国政府的想法，实际上并没有得到民众的支持。年轻的沙特尔公爵（Chartres）——未来的路易·菲利普，1830 年的"法国国王"——描述了爱国观众观看伏尔泰的戏剧《布鲁图斯》时的反应。当一名演员念出台词"噢，要自由而不要国王"时，只有很少的人鼓掌，大部分人开始高呼"国王万岁！"同时"第三声部"也响了起来，喊出"国家万岁，法律万岁，国王万岁！"①

　　但是瓦伦逃亡事件使得大部分巴黎人的态度都发生了巨大的变化。在消息发布的几小时之内，一场针对王室象征的普遍攻势就开始在全市范围内展开。任何带有一点国王或者王权意味的东西都被移除、被扯下、被遮盖，或者被污损。以任何形式提到王室的机构——比如王后旅馆或者王冠公牛

--------

　　①　Aulard, *Histoire politique*, 84 - 89, 105 - 111; Mathiez, 34 - 41; Morris, 2：168; Hesse, 83 - 98; Pegg, 435; Louis-Philippe, 16.

《覆盖王室标志的巴黎人》　　在国王逃亡之后的几天里，　人们把彩票办公室的"王室"字样和金冠酒店上的王冠涂黑，　并摘下公证人办公室悬挂的鸢尾花纹章。

饭店——都会发现他们的招牌被移除并且被毁掉了。公共建筑或者公证处的波旁家族纹章被一种煤烟和油的混合物涂成了黑色。人们催促士兵和警卫从他们的制服上拿下代表王室的鸢尾花徽章；国王的半身胸像被推倒，其他更大的不能移动的王室雕像被盖上了黑布；甚至是像"暹罗国王路"这样的街道也被重新命名，改成了更有爱国气氛的名字。① 玛丽-让娜·罗兰看到这种新观念以极快的速度占领了这个城市的大众街区，她因此感到十分惊喜。"大众对此持有一种健康而正确的理解，"她在 6 月 22 日这样写道，"现在到处都可以听到有人说起'共和国'这个词。"②

除了平民百姓自发地对君主制的象征进行攻击之外，还有大量的巴黎知识分子、政治人物和激进报纸的编辑公开地表示拥护共和国。在短短几天之内，几名最先进的记者已经公开声明支持这个提议。布里索（Brissot）在猛烈抨击路易十六的时候特别强调，后者"用自己的双手摧毁了他的王冠。一个人永远也不可能把一名暴君转变成一种自由的事业"。《真理之友》(Friends of Truth)的作者兼创始人尼古拉·德·博内维尔开始为创建共和国而进行军事行动。他和他的朋友，著名的数学家兼哲学家孔多塞侯爵（Condorcet）和盎格鲁—美国自由主义者托马斯·潘恩（Thomas Paine），创办了一份致力于共和理想的报纸。"只有当 6 月 21 日事件发生的时候，"西耶斯修士（Sieyès）在写给潘恩的信中说道，"我们才突然看

---

① Roland，2：316；Ruault，246 - 247；Panon Desbassayns，186；Oelsner，21；Lombard-Taradeau，361；Lindet，293；Lacroix，46；*Chronique de Paris*，no. 173，June 22.

② Roland，2：302.

到了共和派的出现。"①

从一开始，这一党派最具效率、最有活力的领导力量来自科德利埃俱乐部（Cordeliers Club），其成员包括许多非常积极地投身于新岗位的记者。就在国王逃走的当天，俱乐部就决心对整个君主立宪制的构想提出质疑，这一构想是国民议会在两年前详细制订的。俱乐部成员们似乎采取了一种双重战略。一方面，他们敦促代表们重新起草宪法，但是另一方面，他们也意识到除非经过适当的通知和教育，大部分法国市民可能会反对这样的措施，因此成员们支持举行一场全民公投，就这个问题进行一场普遍的辩论。他们在向大会提交的正式请愿书中这样写道："立法者，你再也不能指望去激励那些根本不信赖一个被称为'国王'的国家公务人员的群众。在这个事实的基础上，我们以祖国的名义恳求你，要么立刻宣布法国不再是一个君主制国家，而是一个共和国，或者，至少等待所有的部门和主要的议会都在这个关键问题上发表他们的意愿。"②此后，这个俱乐部就如同一阵具有活力的旋风，席卷四野并阐释其理念。会员们印制了海报，张贴在这个城市每个角落的墙壁上。他们还敦促所有与他们有紧密联系的巴黎博爱社团配合他们的努力，讨论并采取同样的立场。此外，他们还组织了一场全市范围的游行，意在向国民议会提交请愿书。③

*112*

---

① *Le patriote françois*，no. 683，June 22；Mathiez，85 – 86；Pegg，435 – 445；Whaley，35 – 37；Bourdin，245 – 248；Kates，157 – 164；Baker，304 – 305.

② Mathiez，47.

③ Mathiez，48 – 50；*Le babillard*，nos. 19 and 21，June 23 and 25；Lacroix，96 – 97，117；Bourdin，241 – 242.

6月24日的游行是大众激进主义进一步发展和"无套裤汉"政治化的另一个信号。在某些方面，它可以被看作法国历史上第一个现代政治游行——以其形式和精神领先于19、20世纪的伟大巴黎政治游行。通过大众社区网络的联系，来自巴黎各地的人们步行至旺多姆（Vendôme）广场的指定地点集合。在前一天，穿越议会大楼的圣体节游行的胜利，成为组织者们发起这场新游行的基础。从这个层面上讲，旧制度的宗教游行与新形式的大众民主文化之间存在着另一种迷人的联系。男人、女人和儿童——据目击者描述，多数来自工人阶层家庭——他们组成游行队伍穿过街道，互相挽着手臂，七八人成排并驾齐驱，时而放声高歌，时而摇旗呐喊。许多人在他们的大衣上佩戴着眼睛臂章或徽章，象征着他们的俱乐部以及寻找阴谋家的使命。吉塔尔·德·弗洛里班，一位上了年纪的资产阶级业主，住处距离科德利埃俱乐部不远，他目睹着成千上万的人走过。起初，他害怕发生暴力和骚乱。但后来他注意到，参与游行的人都很冷静且组织有序。与前夜议会楼前的游行不同的是，没有人携带武器，甚至连棍棒和手杖都没有。当游行的队伍穿过塞纳河上的新桥时，吉塔尔·德·弗洛里班跟随着他们，朝着胜利广场而去，在那里与来自巴黎东部的数千人汇合。在议会大楼以北的旺多姆广场，他们遇到了拉法耶特。拉法耶特显然已经得到了通风报信，并且召集了一大批武装着大炮和火枪的国民自卫队。但游行人群保持平静，只宣布他们希望向国民议会提交一份由三万人签名的请愿书。紧张的对峙之后，来自游行人群的七名代表被允许发表诉求声明。①

国民议会推迟至第二天才阅读请愿书，对此游行者倍感失望。当请愿书被呈上时，据一名科德利埃俱乐部的成员称，只有一名秘书"以没有人可以听到的方式"诵读，之后递交给了一个委员会，等待立即被遗忘了。在接下来的三周里，巴黎科德利埃俱乐部和其他博爱社团继续着他们的运动。据统计，在6月21日至7月17日，人们共起草了17份请愿书，每一份都被国民议会拒收或忽视。贯穿这段时期的是科德利埃俱乐部和其他博爱社团持续不断的夜间辩论，讨论国王和他应得的命运。玛丽-让娜·罗兰每天晚上都会去观看并参与辩论——许多这样的聚会诚邀女性的加入——她被亲眼目睹的准千年变化震惊了。几年前，巴黎的平民百姓无论被政府告知什么，都只会"愚昧地歌唱阿门"，而现在他们已日渐开明，准备好支持"我们的正义事业"，并要求"正义的统治"。"我们在一天之内前进了十年。"②

此外，大众社团发起的共和运动显然也深受其他两个事件发展的影响。首先，此时正值一系列工人示威活动频发的时期，同时代的人们认为这些工人运动比他们以前见过的任何游行活动都更具组织性、更富激情。7月的第一周，国民自卫队几乎每天都被派出来镇压工人们的抗议和罢工——例如，由熟练制帽工、泥瓦匠和街头工人试图发起的罢工运动——国民议会最近颁布的《勒夏普利埃法》已经把这种罢工明确认定为非法行为。几乎同时，市政府在国民议会的支持

---

① Guittard de Floriban, 65; Bourdin, 259-260; Mathiez, 51, 53-54, 123-125; *Lebabillard*, no. 21, June 25.

② Mathiez, 87; Roland, 2：322, 325; Braesch, 193-195.

下，开始废除公共工程体系，这个体系作为工人失业救济，启动于 1789 年，现在却被认为太过昂贵因而遭到取缔。这些行为引起了民众极大的焦虑和愤怒，在 6 月下旬和 7 月初，工人组织了几次抗议游行，许多人再次聚集在旺多姆广场。虽然这些工人运动不一定与政治事件有关，但它们强化了危机氛围，并为"无套裤汉"运动注入了活力。①

其次，科德利埃俱乐部和其他博爱社团，以及一些巴黎更为激进的区，越来越把愤怒集中在国民议会本身。大家对国民议会无视他们的请愿感到非常失望，他们也越来越怀疑这些国民议会代表在他们撤退后对国王和王后的待遇依旧，继续使其和仆人、顾问一起留在王宫里，好像什么事情也没有发生过。更加令他们感到愤怒和沮丧的是，在七月的第二周，有消息泄露称，国民议会代表将要免除国王的罪行。②科德利埃俱乐部和其他博爱社团的成员们越来越倾向于各种多疑甚至偏执的观点，他们感觉到国民议会正在暗地策划着阴谋诡计。有传言说，国民议会代表们已经"背叛了法庭"，他们篡改伪造国王的私人证词——尤其是路易关于他从来没有打算离开这个国家的声明。甚至还有一些传言，说大多数国民议会代表正计划刺杀以佩蒂翁和罗伯斯庇尔为代表的一小部分赞同科德利埃俱乐部立场的国民议会激进分子。在危机中，国民议会推迟了新立法机构的选举，现在有人指责国民议会代表们正在利用目前的形势来维持权力，就像 17 世纪

① Rudé, 83; Mathiez, 86, 233, 328; *Chronique de Paris*, no. 180, June 29; *Le babillard*, nos. 23 and 25 – 26, July 5 and 8 – 9; *Journal de Perlet*, no. 700, July 6; Guittard de Floriban, 68.

② Mathiez, 86 – 87; Bourdin, 260.

英国长期议会的议员们那样。①

　　7月12日，科德利埃俱乐部成员和他们的联盟者起草了又一份请愿书。议长夏尔·德·拉梅特（Charles de Lameth） *115* 仅仅读了几行就断然宣称其"违反宪法"，之后请愿书再一次被国民议会拒绝。出于对这种怠慢的愤怒，一如他们所熟识的旧制度统治时期上流社会展现出的优越高傲姿态——拉梅特本人曾经也正是一位这样的伯爵——科德利埃俱乐部成员决心绕过国民议会，直接向法国人民上诉。他们起草了一份"全国演说"，在全国各地发表和流传，并很快得到多数邻近博爱社团的支持。到目前为止，激进分子们仍非常谨慎地依法行事，严格遵守国民议会颁布的请愿法令，并在每次组织街头游行前及时上报市政府。然而，这个新的演说可以看作一个名副其实的起义号召，预示着1792年夏天国民公会（National Convention）的召开。请愿者召集了新政权的行政单位法兰西八十三省，使其纷纷派代表前往巴黎，在那里组建新的"行政当局"，取代国王——甚至取代国民议会——"直到国家能决定前国王的命运，制定新的统治模式"。他们还谴责国民议会代表拒绝举行新的选举："任意延长任期，滥用职权。"法兰西各省应立即且单方面重新举行选举，取代现在这些"丧失了国家公信"的国民议会代表。最后，他们还敦促地方行政人员通过男性普选权来组织选举，无视国民议会颁布的以纳税资格决定选举权的法律。②

　　在同一时期，许多激进的报纸在咖啡馆被高声朗读，在

---

　　①　Short, 20：585；Bourdin, 260；Ruault, 250；Mathiez, 88；Roland, 2：329；*Chronique de Paris*, no. 197, July 16；Gower, 109.

　　②　Mathiez, 95, 96－97, 100, 108.

整个城市的街道上被高声呼喊——它们甚至更直接地推动了起义。布里索大声疾呼，反对国民议会及其对国王的态度，高呼其"丑恶、荒谬、残暴"。弗雷龙（Fréron）和博内维尔预言且呼吁着一场迫在眉睫的反抗。可能是科德利埃俱乐部成员的皮埃尔-加斯帕尔·肖梅特（Pierre-Gaspard Chaumette）发表的一篇文章，更加直言不讳。作者提醒国民议会的代表，1789年巴士底狱监狱长在反对公众意见时遭到了被叛乱的人群斩首的命运。"有时候，"他写道，"叛乱是最神圣的义务。"①

## 1791年巴士底日

　　巴黎人民攻占巴士底狱两周年的纪念日陷入了剑拔弩张的危机漩涡之中。虽然在6月21日之后出现了取消纪念活动的声音，但最终巴黎政府官员决定坚持原来的计划。科德利埃俱乐部成员和新生的无套裤汉并不能代表全部的城市复杂人口群体。事实上，大批巴黎人民，包括国民议会中的多数代表，都为经常性的工人和政治激进分子街头示威游行而感到心惊胆颤。很少有人对路易十六的出逃感到高兴，可以说大多数人都对国王感到相当愤怒。但是，来自群众持续的暴力或暴力威胁，以及科德利埃俱乐部毫无掩饰地呼吁人民起义来反对国民议会，使巴黎民众感到恐惧，也使他们更加警惕制宪会议发生剧变。现在，城镇官员和土绅希望1790年联盟节的重现可以在某种程度上复苏前一年的魔力和团结，为

---

　　①　Mathiez，109.

相当数量的公民提供对抗共和派示威的手段。正如一位温和的记者所说，这将是对"想要摧毁君主制的狂热分子，只会为共和制呐喊的奸诈无赖"的响亮回应。无论如何，城市西端的"战神广场"得以翻新，这个伟大的体育场现在可以容纳比一年前还要多的人，广场中央的"祖国祭坛"也因此而得到改造。①

　　7月13日晚上在巴黎圣母院大教堂里举行的一场盛大音乐会拉开了全城庆典的帷幕，前来参加的不仅有各个革命流派的显要人物，还有两年前带领巴黎人民攻占伟大的中世纪城堡的领导者。拥护革命的神职人员在感恩仪式上歌唱着赞美诗，作曲家弗朗索瓦-约瑟夫·戈塞克（François-Joseph Gossec）组织了一场名为"攻占巴士底狱"的音乐盛会。② 欢庆活动持续到第二天早上，直到在市政府和市长巴伊的领导下，声势浩大的游行队伍从已被拆毁的巴士底狱的十点钟方向出发，穿过整个城市，朝着阅兵场行进。长长的游行队伍由来自政府部门、司法部门、军队以及四十八个省的行政官员组成，其中穿插着乐队、成排的鼓手和国民自卫队，还有一列象征旧制度的游行队伍运载着如虔诚圣物般的巴士底狱模型。三小时里，歌舞游行将陆续穿过整个城市：穿过市政厅，沿着塞纳河右岸，穿过杜伊勒里宫附近的河流，穿过圣热耳曼的左岸区，进入体育场。当所有人都就位时，大约两点，又有一次盛大的赞美诗演唱，由新当选的"合乎宪法规定的"巴

*117*

---

　　① *Le babillard*, no. 32, July 15；AP 27：589－595；Lacroix, 285；Panon Desbassayns, 201；*Journal de Perlet*, no. 710, July 16.

　　② Lacroix, 309－310；*Chronique de Paris*, no. 195, July 14；*Les Révolutions de Paris*, July 13－14, 1791.

黎主教担任指挥。盛典伴随着总司令拉法耶特在他的白马上指挥着国民自卫队进行的一系列军事演习而结束。①

在某些方面，庆典活动似乎是成功的。大多数见证者都认为游行队伍的规模至少和 1790 年一样庞大，甚至可能更大。所有人都感叹这天的好天气。晨曦初照，天朗气清，和煦而美好，与一年前令人不快的大雨形成鲜明对比。② 但是，较之前一年，群众的态度发生了很大的改变，尖锐的政治分歧如今割裂了巴黎人民。国民议会只派出了二十四名代表参加，他们声称忙于辩论，然而在 1790 年的游行中，他们悉数到场。更加明显的是，国王和其他王室成员都缺席了，甚至没有人考虑要求路易十六重申他对宪法的宣誓。一些目击者也注意到祖国祭坛上由不知名的艺术家们，在庆典前的最后时刻打造出的明显变化。一处名为"伏尔泰的胜利"的浅浮雕，暗指仅仅几天之前，为纪念启蒙运动的精神领袖而举行的反教权游行庆典。目击者还注意到另一处纪念作品——瓦伦人民英雄德鲁埃纪念碑。其中最为显眼的是，"国王"这个词已经从祭坛上抹掉，现在只剩下"国家，法律，[空白]"。事实上，象征着君主的所有标志也都从国民自卫队的旗帜上消失了。在游行庆典中的数个时刻，人们甚至高呼："不再有路易十六，不再有国王！"③

另外还有种种有关紧张形势和暴力事件的报道，这在一年前是闻所未闻的。前来参观的克里奥尔贵族昂利-保林·巴

---

① Lacroix, 324 – 328, 344 – 345; Guittard de Floriban, 72; Panon Desbassayns, 201.

② Ruault, 251; Guittard de Floriban, 72; Gower, 106.

③ Mathiez, 110; Lacroix, 345 – 348; Roland, 2：327n.

侬·德巴桑（Henri-Paulin Panon Desbassayns）因佩戴着一枚象征旧制度贵族地位的圣路易十字徽章，而遭到了游行人群的谴责侮辱和严厉处罚。两名向国家祭坛投掷石块的神职人员拥护者遭到了更加恶劣的对待。游行活动早有传言称，国民议会将在人民聚集在"战神广场"时占得先机，投票宣布免除国王罪行，于是一些人穿过市区，冲回议会大厅。事实上，几个颇受欢迎的社团和俱乐部成员，包括科德利埃俱乐部在内，甚至没有参加庆典仪式。他们在当天早些时候召集了自己的游行队伍向国民议会行进，表明了他们将继续反对国民议会的政策，并向国民议会的代表们提交了另一份请愿书。他们再一次要求国民议会代表不得对国王的罪行妄下定论，必须征求法兰西人民的意见，举行全民公决。这一次，他们更为激进。他们主张，真正的国家统治主体将不再是国民议会，而是"人民"。如若不承认这一现实，他们坚持，可能会引发内战。[1]

　　显然，所有的目光都聚焦在国民议会的代表身上。他们在仅仅几个月前还被全民誉为"国家之父"，现在却遭到发动暴乱且疯狂叫嚣的少数巴黎人的责骂和威胁。如今，国民议会的代表们别无选择，只能采取行动。

---

[1]　Lacroix, 350; Mathiez, 112 – 115.

# 第五章　国家之父

　　两年多以来，代表们一直在国民议会工作，起草宪法，自上而下地重组国家。① 从许多方面来看，他们是一群具有卓越才能的人。1789 年王权政府修订了选举制度，选出了国内各地方、地区和国家各个阶层的精英人士。其中有近 300 名贵族，他们大多数都拥有爵位和巨额财富，代表了法国最富权势的一些家族。还有数十名贵族主教和大主教，以及 200 多名来自全国各地的教区神父。还有大约 600 名第三等级的代表，他们是来自社会各行各业的平民，其中有律师、法官、医生、商人、土地所有者和政府雇员。第三等级的代表大部分都有资产，而且很多人都有市政工作的经验。虽然这些国民议会的代表们来自不同阶层，但有一个文化共同点，即他们大都接受过法律培训。大概其中有三分之二的人学习过法律，甚至有几人在他们所处的时代是数一数二的优秀法律人才。

　　在大众阶层的平民代表、少数自由贵族和神职人员的支持之下，革命的前几周见证了一个非比寻常，几乎不可思议

---

　　①　此段以及下一段，参见 Tackett, *Becoming a Revolutionary*, chaps. 1 - 4。

的神奇时刻。面对多数贵族阶级拒不妥协以及王室政府几近放弃权力的情况，在巴黎人民的支持下，代表们互相学习，互相激励，从整个 18 世纪的改革理念中汲取整合观念想法。不久之后，他们发现自己已在法国激进变革的道路上，走得远比之前预料和想象的更加深远且疾速。到了 1789 年 6 月中旬，他们组成了具有自主权的国民议会，在戏剧性的"网球场宣誓"中庄严宣布——制定国家的第一部宪法。几周后的 8 月4 日之夜，被称为法国历史上的"神奇一夜"，在夜间会议上，革命议员们投票决定废除旧制度的大部分政治和社会制度，以及整个封建特权和等级特权体系。此后不久，他们通过了《人权和公民权宣言》，其中包含了两年之后在美国通过的《权利法案》中的许多条款。"十月事件"后，随着国王路易十六随家人一起离开凡尔赛去到巴黎，他们也将会场搬到了杜伊勒里宫北面一个改建过的室内骑马场中，承担起了重组国家的艰巨任务。在很大程度上废除了以前的政权之后，他们不得不从头开始重建所有的体制：中央政府、地方政府、法院、法典、赋税体系、武装军队和教会组织等。

## 结束革命

随着革命进入第二年，代表们情绪和观念的微妙变化已经开始显现出来。在某种程度上，这是一个过度疲劳的问题。对于那些认真履行职责、定期出席会议、参与委员会讨论、阅读其他代表们无尽的建议书、保持与其所属选区通信联系的代表们而言，无休止的责任很容易导致精疲力竭，使他们心生厌倦。在到达首都巴黎之前很少有人习惯这样的生活节

*121* 奏，所以现在很少有人能负担起秘书的工作。其中一位代表写道："我们的大脑已经不能自如地应对如此紧张强烈和持续不断的运作了。"另一位认为他们被"无穷尽的工作、不间断的会议和无休止的斗争反复折磨"。他们在信件中描述自己饱受头痛、失眠和体重下降的煎熬，已是"筋疲力尽"、"疲惫不堪"。到1791年年初，旷工现象急剧增加。大多数的贵族和很多神父直接停止出席议会，实际上，在近1200名代表中只有400名还定期出现在国民议会中。①

　　工作繁重和过度劳累也促使了革命第二年激烈的派系冲突。议员让-弗朗索瓦·康普马博士（Doctor Jean-François Campmas）写道："国民议会不再像一开始那样有效率，它已处于极度疲惫的状态，沦为政治热情的牺牲品。"自1789年年底以来，最进步的代表们，晚间已经开始在会场以北一到两个街区的大型废弃修道院里单独开会。在这里，宪法之友社——因在圣雅各修道院集会被称为雅各宾派——早已在国民议会会期之前，就各种问题进行了辩论，并制定了一系列政治策略，在许多方面展现出现代政党活动的雏形。不久他们在全国范围内建立了附属社团组织——正是这个全国性组织吸引了瓦伦的爱国者于1791年年初纷纷加入。然而，仅在创立后几个月，雅各宾派发现自己与一支名为"1789俱乐部"的政治团体出现政见分歧，后者由国民议会中政见主张较为温和的代表组成。这两个爱国"俱乐部"常常因激烈的个人私怨和政治对抗而剑拔弩张。拉法耶特早因"八十九人"

---

① Maupetit, 21 (1905)：213 - 214；Geoffroy, letter of June 19, 1791；Périsse Du Luc, letter of September 12, 1790；Vernier, letter of December 6，1790；Tackett, "The Constituent Assembly," 162 - 169.

(Eighty-Niners)而离开了雅各宾派，他曾在 1971 年 5 月向他的好友乔治·华盛顿（George Washington）哀叹道："即使在那些自诩为爱国者的人们之中没有杀戮和流血，他们对于派系争斗的热情也已然走到了尽头。"①

　　代表们面临的挑战也因一系列意外的发展而变得复杂起来。1790 年春，英国和西班牙之间的外交危机，首先引发了法国面临国际力量干涉内政的威胁，这个威胁在国王出逃前夕一直是国民议会关注的主要问题。战争的前景似乎特别不容乐观，平民士兵和贵族官员之间的矛盾日渐激化——这种敌意又遭遇了布耶将军积极筹划的路易十六的出逃——这些原因致使法国军队处于崩溃边缘。更为令人不安的是，国民议会制定了关于教会的法律《教士民事组织法》，并要求神职人员按照规定宣誓，不可以提出任何条件或增加限制。这在一些地区遭到了反对，也使这个国家的敌对情绪汇成了一股强劲的潮流。大多数爱国代表把这项立法看作对教会组织必要且理性的改革，但是一部分人民坚信国民议会正试图改变法国的天主教信仰。危机的严重性落到了国民议会代表们身上，他们自己所在选区的选民——有时甚至包括他们的妻子和亲近的朋友——逐渐开始攻击国民议会的宗教政策。

　　与此同时，代表们不得不面对日益频发的骚乱和暴动。在代表们生活和工作的地方——面包骚乱、劳工抗议、国民自卫队的不服从——这种巴黎"无政府状态"的日常威胁使许多爱国人士开始质疑他们之前曾殷切拥护的民主立场。曾经

122

----

　　①　Campmas, letter of August 24, 1790; Lafayette, 3: 175.

《安托万-皮埃尔-约瑟夫-马里·巴纳夫》 温和的雅各宾派领导者，也是后来的斐扬派（Feuillant）领导者。

*123*

《热罗姆·佩蒂翁》 激进的雅各宾派领导者。

被认为是革命救世主的巴黎人民此时在许多温和派眼中俨然已成为忘恩负义、反复无常、十分危险的群体。加上科德利埃俱乐部和激进的新闻报刊不负责任地煽动报道，使他们显得更加可怕。从1790年到1891年的冬天，一群温和的雅各宾派开始推行一系列旨在平息大众激进主义的法令。这些措施包括从国民自卫队中排除贫穷公民；制定并实施限制新闻出版的法律；颁布《勒夏普利埃法》(Le Chapelier law)，禁止工人组织和工人罢工。① 这个团体的领导者是来自格勒诺布尔市的青年律师安托万·巴纳夫(Antoine Barnave)和他的亲信，贵族夏尔·拉梅特和亚历山大·拉梅特(Alexandre Lameth)——他们两个都是参加过美国独立战争的退伍军人——还有倡导自由主义的巴黎高等法院法官阿德里安·杜波(Adrien Duport)。对于巴纳夫和他所属的团体而言，现在是结束革命的时候了，应该让法国人民重新回到正常的生活中，重建稳固且良好的公民秩序。

然而，结束一场革命就像开始一场革命，点点滴滴都很艰辛。所有温和派倡导的措施，都会遭到国民议会中由热罗姆·佩蒂翁和马克西米利安·罗伯斯庇尔(Maximilien Robespierre)领导的一小群激进派雅各宾党人的竭力反对。虽然对自己的政治信仰充满激情，但践行苦行僧式生活方式的罗伯斯庇尔也像佩蒂翁一样，拒绝放弃对普通百姓的权利和性本善的信仰。事实上，这两个人和他们在国民议会中的追随者都认为革命尚未成功。民主和选举权应该扩大到每一个男性公民，无论其地位和经济条件如何。

① Tackett, "The Constituent Assembly," 164; Michon, chap. 8.

但是在 1791 年春天，罗伯斯皮庇尔和他的盟友不再占据优势。正如一位前激进主义者所说的那样，"温和派的时机已经到来"①。对遏制巴黎大众的影响力并结束革命的渴望，甚至还迫使许多温和派成为国王权力和威望的拥趸。西班牙大使已经在 1790 年年底洞察到了这一政策趋势。他在 12 月宣布："民主党派的领导人正通过秘密中间人寻求与君主制达成谅解和共识，并且承诺迅速恢复秩序。"到 1791 年 4 月，巴纳夫和温和派基本上已经停止参加雅各宾俱乐部的活动了，正如罗伯斯庇尔怀疑但又无法证明的那样，他们甚至与路易十六进行了秘密谈判。② 多数人希望稳固君主制，因此国民议会中众多爱国代表对国王抱以异常积极的态度，他们还一厢情愿地希望由他们评估决定路易十六的每一个行动。也正是出于这样的原因，国王的突然出逃奔向自由，对于他们的打击就显得更加残酷。

## 过渡期

6 月 21 日上午九时，国民议会主席宣布了国王出逃的可怕消息，代表们个个瞠目结舌，惊愕失色。有一位议员生动地回忆起当时"每一张脸上都写着惊慌失措"，他们都试图弄懂这件事背后真正的含义。让-弗朗索瓦·高提耶·德·比耶扎（Jean-François Gaultier de Biauzat）会议期间不停在自己的

① Basquiat de Mugriet, letter of May 31, 1791.

② Mousset, 255–256；Feuillet de Conches, 2：48–49；Gower, 79；Michon, chap. 8.

腿上划着"愿上帝此时能够帮助我们"①。在过去的几个星期里，他们都听闻过国王会被诱拐的预言。但总是会有数十个未被证实的谣言四下传播，而且，就像法学家们学习将证据分类分析一样，他们也学会了剔除大部分的故事。即便告之以真相，代表们也会视其为不能相信的传言。他们越把君主视为宪政制度的关键，就越能说服自己国王值得信赖。

　　一群尴尬的官员很快到达国民议会大厅，他们企图自我辩解，并解释发生了什么事。最终负责杜伊勒里宫安全事务的拉法耶特带着"阴沉且低落的愁容"也走了进来。巴黎市长巴伊和此前负责调查谣言的几名代表也发表了声明，承认了他们的失败。事实上，这些饱受质疑的传言现在看来比大多数代表以为的更具实质性。王后的侍女在这对王室夫妇出逃前的几周非常恐惧，她十分明确地通知了官员们即将到来的出逃行动。据说在她指示的地点附近部署了超额的驻守警卫，但国王一家仍魔法般地消失了。有些代表猜测，拉法耶特本人是知情的，或者他有意让出逃成功。② 更有甚者，大家从来没有真正相信过这些传言。我们姑且相信拉法耶特回忆录的真实性，他当时直接向路易提出了这些报告和传闻，但国王做出了如此"郑重且有力的否认，以致拉法耶特以性命打赌国王绝不会离开"。像身边其他人一样，他愿意相信国王不会说谎。也许正是由于这个原因，他没有给警卫留下需要特别

①　Thibaudeau, 143; Gaultier de Biauzat, 2：367; *AP* 27：358; Lombard-Taradeau, 360; Toulongeon, 2：2n.

②　*AP* 27：369 - 372; Maupetit, 22 (1906)：475; Faulcon, 423. See also Carrot, 1：73.

警惕的印象。[1]

　　无论如何，代表们很快就克服了他们的惊慌。他们勇敢地提醒着彼此所经历的一切，比较了目前的情况和 1789 年夏天的形势，当时遭遇的困难和障碍几乎无法逾越。他们宣布自己是永久性的议会，在接下来的几天里，他们全天候会面，在长椅上过夜，随时准备应付可能出现的紧急情况。[2] 面对史无前例的危机，他们抛开派系争端互相靠拢。从前的雅各宾派激进分子巴纳夫也来到了他的老对手拉法耶特的战线，这给代表们留下了尤为深刻的印象。"这正义和慷慨的行为震惊了国民议会，大家叫停了所有的互相指责。所有以前那些分歧的观念、激情、对抗或攻击在这一天都转变成了空前的团结。"第二天早上，6 月 22 日，几乎所有的军方代表——多数是国民议会中保守派的成员——走向前来，举起手中的刀剑，单膝跪地，庄严宣誓效忠宪法。誓词令人瞩目，因为它不再提及国王。第二天晚上，纷杂的巴黎人民游行队伍穿过国民议会时，也发下了同样的誓言。[3]

　　在接下来的两天里，一连串的议案和法令被提出，大部分都获得一致通过。现在首要任务就是拦下出逃的国王一家。拉法耶特本人早在 6 月 21 日代表召集之前就派出了信使。现在，国民议会也这样做了，派遣并命令信使沿着主要道路阻断国王和他的家庭成员。在法语中，"阻断"和"逮捕"这两个

---

[1]　Lafayette，3：75 – 76.

[2]　*AP* 27：359, esp. speech by Camus；Faulcon，429 – 430；Lévis，5 (1929)：273.

[3]　*AP* 27：410 – 412；Geoffroy，letter of June 22；Toulongeon，2：2n and 8n；Thibaudeau，146 – 147；Roland，2：307.

意思使用的是同一个词，这个模棱两可的命令所有人都心领神会。①

代表们尽可能快地采取措施维持政府的运作。法国历史上从未有过国王或摄政空缺的时候，迫于此种困境，国民议会被委以重任。议会一致通过且全体毫无争议的法令，无需征得国王"批准"，同时，先前投票通过、等待国王批准的法令也都即刻生效。有人建议设立国民议会执行机构"公共安全委员会"来应对紧急情况，但代表们选择通过随时待命的现任部长和大臣来协调工作，并要求其宣布效忠国民议会。所有人都照此执行，他们被安排在临近的大楼里，以便与代表们保持密切联系，并直接与相应的委员会协调政策。另外还通过了一些法令，以确保财政部长在没有君主签名的情况下还能继续支付国家账单，或者确保外国大使可以通过外交部长直接与国民议会处理事务。②

所有这些在几个小时内临时制定的法令被认为是紧急的应对措施。然而，并没有人知道国王是否会被找到或者回来。事实上，政府的迅速重组构建了一场虚拟的二次革命，虽然只是临时性的，但却建立了一个名副其实的共和国。从理论上讲，所有这些改变都完全合法，因为自 1789 年以来，国民议会的代表们就曾宣布自己是"制宪议会"，有权建立一个新政府。但实际上，他们总是寻求路易来批准他们的宪法或其他法令。夏尔·拉梅特在他的两次演讲中对这一点做出了详细说明，提出他们行动的另一个正当理由，一个基于权宜之

---

① Thibaudeau, 153；*AP* 27：359.
② *AP* 27：363, 365 - 366, 369, 386, 521；Gower, 96.

计的理由。他宣称："目前，我们不得不同时承担起立法权和行政权……在危急时期，人们无法像和平时期那样严格遵守法律……一时不公好于眼睁睁看着国家遭受损失。"①这种观点带来了负面的影响。在许多方面，瓦伦危机期间所做出的决定预示着另一个权宜之计，即大革命时期的"恐怖统治"。

*128*
代表们很快意识到了国王的离开所带来的国际影响。不仅仅是瓦伦和圣梅内乌尔德的人民，人们普遍怀疑这次王室出逃是假借外国势力入侵之手，以武力结束革命的计划的一个环节。因此，国民议会开始动员全国为战争做好准备。国民议会召集了当时在巴黎的主要军事指挥官们，要求其宣誓效忠宪法、法律和国民议会；"国王"一词再次从誓词中被除去。当华盛顿的朋友——约克镇战役的英雄让-巴蒂斯特·罗尚波（Jean-Baptiste Rochambeau）将军也到来并宣誓时，代表们兴奋不已。军事指挥官们被要求与部长以及国民议会委员会合作，制订应急计划。② 鉴于法国军事力量薄弱，代表们号召全国各地的志愿国民自卫队为正规军提供支持服务。全国八十三省，每省至少选出 3000 名市民，成为全民大动员的第一次军事储备力量，这些列入征兵名单的人民"已准备好拿起武器，保卫国家，维护宪法"。早在 1793 年至 1794 年，国民议会的另一个机构就曾派出四个代表团前往边防省区，督查战争准备情况以及检验军团的忠诚。所到之处，代表们被

---

① *AP* 27：360，423.

② *AP* 27：478；Faulcon，422；Maupetit，22（1906）：475；Rochambeau，1：380；Dumas，1：486–487；Geoffroy，letter of June 22；Basquiat de Mugriet，letter of June 24；Thibaudeau，141.

授权"采取一切必要措施，确保公共秩序，保障国家安全"①。

　　代表们同样担心法国内部的和平问题，特别是维护国民议会周围大都市稳定的问题。鉴于巴黎在过去六个月中几乎持续不断的骚乱，大多数议员预测将要爆发更加严重的恐慌或暴力冲突。巴纳夫回顾了巴黎1789年7月的危机和下层阶级引发的巨大混乱，直到"资产所有者和那些真正依附于这个国家的公民"负责起来控制了局势。代表们迅速组建了一支武装自卫队，部署在国民议会厅周围，禁止除代表以外的其他人进入。他们主要针对巴黎人民，发出维护秩序的呼吁："国民议会……通告所有公民，维护宪法、保卫国家从来没有如此迫切地需要通过法律手段和秩序来维持。"巴黎人民绝不会对于国王的失踪无动于衷，他们发动了几起暴力事件。然而很大程度上，在国王出逃后的几天，他们都显得异常冷静。代表们对此感到惊讶且无比感激。菲利克斯·福尔孔（Félix Faulcon）写道："这似乎是一个奇迹，是出人意料的幸运。我饶有兴趣地认为这是神圣的天意在眷顾着宪法。"②

　　起初，大家都认为国王实际上是遭到了绑架或诱拐。6月21日之前的传言通常涉及有人强迫或通过欺骗手段使国王出逃。甚至没有人会考虑君主默认这种冒险的可能性。但一份"声明"的出现改变了一切，这份"声明"由路易亲笔所书，并在其中解释了他的行为。最早有一位部长提及了这份"声明"的存在，并于6月21日下午两点正式在国民议会宣读。由代表们的发言和信件来判断，这个声明几乎与最初国王失

---

　　①　*AP* 27：394－395，400.

　　②　*AP* 27：362；Faulcon，427；*AP* 27：370；Fricaud，letter of June 24；Thibaudeau，153；Lévis，5（1929）：272；Ferrières，362.

踪的消息一样令人震惊和受伤。①

随着声明内容的公开，除极右派之外几乎没有人还愿意为国王辩解了。代表们被路易这个打破先前宣誓的声明吓到了。巴斯奎亚（Basquiat）曾经是国王的坚定捍卫者，代表他几乎所有的同僚发表意见："路易十六，这位优点总是能够遮盖缺点的国王，顷刻间放弃了他所有的承诺和誓言。这个由他亲笔书写并签名的声明，已向整个宇宙宣布国王对人民的荣誉和义务完全没有价值。"路易明显无视他自己的行为可能造成的后果，这让代表们感到愤怒，因为他的这种行为很容易导致"内战和可能更大的灾难"。许多人都大失所望，经常以"坦诚和忠实的方式"支持革命的国王现在却可以否认一切。他们一直相信路易"不会轻易食言，不会背叛人民的信任"。国王"欺骗了我们，"另一位代表写道，"欺骗了所有曾经如此崇拜他的法国人民。"路易仅仅几周前还被称为"敬爱的国王""人民的国王"，现在却被形容成"傻子""白痴""愚蠢""可怜""懦弱""怪物""一个国王的可悲借口"。②

甚至连温和派中的极右代表都对国王的不计后果表示深恶痛绝，如拉法耶特回忆的那样："他们遭到了双重冒犯，一方面没有被预先提醒，另一方面被弃而不顾，也使其自身暴露在各种各样的危险之中。"保守派分子费里耶尔（Ferrières）侯爵在给妻子的信中写道："（国王）弃人民的暴怒而不顾，不

130

---

① *AP* 27：365，386；Faulcon，424.

② Basquiat de Mugriet，letter of June 24；Fricaud，letter of June 24；Lepoutre，431，487；Ménard de La Groye，395；Durand，letter of June 26；Gantheret，letter of June 24；Faulcon，440 - 442；Pétion，191；Bouchette，600 - 601.

仅抛弃了贵族阶层、神职人员和国民议会的全部右派代表，还有他的亲密朋友、忠诚仆人和部长大臣。这种行为非常残忍。"趁热打铁，一些代表最初准备公开审理国王的出逃罪行，以摄政取而代之，或者直接废黜君主制，建立共和国。"法国现已准备好，"教区神父托马·兰代（Thomas Lindet）给他的哥哥写道，"举出一个能够完全没有国王的例子。当有人审查那些玷污了他们王权的傻子和流氓的名单时，就会有人很想推翻他们全部。"安托万·杜兰（Antoine Durand）认为，这次经历"治愈了法国人视君主为神的荒谬的偶像崇拜行为"①。

　　然而，6月22日晚，王室被抓获的惊人消息使得一切再次陷入质疑之中。经过整整两天的迷乱，大多数国民议会的代表们都断定国王已经逃出了国境。但是当瓦伦的理发师芒然冲进大厅传达国王被拦下的消息时，所有的代表都站在长凳上欢呼起来。最初他们厌恶国王的时候，有些人曾深思过，最好让路易逃走，从而彻底摆脱他。然而，路易的被捕让大多数人都感到宽慰。费里耶尔立即写信给他的妻子，"你可以想象这个消息带来的喜悦"。高提耶将这一消息传达给了他所在选区的全体选民，并做了感恩祈祷。"计谋失败了，"新教牧师让-保罗·拉博·圣-埃蒂安（Jean-Paul Rabaut Saint-Etienne）写道，"感谢我们的宿命之星，我将继续仰望它。"② 131

　　但欢庆的心情稍纵即逝。国王回到巴黎的进展缓慢，气氛变得紧张而阴沉。代表们把他们所有的精力都集中于应对

---

　　①　Lafayette，3：99；Ferrières，368；Lindet，287；Durand，letter of July 3；Lafayette，3：100.

　　②　Ferrières，361；Gaultier de Biauzat，2：370；Rabaut Saint-Etienne，"Correspondance，"265；*AP* 27：24－26.

眼前的危机、保持冷静、重组政府，召集全国人民为即将到来的战争做准备。他们在冲击和背叛中最初的反应是，数量多到令人震惊的代表们已经准备好把路易及王室统治从政府中全部剔除，用摄政甚至共和国取而代之。这样的想法在国王缺席或者已经出逃国外的情况下更容易实现，但现在国王回来了，就在距离杜伊勒里宫几百码①之外。他们现在不得不面对一个核心问题：国王出逃事件对宪法的未来意味着什么。他们苦苦为之奋斗了近两年时间，成功已近在咫尺。这个问题，正如其中一个代表所说，"我们直到现在也不敢考虑"②。

　　然而这些问题似乎永无止境，从既没有先例也没有宪法给予任何指导的基本程序问题到深刻的政治哲学问题，接连不断地困扰着代表们。如何审查一位国王？国王已经犯下了罪行吗？国王是否有可能犯罪？即使在法律层面没有犯罪，路易又能否重新赢得信任并重新掌控行政权力？许多代表在讨论应该采取什么行动的过程中痛苦不堪，感觉自己濒临崩溃，不堪一击。他们曾在新的君主立宪制度上寄托了所有的希望。他们越来越急于推出这部宪法，从而结束革命，停止正在蚕食法国社会的纷乱骚动和无政府状态。但是最近的事件发生后，这样的宪法还可行吗？正如他们中一个人所说的那样，"我们陷入了四面楚歌的困境"。很难想象"我们能够通过什么方式把自己从国王出逃所造成的窘迫境地中解脱出

---

①　1 码等于 3 英尺，即 0.9144 米。——译注
②　Legendre，70 - 71.

来"①。

　　第一轮辩论于 6 月 25 日下午开始。国王已从瓦伦回来，
距离到达巴黎只有几小时，国民议会被迫需要做出一个初步
决定来处理目前的情况。很快所有人都知道了，在得知国王
已被拦住后，国民议会空前的团结立刻摧枯拉朽般土崩瓦解。
保守派和一些极端保守的贵族认为国王应立即恢复原来的权
力。他离开宫殿并没有违反任何法律，而且无论如何，他都
会受到王室豁免权的庇护，这正是两年前国民议会投票通过
的。正如保守派发言人皮埃尔-维克托·马卢埃(Pierre-Victor
Malouet)所说，"其他任何处理办法都会完全歪曲你们所创建
的宪法"。另一方面，极左派代表认为路易应该在新创立的国
家上诉法院接受审判。罗伯斯庇尔辩论道："无论他的地位和
身份如何，任何一个公民在服从于法律规定时，都不会认为
自己降低了身份。"②

　　经过了多番争论后，国民议会最终选择了一个折中立场。
国王出逃瓦伦的责任将由国民议会自己确定，议会本身将化
身为事实调查法庭。国民议会的两个常设委员会——研究委
员会和报告委员会将对这一事件的调查进行监督和管理。除
王室成员以外，所有参与逃亡且被俘的人员，包括三名护卫，
以及保姆图尔泽夫人、舒瓦瑟尔和戈格拉和其他主要指挥官
将被关押，接受详细审查。不过，国王和王后将会得到优待
并在他们的宫殿里接受询问。审讯之后将设立一个特别委员
会来审议所有证据，并向国民议会全体成员提出建议。与此

---

　　①　Gaultier de Biauzat, 2：384；Gantheret, undated letter (July
1791)；Thibaudeau, 161 - 162.

　　②　*AP* 27：517, 538.

同时，国民议会做出继续中止国王权力的关键决定。他的法令批准权依然被搁置，所有的行政权力都由部长和国民议会委员会来行使。①

国民议会选出了三位代表，都是著名的法律精英，由他们对国王夫妇进行询问。与国王的面谈是在 6 月 26 日晚上，仅仅在他返回巴黎之后二十四小时。不过，王后将同代表们的会谈推迟到了第二天，据说是因为她当时在洗澡，但事实上，她是为了确保自己的证词与国王的吻合。他们在骚塞先生的卧室里精心准备的说辞，和从瓦伦归来途中向巴纳夫和佩蒂翁叙述的完全一致。国王从来没有打算离开这个国家，而是前往蒙特梅迪，在那里可以确保他和他的家人的安全，避免在巴黎遭受的威胁和侮辱。他与外国势力没有任何联系。他在旅行期间惊讶地发现法国各地的人民都支持新宪法。因此，正如兰代所说的那样，他"准备放弃个人对革命的不满情绪"并与之合作。目前为止，大部分的事实陈述毫无疑问是准确的。然而，否认与外国政府的联系显然是个谎言。②

向全体国民议会宣读面谈结果之后，整个案件就交由特别委员会审议，这个委员会是由七个常务委员会的成员联合组成的。③ 之后 6 月 27 日到 7 月 13 日，整整三个星期的时间里，整个事件处于悬而未决的状态，人们惴惴不安地等待着审议结果。常设会议昼夜不停地开了近 128 小时后终于结束了，国民议会恢复了正常的业务秩序。按照议会代表劳伦-弗朗索瓦·勒让德(Laurent-François Legendre)的说法，漫长的

---

① *AP* 27：520 - 521，536 - 543，617 - 618.
② Lindet，289；*AP* 27：543 - 544，552 - 553；Lafayette，3：95.
③ *AP* 32：545 - 570.

等待是必要的，只有这样才能让委员会完成对事件的详尽调查。但是对于居住在巴黎并且认识很多代表的美国政治家古弗尼尔·莫里斯（Gouverneur Morris）来说，这种拖延更多是出于政治原因而非司法因素。他似乎很清楚，随着国王安全返回杜伊勒里宫，国民议会中的温和派代表已经恢复了他们维护君主制的长期战略。莫里斯于 7 月 2 日写道："我发现国民议会的意图是，尽可能地掩盖国王的出逃并努力使其被人遗忘。"就这名美国人来看，国民议会的计划非常拙劣并且具有潜在的灾难性："它在各个方面都不具说服力，甚至可能摧毁君主制。"实际上，巴纳夫—拉梅特—杜波（Barnaye-Lameth-Duport）一派正再次与王室进行秘密谈判。他们寄希望于拖延时间，以允许他们动员各省为国王赢得舆论支持。①

但无论动机是什么，国民议会和整个国家现在正处于一个名副其实的过渡期。实际上，国家政体已然变成"共和君主制"，这个王国有一个毫无实权的国王，国民议会掌握了立法、行政和司法大权。议会本身将对国王出逃瓦伦事件问责。教区神父兰代以尖刻的方式形容现在的局势："行政权力现在只能间接行使。最高行政官员（国王）必须将自己局限于吃喝和睡觉，这是他能够完美履行的义务。"②

在这段时间里，国民议会收到布耶将军从他的流亡地卢森堡寄来的一封信。按大多数人的理解，布耶将军的这封信是提前设计好，用于出逃计划失败后挽救国王地位的一种手

_____

①　Legendre, letter of July 2; Morris, 2：211; Roger, 74. 官方的司法问询是从 7 月 11 日才开始的：Bimbenet, 3。

②　Lindet, 293.

段。布耶现在承担了国王出逃的全部责任。这封信除了对革命和"你们那邪恶的宪法"充满蔑视与不屑外，满纸嘲弄和傲慢。他声称，国王和王后并不是真的想离开，而是在 4 月 18 日的暴力事件发生后，迫于民众的压力和威胁，国王夫妇才被说服逃离躲避。"我安排了一切，决定了一切，指挥了一切。我独自下达的命令，与国王无关。把你们血腥的狂暴和愤怒单单指向我吧。"①这封信基本上扭曲了事实。尽管代表们不知道出逃计划的所有具体细节，但他们有充分的证据表明，国王本人已经多次签署下达为这次出逃而进行的军事预演的命令。② 然而，布耶将军的这封信很快被国民议会中希望维护君主制的温和派牢牢抓住，在这方面，温和派代表们的伎俩比将军曾希望的出色得多。

虽然代表们之间的正式辩论大部分已经结束，但在国民议会之外掀起了熊熊燃烧的愤慨。特别是两大派系的代表们在过渡期展现出了异常的积极主动和毫无耐心。6 月 28 日，一大群保守派成员聚在一起讨论现在的形势，贵族艾兰·德·巴佐热（Irland de Bazôges）将这些人称为"少数派中最睿智和开明的人们"，他们对多数派架空国王并夺取国王的行政权力感到义愤填膺。实际上，国王现在是自己宫殿里的囚徒。但他们相信，路易并没有犯下任何罪行，本应允许他随时随地自由出行。根据莱维公爵（Lévis）的说法，他唯一的错误就是，在事实并非如此的情况下，软弱地谎称自己认可宪法，并且"以自己现在被束缚之名，想要享受他曾给予他人的充分

---

① *AP* 27：602 - 660；Bouillé，252 - 253.

② *AP* 27：565；AD Aisnes，L 12 and L 78.

自由"。一些更坚定的极端保守派分子，如沃德勒伊侯爵（Vaudreuil），甚至愤怒地认为国王已经放弃了他6月21日的声明。比国王还要保王且毫不妥协的侯爵借此机会宣布，反对国民议会通过的一系列措施，包括《教士民事组织法》和对贵族阶层的打压。经过漫长的辩论，293名保守派代表正式抗议架空国王，其中超过250人起誓联合抵制国民议会未来所有的选举和投票。① 毫无疑问，保王党代表的抗议助长了阴谋理论在巴黎民众中的盛行。现在，一些人确切地认为，这"250名代表"早已在国王出逃前就参与了整个事件的密谋。

与此同时，另一个政治派系——雅各宾俱乐部正在热切地关注和评论当前事件。它的所有成员，无论是温和派还是激进派，长期以来一直视揭露和谴责阴谋为他们的主要任务之一。② 但是和其他人一样，他们大体上赞同和支持国王，认为国王通常扮演着弱势但充满善意的角色。现在，随着国王出逃瓦伦事件的发生，很多俱乐部成员不仅感受到国王深深的背叛，而且还惊骇于自己一直以来的愚昧和盲目，居然从未预感到背叛，从未发掘出这个深深隐藏在他们之中的最危险的阴谋家。也许正是这种内疚感，甚至是屈辱感，导致许多雅各宾派成员对国王的出逃异常愤怒并做出激烈反应。

然而，俱乐部成员间仍然存在着巨大的分歧，在6月21日的晚间会议上，两派之间展开了尤为紧张的对抗。激进派

136

---

① Irland de Bazôges, letter of June 29; Lévis, 5 (1929): 276; Vaudreuil, letter to his constituency: AN D XXIX bis 36 (1), dos. 368; *AP* 28: 91 - 98.

② Walter, 97; Tackett, "Conspiracy Obsession," 704 - 706.

领袖罗伯斯庇尔首先抵达，满腔怒火地抨击指责他的同僚：
"我的同事们，国民议会的成员们，几乎全部都是反革命分
子——有些人因为无知，有些人因为害怕，有些人因为愤恨
抑或是自尊心受到伤害，但其他人却是因为腐败。"①但温和
派代表不久后也抵达会议现场，有两百多人，他们下定决心
重新夺回掌控权。夏尔·拉梅特和拉法耶特侯爵，巴纳夫和
西耶斯修士等昔日的宿敌都呼吁在危机当下建立一个神圣联
盟。当罗伯斯庇尔的同盟者，科德利埃俱乐部激昂的演说
家——乔治·丹东（Georges Danton）指责拉法耶特叛国时，
亚历山大·拉梅特站了出来，为他辩解。在博爱社团辩论的
高潮，巴纳夫向全体雅各宾派附属俱乐部发起呼吁，请求全
力支持国民议会："我们唯一的向导，必须是国民议会。"这个
提议赢得了热烈的欢呼。温和派代表对于事态发展的转折欣
喜若狂。弗朗索瓦-约瑟夫·布歇特（François-Joseph Bou-
chette）写道："现在，既没有君主保王派，也没有'八十九
人'，每个人都重新变成了宪法之友。"②

　　然而，俱乐部内部的局势依然紧张，国王事件持续激发
着人们的高涨情绪。在国民议会等待的时候，雅各宾派几乎
每天都在激烈地讨论这个问题。尽管像激进派代表皮埃尔-路
易·勒德雷尔（Pierre-Louis Roederer）这样的少数发言者积极
主张共和制，但这种要求并非多数人所期望的，因此很快遭
到了温和派的猛烈抨击，称其公然与社会大众普遍支持的宪
法相对抗。然而，没有人愿意为路易的行为辩护，俱乐部的

---

① *Les révolutions de France et de Brabant*，no. 82.

② Aulard，*Jacobins*，2：533－538；Bouchette，599；Lafayette，3：
84；Gaultier de Biauzat，2：369；also Faulcon，430；and Roland，2：304.

很多非国民议会代表人士纷纷要求对国王进行审判，并且实行摄政统治。 *137*

随着温和派代表中很多人厌倦了出席这些愤懑的夜间会议——巴纳夫和亚历山大·拉梅特似乎从 6 月 22 日之后就再没有出现过——或者他们已全神贯注地投入到了国民议会委员会的工作之中，整个俱乐部似乎都倾向于对"背信弃义的国王"进行绝不宽恕的处理，即使俱乐部对外宣布了对君主制勉强的支持。①

## 君主制的命运

国民议会的大辩论最终于 7 月 13 日启动，被委任起草关于瓦伦事件之建议的"七个常务委员会"向大会提交了正式报告。在三天的时间里，有十七位代表谈到国王和君主制的命运，其中九位赞同委员会的王国无罪立场，八位持相反意见。② 他们中很多人都是国民议会中最优秀的演说家，并且大部分都仔细准备了辩论词。温和派的领袖们深谙议会辞令和雄辩谋略，他们个个能言善辩，巧舌如簧，为自己所持的观点据理力争。他们的对手皆是雅各宾派中的极左分子，后者也提出了强有力的论点，但更主观，有的甚至自相矛盾。

为了陈述他们的观点，委员会从法国东部选了一位三十三岁的地方法官亚森特·米盖·德·南托（Hyacinthe Muguet de Nanthou）。③ 米盖最大限度地利用布耶将军的信证实路易

---

① Aulard, *Jacobins*, 2：554 – 626.
② *AP* 28：231 – 336.
③ *AP* for July 13 – 16：28：231 – 247，255 – 271，316 – 336，377 – 378.

确实是被"绑架"的，即使他的身体是自由的，但精神已被"恐吓和压力"所"诱拐"。可以肯定的是，从道德或政治角度来看，人们永远不会赞同国王自私轻率且不负责任的行为。但代表们应当遵循法律而不是情绪，这一点毋庸置疑。在法律上，国王没有犯罪。即便他在 6 月 21 日发表的"声明"非常不明智，但这份"声明"本身并不违法。只有在他离开法国并拒绝回国时，他的出走才能成为罢黜他的理由，而在这一点上，就他的证词来看，他从来没有打算这么做。然而，即使路易犯了罪，他也不能被起诉，因为国民议会已经在两年前投票通过了王室豁免权。① 米盖争论道，从最初的宪法辩论中，代表们已经决定了法国必须是君主制。"如此庞大的帝国，如果没有中央集权，它将自然趋向分崩离析。"事实上，"君主制度的确立不是为了国王，而是为了整个国家"。在这样的政权体制之下，宣布国王无罪至关重要。国王一旦被起诉，任何派系都可能为了自己的微小利益而攻击他，那么就会像一百五十年前的英格兰那样，法国也将受到内战和混乱的持续威胁。国王出逃事件中真正的恶棍，以及委员会的提议法令中提到的仅有的责任人是布耶将军和他的属下。法国必须按照美国对叛徒本尼迪克特·阿诺德（Benedict Arnold）的待遇，在法律范围内对这些人全部提起控诉。奇怪的是，委员会几乎没有提及阿克塞尔·冯·费森（Axel von Fersen），也一点儿没提到国王和王后。

激进派采取了一系列策略驳斥委员会的立场。其中，佩蒂翁和其他几位发言者攻击了对方认为王室拥有豁免权的观

① *AP* 8：642.

点。国王理所当然应该对自己的行为负责，否则就没有什么能够阻止对人民施以无数暴行的新的尼禄或新的卡利古拉出现。国民议会在 1789 年投票通过的王室豁免权仅仅适用于国事活动，而不能够适用于路易决定逃离法国并放弃自己职责这样的个人行为。然而，大多数情况下，激进派发言人跳过了委员会以法律为基础的论点，呼吁采取更高的道德法则。他们怎能接受他们的最高行政长官是一个公然欺骗国民议会和整个国家的人？"有多少次，"佩蒂翁问道，"路易十六宣誓他忠诚和热爱宪法？他难道没有被传唤，没有走进这个国民议会的大厅，声称自己忠诚于宪法吗？他难道没有宣布他会成为宪法的守护者吗？""这样的举动只是为了催眠麻痹法国人民，从而更容易欺骗他们。"马克-亚克西·瓦迪耶（Marc-Alexis Vadier）对此极度愤怒，几乎到了发狂的地步，他是一位严酷的雅各宾派人士和未来恐怖主义的领袖，在国民议会中鲜少发言。几周前，他还信誓旦旦地给自己选区的选民写信，否认了所有关于国王即将出逃的传言。现在他不仅感到遭到背叛，而且深感被羞辱。他严厉地抨击路易这个"带着王冠的匪徒"，这个"虚伪逃亡的国王，怯懦地抛弃了他的职责和王位，导致国家行政瘫痪，将我们推入内战和无政府状态的恐怖深渊中，再抛掷一纸背信弃义的声明，将宪法撕个粉碎"①。

几位发言者提出了关于公众信心和合法性的根本政治问题。罗伯斯庇尔直言不讳地表示：政府如何在一个不被信任的人的领导下发挥作用？弗朗索瓦-尼古拉·布佐（François-Nicolas Buzot）预言道，没有公众舆论的支持，"你永远不可能

① AP 28：245, 258；Arnaud, 241. 瓦迪耶在这之前只发言过六次。

140

《1790 年 2 月 4 日, 国王在国民议会上讲话》 路易站在国民议会主席的身旁, 宣布他意图支持宪法。 从这幅画中的场景可以看到, 保守派贵族成员们在议会大厅的 "右" 侧, 高呼 "国王万岁!" 并且双手在胸前合十。 国民议会的代表们站在 "左" 侧, 从图上看不出太多的情感流露。 女性观众在包厢里欢呼。

妄想获得国内的和平"①。所有激进分子都感觉到了国民议会代表对共和制的强烈恐惧,他们煞费苦心地声称自己并不希望废除君主制。但是,他们总结说,国王必须以某种方式来接受对自己行为的裁决:无论是通过常规法庭审判,还是通过全民公决,或者召开国民公会。

温和派强烈反对几乎所有激进派的论点,并逐一进行反驳。他们否认了舆论不支持国王的说法。不能仅凭巴黎人民的一腔怒火来判断民意,他们受到了少数煽动性新闻记者和俱乐部成员的激怒和蛊惑,"这些人,刚愎自用,不择手段,一心只想破坏宪法"。有人辩解道,无论国王的错误多么严重,大多数法国人对君主制依然深感眷恋,正如路易-皮埃尔·普鲁农(Louis-Pierre Prugnon)所说,人们认为国王"必然是神圣的"②。无论如何,社会必须建立在法律的基础上,而不是基于公众不稳定的情绪和意见。巴纳夫在辩论中巧妙地利用了代表们对巴黎最近频发的民众示威游行的担忧和恐惧,在这些示威活动中,很多矛头直指国民议会。不管他们如何否认或掩饰,那些呼吁对国王进行审判的人的的确确是想建立共和制,而共和制则意味着暴徒统治和无政府状态。到那时革命必将终止,社会稳定的基础岌岌可危,个人财产也将受到损害。③

然而到最后,温和派认为守法主义和恐惧战术可能还不 *141* 够。7月15日,委员会的最初意向被通过成为法律,但前提是必须承诺进一步修改,明确说明这位国王或未来任何一位

--------

① *AP* 28:326, 362.

② *AP* 28:260-261, 317-318.

③ *AP* 28:330.

国王可能被废黜或被取代的根据和理由。第二天晚上，7 月 16 日，修正案的最终版本被引入并通过。法案决定，路易不会被立即恢复原职，他的权力将会被一直暂停，直到宪法制定完成并且由他正式签署表示接受和认可。如果他拒绝签字，他将会被立即废黜，他的儿子将在摄政统治下成为新的国王。此外，代表们还投票通过了另外两个未来可能废黜国王的理由：一是领导军队反对法国整个国家和人民，二是撤回之前对宪法的宣誓。这些行为都将被视为放弃王位。很显然，如果关于背叛宣誓的法律在一个月之前就已存在，路易就会失去他的王冠。①

最终投票结果并未被记录在案。安托万·蒂博多认为，许多代表原本计划反对免除国王的罪行。但是在听取了辩论以及各种修正案通过之后，几百人中只有八人反对委员会的议案。② 我们永远不会知道代表们为什么会这么投票。在给选区人民的信中，他们努力地向他们的朋友和家人解释他们的决定。许多人抱怨这种选择是多么令人苦闷和烦恼。他们细数了堆积如山的理由，对米盖或巴纳夫等人的论点进行了详细概述，有时甚至逐字逐句引用发言，但却没有指出以下哪些是最具决定性的论点——遵守法律至关重要；国王没有犯罪；国王免于被起诉；共和制绝不会在法国这样的大国实行，即使实际上从未有代表提出建立共和国的

---

① 参见戈蒂耶在奥拉尔的演说，*Jacobins*，3：15。

② Thibaudeau, 167. 玛丽-让娜·罗兰认为，大约有四十名代理人反对委员会 7 月 15 日的提案：Roland，2：328。

议案；对国王进行审判或处置将导致内部起义和外部战争。① 值得注意的是，有两位代表反对审判国王，是因为他 142 们确信国王有罪并将因此被送上断头台："起诉国王绝不是儿戏，任何被这样起诉的国王肯定都会掉脑袋。"② 在公开的辩论中有一个特别普遍但从未被提及的主题，那就是代表们害怕不得不废除他们长期致力于并倾注满满心血和情感的宪法。对于菲利克斯·福尔孔来说，激进派取得胜利将意味着"宪法在两年多的时间里造成了很多的斗争和牺牲；宪法的完成将终止剧烈的动荡并以公众的幸福取而代之，宪法将不复存在！"勃艮第酒商克劳德·冈特雷(Claude Gantheret)用他简洁的写作风格表达了同样的意思："为宪法工作给我带来了太多的痛苦，甚至使我想要去改变它。"③

然而，很多代表在个人信函中表达了对现实的深深幻灭之感和对未来的无限悲观。尽管冈特雷投了从众的一票，但他承认自己无法忘记教区神父昂利·格雷古瓦（Henri Grégoire）的话：即使国王签署了宪法，一个已经三番四次食言的人又怎能信任？杜兰承认，想到自己做出的决定就会有深深的"恐惧感"。兰代投了维护国王的一票，他向他的弟弟——未来的公共安全委员会成员——吐露了他对整个事件的厌恶之情："我们想要一个国王。然而我们不得不接受这样一个愚蠢的人，一个机械的人，一个叛徒，一个伪君子，一

① 例如，参见 Gaultier de Biauzat, 2：381 - 382；Basquiat de Mugriet, letters of July 9 and 10；Roger，75 - 76；Thibaudeau，161 - 162；Dubois，373 - 375；Maupetit，22 (1906)：480 - 482。

② Arriveur in Dubois，373；Faulcon，443 - 444.

③ Faulcon，443 - 444；Gantheret，undated letter（July 1791）；also Durand，letter of July 17.

个被人民憎恨的人，并且以他的名义继续恶棍统治。"他确信，巴纳夫和其他一些人把反对国王的民众抗议归咎于少数记者的煽动和蛊惑，是错误和不公正的。巴黎的平民百姓明显地藐视国王。"我们对一个如此堕落的领导者能有怎样的期待？很难想象在这种状况下能够长期维持和平局面。"①

## 战神广场屠杀事件

在过去的几天中，不停讨论的巴黎人民密切地关注着代表们的辩论，几乎很少谈论其他事情。长时间的过渡期里，国民议会迟迟不宣布立场，这鼓励着不计其数的人自行思考当前的问题，忠于一派或另一派，支持或反对保留现在的国王，支持或反对建立共和制，很多人此时已经有了自己的选择。7 月 15 日傍晚，国民议会的投票结果在整个城市中以闪电般的速度传播开来，引发了早已聚集在咖啡馆、街区和广场上的人们激烈的争论。大量的巴黎人，特别是来自城市繁华地区的巴黎人，大力支持国民议会这一决定，他们担心任何其他解决方案都会太过冒险和不确定。据说在巴黎北部的圣马丁咖啡馆，有一百多人因这个决定而雀跃欢呼。但是也有很多人对这项判决反应激烈，他们指责国民议会"软弱无能"，甚至与国王串谋犯下"叛国罪"。坐落于左岸的普罗可布咖啡馆(Café Procope)是伏尔泰与其他启蒙运动时期的知识分子经常聚会的著名地标，此时持不同政见的人们在这里爆发

①  Gantheret, undated letter (July 1791); Durand, letter of July 17; Lindet, 297 - 298.

了一场轰轰烈烈的呐喊比赛。巴黎王宫和国民议会外的庭院里挤满了"数不清的骚乱人群"，他们高声呼喊着自己的不满和抗议。访问法国的克里奥尔人巴侬·德巴桑（Panon Desbassayns）为巴黎民众的意见冲突和不断发酵的党派主义感到震惊和恐惧："双方都变得如此愤怒，以致他们将对手视为有私人恩怨的仇敌。"书商尼古拉·吕奥写道："百姓怒不可遏，从国民议会前的广场到最小的咖啡馆，整个城市涌动着可怕的骚动。人们对国王和七委员会的愤慨之情似乎压倒了一切。"[①]

在这种混乱的自发行动中，科德利埃俱乐部和各种博爱社团迅速开始动员起更有组织的回应。他们的数千名支持者——来自消息发布城区和整个巴黎的"无套裤汉"——很快就聚集前往国民议会，再次提交当天早些时候制定的请愿书，并敦促议会代表们重新考虑他们的决定。五名示威者被允许进入国民议会的大厅，当他们从一排排国民自卫队的队员身旁穿过时，罗伯斯庇尔和佩蒂翁亲口告诉他们，很不幸，国民议会已经做出了决定，现在请愿书已经毫无用处。游行人群沮丧而生气，一部分人涌入富裕的右岸地区，强行打断正在演出的歌剧并要求关闭歌剧院，以此作为"哀悼"的标志——就像他们在 1789 年 7 月的暴动中所做的那样。其他人涌入附近的巴黎王宫，参加激进派俱乐部"真理之友"当晚发起的一场巨型户外集会。集会发言者的反对态度比以往任何时候都更加坚定，声称如果没有全民公投，他们将永远不会

---

　　① *Le babillard*，no. 34，July 17；Panon Desbassayns，202；Ruault，249. *Journal de Perlet*，no. 711，July 17；Roland，2：331 - 332；Morris，2：219 - 220.

接受国民议会代表们的判决法令，这明确表示了他们不再接受国民议会的合法性。大约九点钟之后，数千名示威者前往雅各宾俱乐部，极力主张其成员应采取同样的立场。①

在这里，人们发现雅各宾派的成员们就如何应对新法令而出现了分歧，正处于讨论中。当数百名示威者成功破门而入时，大厅里顿时一片混乱。震惊于人群的压迫战术，并对激进分子继续反对国民议会的决定而感到愤怒，几乎所有在场的代表们都走了出来，声称要完全抵制俱乐部。其余的人最初试图与科德利埃俱乐部以及其他博爱社团进行谈判，承诺拟定和提交一份他们自己的请愿书。但是，大众社团现在要求建立共和制并废弃国民议会，而雅各宾党人——包括罗伯斯庇尔和佩蒂翁，以及其他少数留在俱乐部的代表，拒绝否定他们所属的国民议会。当天晚上人群退去后，谈判仍在继续，并持续进行到了第二天。但最终，雅各宾党领导人放弃了关于请愿的全部想法，科德利埃俱乐部成员和他们的盟友们不得不自行推进。②

国民议会的成员们满怀愤怒和焦躁，密切地关注着这些

*145* 事件。几天以来，国民议会大厅外的广场成为所有反对赦免国王的人群的聚集点。尽管大规模的国民自卫队已严阵以待，但是代表们始终没有痛下战书，他们从充满叫嚣谩骂、指责代表们背信弃义，有时甚至挥舞起长矛的愤怒人群队伍之间，

---

① Mathiez, 116 - 120; Lacroix, 386 - 387, 391; Aulard, *Jacobins*, 3：16; Roland, 2：331 - 332; *Chronique de Paris*, no. 197, July 15.

② Aulard, *Jacobins*, 3：15 -18; Mathiez, 122 -128, 340 -343; Lacroix, 392, 394 -395; Bourdin, 277; Braesch, 142 (1923)：201 - 202, 143 (1923)：10 - 13; Roland, 2：333 -334; *Révolutions de Paris*, no. 113.

走向他们的席位。① 如此这般的放肆和混乱在这座城市里已经持续数月之久，现在掌控着国民议会的温和派被彻底激怒了，他们决定采取强硬措施对抗示威队伍，彻底摆脱来自民众的威胁。7 月 16 日，市长巴伊被召唤到国民议会前，大会公开斥责其纵容群众的行为。夏尔·拉梅特尤为坚定和强硬，他认为，所有的动乱都是由少数麻烦制造者煽动而引起，这些人可能得到外部反法势力资助，故意误导巴黎人民背弃自己的最佳利益。他严厉地批评市长和市政领导们"对这种混乱视而不见"，并要求他们用"宪法允许的一切手段找到并惩罚煽动者，而且应保证全体公民的和平与安宁"②。

　　整个 7 月 16 日下午和晚上，科德利埃俱乐部成员及其盟友决定，无论雅各宾党人是否支持，他们都将在第二天举行大型的请愿签字仪式，为此他们做出了精心的计划。来自整个城市的激进分子将于早晨七点在拆毁的巴士底狱附近的露天广场集合，然后穿过城区前往战神广场，这条路线正是三天前市政和国家领导人在 7 月 14 日的欢庆活动中走过的。这里的象征意义似乎很明显：博爱社团正在取代那些他们不再承认其权威的行政精英。反对党领导人也渴望维持和平示威，并且发出声明称没有人携带武器，甚至没有一刀一棒。然而，一些人明显地预感到了麻烦，据说为了防范自卫队队员的阻挠和驱赶，他们在口袋或围裙里装满了石块。有几个男人在

---

　　① 　Thibaudeau，162；Gaultier de Biauzat，2：386；Legendre，letters of July 16 and 18；Gouvion to Bailly，July 15；BN Ms. Fr. 11697.

　　② 　*AP*，28：363 - 364，372；Lacroix，367.

他们的外套里藏着手枪。①

146      游行队伍最终没能穿越城市。拉法耶特和他的下属已经获悉了激进分子的计划，并部署了国民自卫队在前一天晚上严加监控，随时随地驱散在街上聚众开会的人群。第二天一早，7月17日，星期日，当大众社团和社区团体试图在巴士底广场会合时，他们发现数百名自卫队队员已经占领了该区域并竭力阻止他们前进。经过一段时间的惊慌失措后，示威者放弃了集体游行的想法，并采取一切可能的路线分散前往战神广场。②

尽管组织者付出了努力，但是白天还是发生了一些暴力事件。有几次人们向街道上的自卫队队员投掷石块，还有一个人甚至试图向拉法耶特射击——虽然手枪最终未能开火。然而，最严重的事件发生在体育场，它改变了整个事件的性质。中午，在博爱社团及其支持者开始到达之前，邻近战神广场的社区中有一群人发现两个人隐藏在广场中央的祖国祭坛下。这两个人分别是一名年轻的假发制作商和一名安着假肢的年长男子，被发现时正蹲伏在一堆食物、酒和一些木工工具旁。后来有评论员相信，这两人可能只是计划在游行队伍穿过祭坛签署请愿书时，从祭坛下钻孔窥探前来的女人们。然而，谣言迅速传播开来，谣传他们要用炸弹对付爱国者。人群中的一些人试图押送这两个人到地方当局进行质问。但其他人——在一群住在附近的船夫、洗衣工和其他工人的带领下——抓住这两名男子并将其拖拽至路灯旁，砍下了他们

---

①  Mathiez，125 - 127，129 - 130，344 - 345；*Le babillard*，no. 35，July 18；Roland，2：334.

②  Lacroix，399；*Le babillard*，no. 35，July 18；Roland，2：334.

的脑袋。①

请愿签字仪式一旦开启，一切似乎就能平稳且顺利地进行下去了。由于雅各宾派已经放弃了这个场地，新闻记者兼科德利埃俱乐部的坚定拥护者——弗朗索瓦·罗伯坐在祖国祭坛的台阶上，把一块木板放在膝盖上，开始起草一份新的请愿书，他曾在前一年12月发表过一篇有关共和主义道路的文章。新的请愿书强烈谴责路易十六，并宣布人民的意愿是结束王权和君主体制。请愿书表示，国民议会现在深受反对废黜国王的250名保守派代表的影响。虽然罗伯谨慎地避开了"共和制"这个词，但其请愿书含义却非常明确：敦促代表们"重新考虑他们的法令"并"召集一个新的组织机构"，以确保"对有罪的一方（国王）进行审判，他的职位应由行政部门的一个新的组织来替代"。这显然是呼吁进行一场新的革命，通过全民公投来建立一个没有国王的中央权力机构。②

请愿书被迅速复制出七八份，并放置在体育场周围的不同位置；很快人们排起了长队前来签名或做标记。在19世纪，请愿书未被破坏之前，有人对其进行过调查。我们可以从检查过原始文件的人们那里得知，在签字仪式中断时，已有约6000人在请愿书上签名。他们代表了全部各阶层的巴黎人口：少数专业人士、地方官员和国民自卫队队员，以及大量下层阶级公民，有男有女，其中许多人不会写自己的名字。还有其他大约5万人——有男人、女人和儿童——也出来围

147

---

① Mathiez，136 – 144，269 – 270，345 – 347；Guittard de Floriban，73 – 74；Ruault，258；*Chronique de Paris*，no. 199，July 17；AN F7 36881（Seine）.

② Mathiez，131 – 136；Lacroix，431 – 432.

观了整个活动，在炎炎夏日来一次周日户外郊游。①

但在国民议会看来，绝大多数民众的和平请愿，并不能掩盖早些时候的谋杀行为，也不能抹杀其对革命领导权的完整性构成的潜在威胁。大会在下午一开始的时候就再次下达针对巴伊市长和市政委员会的问责信，要求"尽可能以最有力、有效的措施，制止这种混乱，并找到其煽动者"。"现在是时候了，"来自法国西南部的代表，年轻的雄辩家米歇尔-路易·勒尼奥（Michel-Louis Regnaud）代表怒喝道，"要体现出法律的完整严谨性。"事实上，如果是由他来决定的话，他"会要求立即发布军事管制法令"②。面对越来越多的不确定因素和来自国民议会的持续压力，市政委员会最终下定决心采取行动。市长在一次演讲中将整个事件与外部势力和特工人员联系在一起："这明显是一起反对宪法和国家的阴谋，得到了那些试图分裂我们的外国势力的资助。"正是他们，"隐藏在各种伪装身份之后，大肆煽动着民众运动"③。我们永远不会知道市长是否真的相信自己所说的一切或者仅仅是在不可能的情况下极力为自己辩护。但在下午五点半，让·西尔万·巴伊，开明的院士和科学家，伏尔泰和本杰明·富兰克林曾经的朋友，命令在市政厅的上空升起军事管制的红色旗帜，并发布使用武力驱逐民众的法令。

六点半，在市政委员会的部分成员和两支武装步兵和骑兵队伍的陪同下，巴伊市长从市政厅出发了。参加活动的目

---

① Braesch，143（1923）：36 – 39；Lacroix，432；Mathiez，136 – 138；Rudé，90 – 91.

② *AP*，28：380；Lacroix，402；Mathiez，138.

③ *AP*，28：399 – 401.

《1791年7月17日，战神广场上宣布军事管制法令》　军队和自卫队队员在国家祭坛上攻击共和主义请愿者，祭坛上一个人高举着请愿书。巴伊佩戴着他的市长肩带，站在左侧最显著的位置，靠近军事管制法令的红旗。

击者称，当他们穿过城市时，大部分巴黎人民都为之欢呼，但四下也有愤怒的嘘声，特别是在他们穿过塞纳河进入左岸区之后。在体育场附近他们与已经到场的拉法耶特将军和另外一支国民自卫队分遣队会合。① 此时，体育场内的示威者和看热闹的人们已经清楚地意识到了军队已抵达。但是，官方军事管制法令明确规定：只有在市长连续三次发布驱散人群的命令后，才能使用武力。示威活动的组织者敦促大家保持冷静，不要离开，直到市长发出三次命令中的第一次。

当第一批武装自卫队穿过大看台进入通往体育场的通道时，许多示威者开始大声抗议："拒绝刺刀，拒绝红旗!"不久之后，一些人从周围的看台上向自卫队队员投掷石块。此后发生的事情有些混乱，目击者的说辞部分取决于他们的政治立场。过了一会儿，枪炮声响起，子弹从巴伊身旁擦过，击中一名骑兵的臀部，骑兵应声跌落下马。震惊于群众们的暴力反抗，自卫队紧接着快速进入，伴随着密集的战鼓鼓点，他们占据了体育场内的位置，从北侧直面中央祭坛。没有任何正式的驱散命令遵照法律明文规定的那样发布。士兵们称，他们起初多次朝着空中鸣枪以示警告。但是，随着雨点般密集的石块砸在他们身上，还有一些示威者试图毁坏他们的战鼓，自卫队开始向人群开火。首当其冲的是看台上的人们，紧接着还有体育场上的一些人。不久，第二列自卫队队员从祭坛的另一侧朝北进入，以钳形队型前进，控制住了很多示威者。很显然，有些骑在马背上的士兵们甚至追击体育场外

---

① Lacroix, 403 - 407；*AP*, 28：399 - 401；Mathiez, 274, 279 - 281, 350.

的人们，将他们驱赶到周围的田野和花园里。铁骑践踏了一些人，其他的人被他们用军刀砍倒了。根据当时在场且一点儿也不赞成抗议者的老人尼古拉-塞莱斯坦·吉塔尔·德·弗洛里班的描述，军队的武力驱散至少持续了三分钟。恐慌在人群中爆发和蔓延，"为了自救，人们四下逃窜，妇女和儿童被撞倒遭到踩踏"。他报告称，许多伤亡人员都是围观的群众，"各种各样的人只是被好奇心和周末美丽的天气吸引到这个地方来的"[①]。

当军队最终停止袭击时，体育场内或周围的田野上，躺着数十名或受伤或死亡的男女。没有人仔细核算过具体的伤亡人数。巴伊本人在第二天的报告中声称只有十二名示威者和两名士兵遇害。当听到巴伊的声明时，一向都很谨慎冷静的吉塔尔被激怒了："他的数据不对！这太离谱了！每个人都知道死了很多人！"一位附近的居民参观了体育场外的医院，他证实在医院里看到"到处都是已经死去或将要死去的人"。同时代的各种统计数据范围从几十人到两千多人不等。但是，弗朗索瓦·罗伯声称，他当时与玛丽-让娜·罗兰及其丈夫成功逃离现场并躲藏了一段时间，目睹了大约有五十人死亡，更多人受伤。这是巴伊在恐怖统治时期接受审判时依据的数字，它可能代表了历史学家们最准确的估算。[②]

国王的出逃和国民议会为应对此事件做出的努力，导致

---

① Guittard de Floriban, 73 – 74；Alexandre, 140 – 141；Ruault, 253 – 54；*AP* 28：399 – 401；Lacroix, 407；Mathiez, 144 – 148, 274 – 282.

② Guittard de Floriban, 74；*AP* 28：401；Lacroix, 432；Ruault, 253 – 254；Roland, 2：337, 339；Carrot, 1：82；Mathiez, 148, 269 – 270；Burstin, "Une Révolution à l'oeuvre," 258.

了巴黎郊区的流血事件。即使是那些支持国民议会决定的巴黎人——毫无疑问这是很大一群人——都对战神广场的枪击事件感到震惊。吉塔尔写道，没有人会忘记"这次可怕的暴行"[1]。

---

① Guittard de Floriban，74.

# 第六章　各省的恐慌和镇压行动

对于大革命时期的许多巴黎人以及之后的大多数历史学家来说，在战神广场上发生的大屠杀是国王出逃后最具戏剧性的事件。然而，巴黎人口在 1791 年只占法国总人口的一小部分——在全国数以万计的城镇和村庄中，常驻人口有 2800 万或 2900 万，巴黎约有 70 万人。在不离开塞纳河岸的情况下，很难理解瓦伦事件在辽阔的法国领土上——从北海到地中海，从莱茵河到比利牛斯山脉，从布列塔尼半岛到阿尔卑斯山——会产生如此全面的影响及一系列的后续反应。

在巴黎以及外省地区，国王出逃继而被捕的消息引起了异常的轰动。教区神父兰代写道："法国遭受了电击般的重创。它以惊人的速度从王国的一端传向另一端。"[1]最初，消息由官方信使从首都巴黎发出。拉法耶特将军一获悉君主已于 6 月 21 日清晨消失，就立马委派一些值得信赖的下属以最快的速度沿着各个道路骑行追捕，以全力寻找和阻止王室出逃。几个小时之后，国民议会采取了相同的措施，派出自己的信使携带代表们颁布的第一个法令，向国王最可能的出逃

---

[1]　Lindet, 290.

方向——奥地利和德国边界追去。① 紧接着，一批非官方的信使也从首都被派出。国民议会的几名代表雇用私人骑手，以最快的速度通知他们的选区，这些骑手在所经之处任意地散布着这个消息。一些巴黎俱乐部，甚至临近地区的俱乐部似乎也在做同样的事情。因此，法国北部的圣康丁市（Saint-Quentin）最先从四国区（Quatre-Nations Section）得知了此事，很可能是由科德利埃俱乐部从中教唆和煽动的。巴黎的报纸也敏锐地利用这起突发事件，编辑加工成各种版本的新闻，以迅雷不及掩耳之势向各个省份派发。②

一旦消息突破首都的重重围墙，它就会通过地方的通信网络迅速产生共鸣，这与两年前"大恐慌"（Great Fear）的传播方式极为相似，由各种各样的人——有的骑在马背上，有的坐在马车里，还有的徒步行走——传播至全国各地。碰巧在旅途中的人们和临时的地方信差纷纷加入官方信使的队伍中。通过非官方渠道听到消息的市民和村民变得越发紧张，因为有时会出现各种混乱和奇异的说法。巴勒迪克（Bar-le-Duc）的市民回忆说："随着时间的推移，我们的焦虑感也在逐步累积，同时我们等待着更多的消息传来。"出于担忧，官员们把自己的信使派回道路沿线，以寻求确切的信息和更多的细节。很快就有一群骑手冲向各个方向打探，所有人都与路过的人交换着或真或假的消息。③

---

① *AP* 27：359；also AD Marne，1 L 329.

② AD Ardennes，L 78；AD Aube，L 315；AD Aisne，L 605；AN D XXIX bis 36（2），dos. 378.

③ AD Meuse，L 2188 ＊；AD Aisne，L 605；AD Ardennes，L 12；AD Vosges，L 479；Fischbach，110－111；*AP* 27：662－663；David，25.

到了 6 月 21 日星期二的午夜，国王失踪的消息已经在一个变形虫形状的区域内沿着主要道路传播，延伸至巴黎城外约一百英里的地区。[①] 信使们在通过城门时，遇到了过分热心的守卫卫兵的阻拦——他们几乎暂停了所有的行动。由于这番耽搁，使者们几乎刚走过东边的马恩河畔沙隆和北边的康布雷(Cambrai)。但在周三结束的时候，他们以每小时大约五六英里的速度不分昼夜地飞速疾驶，"如同火炮发射轨迹上的尾焰"。王室出逃的消息已经到达了北部的大部分边界地区，东部的梅茨和南锡，西部的鲁昂和南部的穆兰(Moulins)。[②] 一名使者——可能是受布列塔尼地区国民议会代表的委托——甚至到达了位于卢瓦尔河口的南特市。截至周四，事件覆盖范围已经到达与德国和瑞士相邻的东北边界以及从敦刻尔克到拉罗谢尔的大部分大西洋海岸地区——不包括布列塔尼半岛。早上五点左右，骑手们进入莱茵河畔的斯特拉斯堡(Strasbourg)，到了当天晚上十点半，他们已经到达了全国第二大城市里昂。星期五黎明时分，这个消息传到了波尔多大海港，并一路沿着加隆河到达图卢兹，信使大约在晚上八点抵达了这里。星期六，在第五天结束时，信使们到达马赛和地中海，沿着海岸向东远至土伦港(Toulon)，向南远至距离西班牙边境不到 20 英里的佩皮尼昂(Perpignan)。几乎在同一时间，消息终于抵达布列塔尼半岛的一端——布雷斯特(Brest)。但是要传到位于比利牛斯山脉、阿尔卑斯山脉和

---

① 以下大部分根据 AN C 124 - 131，AN D XXIX bis 33 - 38，以及当地的多种专著。另参见 Reinhard，81 - 82，432；Arbellot and Lepetit，71.

② AN C 126 (2) (Huningues). 消息从巴黎经过 312 英里传到里昂大约需要 58 小时，即每小时 5.4 英里。

中央高原最偏远的山村，还需要一两天的时间。但是奥蒙村（Aumont），这个只有沿着山路穿过热沃当（Gévaudan）东南部山区才能到达的地方，在接下来的一周开始时仍未被通知到。①

一旦路易和他的随行人员被认出并被拦截，另一波新闻就从瓦伦以同样的方式传播出去。理发师芒然带着他的消息夜以继日，快马加鞭，不到二十四小时就抵达了国民议会。但在其他地方，第二次新闻浪潮的速度往往稍微缓慢一些，也许是因为它主要由地方信使链来传播，直到 6 月 23 日官方通知才从首都巴黎分程传递出去。它仅在国王被捕后的第五天就到达了波尔多，第六天到达图卢兹，第七天早上到达佩皮尼昂。在多个信息来源的交替传播之下，人们困惑于消息发生的先后次序和不可思议的逆转，许多城镇在获悉国王从杜伊勒里宫失踪的几小时之后——在某些地方甚至是之前——就得知了国王在瓦伦被抓捕的消息。②

154 这是那些会对人们的情感产生强烈影响的事件之一，人们会深深铭记当他们最初听到这一消息时自己在哪里，正在做什么事情。根据不同的使者们到来的日期和时间点，人们或在田间劳作，或在他们的商店里工作，或在参加圣体节游行，或半夜在家中熟睡却被教堂的钟声唤醒。在一些城镇，市民正在召开公民大会，他们被召集起来选举新的立法机构，这时，"国王失踪的悲惨事件使每个人都陷入混乱"③。几乎

155 在任何地方，公民还在用动人的文字描述着国民议会，这突

---

① AN C 124（2），dos. 404B（Aumont）.

② 例如多勒市，AN D XXIX bis 35，dos. 366。

③ AN C 124（2），dos. 404B（Auxerre）；Gaugain，1：239 - 240；Roux，443 - 445.

如其来的消息使人们陷入了强烈悲痛、惊慌失措和难以置信的情绪之中。在南部小镇奥赫（Auch），人们"高涨的情绪已达到顶峰"；在巴黎北部的博韦（Beauvais），"每个人都对这场使国家陷入水深火热的可怕事件充满了强烈的悲伤之感"；在法国中部的沙托鲁（Châteauroux），"人们感觉自己跌落不幸的深渊，并且备受折磨"。蒙莫里荣（Montmorillon）的雅各宾党人对瓦伦事件前夕的回想一定可以准确地代表大多数其他人的感受。革命终于接近尾声了，反革命的威胁也已经消失，希望近在眼前，现在就要恢复正常的生活了："但是国王的失踪粉碎了我们所有的希望，并警告我们不要指望他还能回来。"①

## 博爱的意义

直面这一全国范围内前所未有的紧急状况的，是新成立的地区政府的官员们。大革命给行政管理系统带来了戏剧性的重组和民主化，旧制度下由国王任命的三十多名行政长官被数千名民众选举出的官员所取代。正是他们供职于法国一直延续至今的新的行政划分体系：83 个省、500 个区和 4 万个大大小小的市镇。这些官员很少或完全没有相关工作经验，因此前一年一直在接受大规模的在职培训。他们时常在国民议会传达给他们的涉及经济、财政、宗教和农业生活等各个方面的大量新法律和指令面前头痛不已。然而，在大多数地

---

① Brégail, 97 - 98; Baumont, 74; AN D XXIX bis 36 (1), dos. 368 and 370; Bruneau, 160 - 161.

方——尤其是省、区以及大城镇一级——新的行政管理人员都是受过教育的专业人士和商界精英。他们从一开始就密切关注和支持革命，并且已经做好准备，充满信心并下定决心要尽其所能履行职责。

*156*    突如其来的危机催促着官员们行动起来，迅速组织了紧急委员会，将各个区域的不同权力中心的代表召集在一起。在典型的区域性首府——里昂、博韦或奥赫——省级当局召集了来自区政府和地方市镇议会，以及主要法院、爱国俱乐部、国民自卫队和常备军的代表。如果一个城镇被划分成多个邻里社区——就像大城市那样——或者如果恰逢选举集会，那么这些社区团体也被邀请派代表出席。因此，在东北部的小城蒂永维尔（Thionville），一百多人在几分钟内挤进了市长的办公厅，这是当时这里最大的集会空间，许多人在接下来的三天不分昼夜地逗留在此。[①]

无论这种集合的方法是不是最有效的危机管理手段，但它确实提供了当时亟需的众志成城的团结意识。特别是在多层级政府并存的大区中，往年在省和区，或区和市镇，或省和市镇之间常常出现激烈的对抗和斗争。[②] 但是现在，面对这种令人震惊的突发状况，团结一致和通力合作成为各地官员的首要选择。许多爱国者向国民议会提交的信函可以证明这种新出现的融合感。位于英吉利海峡的迪耶普（Dieppe）的领导人写道："在这个城镇里实现了不同权力机构之间最大程度的联合和统一。"在里昂，爱国者相信他们的安全取决于"所

---

① Schneider, 19. 另参见 Wahl, 381 - 382；AN D XXIX bis 36 (1), dos. 369 (Beauvais)；D XXIX bis 35, dos. 361 (Argentan)。

② Legendre, letter of June 13, 1791; and Bouchette, 632.

有权力的迅速统一，以及这种力量激发出的普遍信心"①。为了强化共同使命感，圣康坦市要求所有男女佩戴特制的丝带，上面印着"团结起来！不自由毋宁死！"的字样。实际上，在许多城镇，地方当局下令所有公民佩戴革命帽徽——三色的公牛眼睛徽章，以此来表明自己全心全力求团结。当时这个徽章已经成为巴黎爱国者的象征之一。②

更加戏剧性的团结象征是，几乎所有地方的人们在得知国王失踪后组织的情绪激昂的宣誓。法国中部小镇瑞亚克 (Juillac)的居民生动地回忆起这个消息到来的那一刻，当时他们正聚集在一起召开选举大会。起初，所有人都呆愣在"哀痛的沉默之中"。突然，议会主席站起身来，单手举向天空，发出慷慨激昂的誓言："我发誓将凭借自己的最后一滴血，誓死捍卫国家、法律和国民议会。我发誓不自由毋宁死！"紧接着，所有在场的人立刻起身，举起手，齐声高喊："我也发誓！"然后，所有人离开了房间，带着一种新的使命感，走向市政厅，在那里，当地的雅各宾俱乐部和国民自卫队的成员也宣读了类似的誓词。③

在一个又一个城镇里，领导人和普通公民、男女老少、国民自卫队队员、士兵，甚至包括一些爱国贵族和神职人员——全都高声且清晰地喊出了自己的誓言。甚至在 6 月 23 日巴黎发表类似宣言之前，他们就怀着一腔热忱自发这样做了，而且在大多数情况下，他们以"国民议会"替换了以前惯

*157*

---

① AN D XXIX bis 35, dos. 366; D XXIX bis 36, dos. 374.

② AC Saint-Quentin, I D 3; Baumont, 74 - 75; Lecesne, 1: 160; Fischbach, 67.

③ AN C 126 (2).

用的宣誓誓词中的"国王"。在接近奥地利边界的瓦朗谢纳（Valenciennes），人们纷纷"发誓为捍卫自由和全民族的福祉而流血牺牲"。图尔市的宣誓仪式在卢瓦尔河畔举行，"一千种声音"在一个誓言中合并在了一起，他们发誓即便是牺牲自己的生命也要维护宪法。在布列塔尼半岛的圣马洛城墙下，有 4000 名武装自卫队队员以及 2000 名妇女和儿童宣誓效忠国家和宪法。在法国中南部的卡奥尔（Cahors），女性和男性一样发表誓言，每个人都占据着一个单独的席位："站在庭院里的女性模仿着旁边的男性，以动人的方式重复着他们的手足之情和爱国之情。"①

在危机时刻，法国人几乎可以说痴迷于宣誓，所有的人都在说着几乎每个人都熟悉的象征性语句。他们生活在这样一个世界里，这种庄重严肃的誓言不仅保留着一种宗教特征，而且依旧是进入军队、神职人员队伍或法院的必要行为。受过教育的人都熟悉这种古典希腊和罗马的宣誓传统——这种传统在革命初期，被国民议会激动人心的誓言赋予了新的迫切性。1789 年 6 月 17 日国民议会成立时的宣誓以及三天后的网球场誓言已经广为流传，鼓舞着全国人民充满激情地仿效。更为普遍的是 1790 年 2 月和 7 月的宣誓浪潮——后者是全国庆祝联盟仪式的重要组成部分。但是早些时候的宣誓则在大家平静的时刻宣读，略显深奥和抽象。现在法国人发现他们面临着外敌入侵和战争的真正危机。正是在这样的背景下，在如此剑拔弩张的时刻，他们常常附上"不自由毋宁死"作为

---

① AN D XXIX bis 36 (2)，dos. 378；C 130 (1) (Tours)，C 126 (2) (Grèves-de-Tallon)；Sol，2：82 - 83.

誓言的结尾。对于那些即将生活在一个没有国王的国家的人
们来说，国王以往是国家团结的纽带，现在，宣誓被赋予了
额外的意义。它是爱国联盟看得见的象征，也是人们为了国
家社会的更高利益而共同努力和牺牲的意愿。通过这种方式，
1791 年 6 月的巨大宣誓浪潮，在缓解焦虑和灌输共同使命感
上发挥了重要作用。① 这是法国民族主义出现的一个信号。

## 外部的敌人

但是，拥护誓言和为国家而死的决心本身并不足以应对
危机。整个法国的紧急委员会都面临着必须对社区可能遇到
的各种危险做出快速回应的挑战。国民议会最初的法令只提
供了粗略的行动纲要。6 月 22 日印发的公告命令行政官员暂
停一切人员、武器装备、军需品、贵重金属和马匹的跨边境
流动，并"采取一切必要措施维护法律和法令以及保卫国
家"②。但是，不同区域的地方人民在解读和执行这些法令
时，方式各有不同。

对于毗邻边境和海岸沿线的城镇来说，最直接的担忧是
来自国外的威胁。对于巴黎和外省的很多人来说，国王出逃
的含义显而易见。无论路易是出于自愿或是被诱拐，每个人
都预料他已经离开了这个国家。一旦王室离开法国，战争似
乎就成为不可避免的恶果。对于距离边境只有几英里的梅济
耶镇(Mézières)而言，"国王想要出逃成功只能由奥地利皇室

---

① Tackett, *Becoming a Revolutionary*，147 - 148，152 - 154，277；
Hunt, *Politics, Culture, and Class*，21，27；Langlois，2：389 - 393.

② AP 27：359.

的权威来确保，后者对法国发动战争的意图昭然若揭"。多勒市（Dole）接近瑞士和德国边界，市政官员们普遍认为："目前，我们应该考虑自己可能要陷入战争和迫在眉睫的危险之中。"并且他们发布了动员整个社会的详细指令，在执行这些指令的过程中，所有公民将为保家卫国而贡献出自己的时间和金钱。①

　　边境或沿海地区的领导者们几乎在得知危机的第一时间，就派出了国民自卫队和正规军，建立防御战线以防外敌入侵。斯特拉斯堡市（Strasbourg）主动在莱茵河上下游派驻自卫队。靠近卢森堡的法国北部边境城市龙韦（Longwy），下令敦促所有边界社区武装自己，并为即将到来的战争做好准备。普罗旺斯在与意大利接壤的各个地方都建立了防护警戒，在佩皮尼昂，特遣队受命保卫接近西班牙的比利牛斯山脉山口和地中海沿岸要道。大西洋沿岸也采取了同样的措施。波尔多和迪耶普暂时关闭了他们的港口，远瞻性和行动力远远超出了巴黎的指示。鲁昂在英吉利海峡从勒阿弗尔（Le Havre）到勒特雷波尔（Le Tréport）的省界建立了观察所。布列塔尼当局沿着南部海岸部署了信号链，以迅速传达可疑讯息。② 即使在离海岸或边界还有一定距离的地方，民兵们也应召巡逻街道并驻守城门和桥梁。锈迹斑斑的大炮也被投入使用，用来守卫地方军火库和公共财产保险箱。在城市的中心位置——

---

① AC Mézières，BB 23，deliberations of June 22；AN D XXIX bis 35，dos. 366.

② Fischbach，124；Vidal，1：204 - 205，214；Rouvière，360 - 361；AD Gironde，3 L 10；AN D XXIX bis 35，dos. 366；D XXIX bis 36，dos. 377；F7 368218（Morbihan）.

市政厅、法院、省和区的办公大楼——都部署了防御工事，以阻止那些让人担心的随时而来的威胁发生，尽管没有人能够完全确定将会出现什么样的威胁。①

　　法国东北部地区的形势尤其紧张。这是国王在他企图出逃时穿过的区域，无须什么神机妙算也能够断定他已经前往奥属尼德兰边界。由于布耶将军和他的全体参谋人员已经逃往敌方，该地区的武装力量一直处于无领导状态，行政当局不得不临时介入并尽可能地发挥作用。② 沿着边界地带从梅茨到济韦（Givet）和洛克鲁瓦（Rocroi），市民志愿者组成的部队和爱国士兵们一起冲上前沿堡垒，这些防御工事自三十年前上一场战争以来一直处于破损失修状态。在色当市，行政人员甚至组织了一个专门为保卫祖国而举办的特别纪念活动，这个纪念活动十分合宜地正遭逢圣体节。庆典结束后，大约三千名公民联合附近驻扎的步兵，一起开始修复城墙和护城河以保卫城镇。③

　　但尽管大批公民队伍可以帮助支撑防御，但他们对武器问题无能为力。几乎所有的市政当局都发现他们的火枪和火药储备严重不足。布耶将军秘密地从洛林的大部分要塞中转移了武器军备，将他们集中在蒙特梅迪以最大限度地保护国王。当地方行政官员们发现发生了什么事情时，许多人都断定这是一起阴谋的一个环节——在外敌入侵前削弱内部防御能力。在法国东北部的每个地方，在瓦伦事件发生后的每一

---

　　① Biernawski, 146；AN D XXIX bis 36 (2)，dos. 373.

　　② AD Meuse, L 386.

　　③ AN C 130（Sedan）；also *AP* 27：662；AD Meuse, L 386；AD Meurthe-et-Moselle, L 212；AD Ardennes, L 78.

个小时、每一天，人们开始严阵以待敌军的到来。所以，如果有些人已经看到了他们，这也不足为奇。①

161 　　席卷法国东北部的入侵恐慌的来源是可以被精确认定的。6月22日早晨，仍然寄希望于拯救国王的布耶将军，命令一个由法国资助的瑞士步兵团从梅茨向西行进至距瓦伦只有十英里的默兹河。事实上，当那天晚上该团到达目的地附近时，大多数瑞士士兵发生了叛变并拒绝向前推进，他们宣称没有拿到向法国人民开战的报酬。军官随后逃跑，其余瑞士部队井然有序地撤退到了凡尔登。但是，这一事件就发生在极度紧张的时期，几百名全副武装讲德语的士兵跨越国界，行进了很远的距离，这种可疑的行动在当地居民中引发了不小的骚乱。②

　　6月22日下午晚些时候，凡尔登当局向周围的村庄发出通知，称一支军队正在向瓦伦行进，所有能够召集的国民自卫队必须挺进默兹并在必要时烧毁所有桥梁，以阻止敌方进攻。此后不久，惊慌失措的瓦伦领导者们发出了他们的紧急呼救。③几小时之内，之前传播国王被捕消息的信使链再一次启动，宣布"敌方"部队即将到来，战争迫在眉睫。在接下来的第二晚，国民自卫队动员起来，跨越全国各个区域前来支援瓦伦。

　　一些城镇和村庄在转达请求援助信息时，总是夸大其实。

---

　　① 关于瓦伦本身显而易见的恐惧，参见 Lesort，12。

　　② Bimbenet，240 - 248；also Bouillé，258；and Bouillé fils，122 - 129.

　　③ AD Meuse，L 385 - 386 and ED 407，1 B 1；Fournel，336 - 337；Pionnier，111 - 112.

在恐惧和紧张的气氛之中，不可避免会出现误解和沟通不畅。但是，那些吓坏了的官员们也会自然而然地夸大描述，以确保形势的严峻程度足以唤醒他人、得到援助，同时也能够为自己的极度恐慌增添佐证。因此，当克莱蒙的市民在传达瓦伦的请求"飞速武装前来支援你的兄弟"时，他们在某种程度上夸大了这个消息，宣布战斗已经在爱国者和"敌人"之间爆发了。当消息向南传到下一个村庄时又被进一步渲染，称现在正在发生激烈的战斗，有许多法国公民已经被杀害。第二天早上，当消息传到默兹省南部边缘时，"敌人"这个词的含义发生了微妙的改变：威胁不再是来自法国雇用的瑞士兵团，而是来自"帝国"本身，一支正在入侵的奥地利军队，据说现在已经跨越默兹河迅速前进。①

与此同时，这则消息向西横穿阿尔贡森林，抵达圣梅内乌尔德。这个小镇刚刚从一个疲惫和难熬的夜晚中恢复过来。与达马的德国龙骑兵对抗，国王和王后的突然出现，以及舒瓦瑟尔公爵的跨国骑兵就在该镇的北边激战并且造成了破坏，都使得这里的公民正处于极度的惶恐之中。现在他们听到，或者想象他们听到奥地利士兵已经攻占并摧毁了瓦伦，直接向西挺进，并且很快就会来到圣梅内乌尔德——或许正在计划着惩罚他们，就像惩罚瓦伦那样——因为他们都参与了抓捕国王。圣梅内乌尔德的人民急切地呼吁着请求支援，他们写道："帝国军队已经洗劫了瓦伦，以祖国的名义，我们恳求你前来帮助我们。快！我们缺乏武器和弹药，尤其缺乏人手。"②

162

---

① AD Meuse, L 385－386；Lesort, 15, 17；AN D XXIX bis 36（1），dos. 368（Baudonvilliers）.

② AD Marne, 1 L 329；Buirette, 552－554.

到 6 月 23 日早上，传闻中的入侵产生了一波恐怖浪潮，与 1789 年的"大恐慌"没有什么不同。到了九点，消息到达马恩河畔沙隆，此时王室刚刚返回巴黎。谣言迅速传遍了整个城镇——奥地利军队已经到达城门外。不久之后爆发了骚乱，人们拼命寻求武器来自保。市政厅的门被推倒，市长被愤怒的人群包围，被迫打开市政军械库，然后从一个二楼的窗户跳了出去，继而逃生。恐惧于想象中的奥地利士兵和市民呼吁行动的吵闹抗议，官员们动员了整个省的国民自卫队，敦促所有公民都前来援助："拿出勇气来！让我们敢于捍卫我们的自由！"①

163　　对许多人来说，奥地利入侵法国是为了夺回国王这一点现在看起来已经显而易见。基于这一点，恐慌紧随着国王的返程队伍一起回到巴黎。街上到处都是国民自卫队，有时其中还掺杂着妇女和儿童，他们向瓦伦或克莱蒙或沙隆挺进，施以援手，或是当发现敌人已经"撤退"时返回自己的家园。成千上万的人正匆忙地加入到护送国王回巴黎的队伍中——部分原因是为了保护他不被奥地利抢走。天气炎热干燥。无数的行军男女在香槟北部的垩白土壤中扬起了层层尘土。灰尘、混乱、鼓声以及夜晚或黄昏沉重缓慢的脚步声，很容易让人草木皆兵，以为最令人担心的入侵军队就在山的那边，或者在河对岸的树林里。

　　在两天之内，这个可怕的消息几乎传遍了整个香槟，以及洛林省、皮卡第省和法兰西岛的部分地区。在洛林，位居

---

　　①　AD Marne, 1 L 329; and inquest into the riot, AD Marne, 10 L 220.

要塞的梅茨市在两天时间内第二次动员国民自卫队前往凡尔登。梅茨以北的蒂永维尔（Thionville）也得知了外敌入侵的消息，但是并不清楚袭击会从哪个方向来。人们预期位于东部稍远处的德意志邦国将要入侵法国，因此打算毁坏摩泽尔河（Moselle）上的所有桥梁。与此同时，到处敲响的教堂警钟加剧了恐慌，钟声从一座村庄传递到另一座村庄，一直涌向西北方的沙勒维尔和北部边界。当兰斯市的公民听到传言后，他们继续向西边的苏瓦松（Soissons）和拉昂（Laon）传播消息，到 6 月 24 日早上，恐惧已经跨越瓦兹河冲入皮卡第省。现在威胁已经大到史无前例。据说，国王已经被四万到五万奥地利军队拦住了——还有人说六万。他们已经摧毁了瓦伦和圣梅内乌尔德，并且已经跨过沙隆，所经之路沿途蹂躏践踏，所到之处"肆意烧杀"①。前一天的下午，有关东部外敌"入侵"的谣言煽动巴黎的"平民百姓发生了暴乱"②。

在接下来的日子里，法兰西王国的其他四个地区也遭受了类似的入侵大恐慌。西比利牛斯山区的士兵和走私者之间的一场枪战引发了西班牙军队越过边界和三个山谷向法国西南部进军的谣言。很快，来自波城到巴约纳以及更北的波尔多地区的几十个团体加入国民自卫队与敌人对抗。③ 顺着中

①　AD Marne, 1 L 329；AD Haute-Marne, L 274；AD Ardennes, L 78；AD Aube, L 315；AD Aisne, L 605；Pionnier, 110；Fischbach, 113 - 114.

②　Letter from deputies Le Carlier and L'Eleu, June 25；AD Aisne, L 605.

③　Gower, 104；AD Gironde, 12 L 13；AP 27：686；AN C 127（1）(Mont-de-Marsans), C 128（2）(Orthez and Pau), C 129（2）(Saint-Sever).

部大西洋海岸,"圣伊莱勒德里耶(Saint-Hilaire-de-Riez)附近出现了几艘无名帆船"的消息促成了一份英国入侵的报道,并在普瓦图省的大部分地区广泛传播。① 在布列塔尼半岛地区,国民自卫队和正扬帆移民到泽西岛的贵族在圣马洛附近爆发了一次小规模的战斗。这场战斗引发了另一个谣言——四十艘英国船只已经运送六千人的军队登陆法国,现在正沿着海岸线向西移动。从雷恩和布雷斯特(Brest)动员而来的国民自卫队迅速因"入侵者"而会合,共同抵御外患,保家卫国。②

然后,几乎和它们爆发时一样迅速,各种恐慌又突然间消失了。来自"入侵地"的紧急消息很快就清楚地表明了没有外国军队出现——或者他们出现过,但现在已经"撤退"了。国民议会采取种种措施来谴责这些毫无依据的消息。同时谣言也遭到了一些当地行政管理者的怀疑。值得注意的是,所有的"入侵"恐慌都发生在1789年"大恐慌"基本没有触及或完全未曾触及的地区。但是一旦谣言传播到先前经历过暴力和无政府状态的大恐慌的地区,那里的人们常常对之报以怀疑。例如,在蒂耶里堡(Château-Thierry),一个曾遭到大恐慌洗礼的城市,区领导人认为,传闻宣布的入侵是如此不可思议和令人难以置信,以至于他们怀疑这个消息肯定来自敌人的捏造和虚构,它是一个扰乱国家的阴谋。他们不仅拒绝散布

---

① AN C 128 (2), dos. 433 (Noirmoutier);Biernawski, 148;AN F7 368218 (Morbihan).

② Binet, 119 – 120;Gower, 103;*AP* 27:663;AN F7 368218 (Morbihan);Panon Desbassayns, 195;AD Gironde, 12 L 13;AN D XXIX bis 35, dos. 366 (Mayenne).

传言，而且开始着手调查虚假信息的来源。① 尤其是精英阶层，早期普遍暴力和无政府状态的记忆，似乎使他们对遭遇假想敌以及随之而来的恐慌产生了"免疫"能力。

## 内部敌人

　　在法国的其他地区，甚至包括那些没有发生暴乱的地方，国王的突然消失引起了人们对潜在的外部入侵的畏怯。但这场危机也暗中滋生了对内部敌人——密谋反革命的恐惧。阴谋论的世界观在革命时期并不罕见。数百年间，人们将粮食短缺归咎于不同的群体暗箱操作以谋取利益，或者是为了报复之前遭受的种种不公而进行的流氓攫取。尽管当时已出现了基于合理的"科学"解释的新分析模式，例如，把饥荒与气象条件、交通不便联系起来，大多数人依然把自身所经历的一切不如意与一些个体故意为之的密谋行动结合起来。② 即使是更加开明的外省社团人士，这样的假设在大革命的背景下也并非绝无仅有。爱国者们很清楚，1789 年以来发生的转变，已经非常成功地特别激起了两个阶层团体的强烈反对——贵族和神职人员。

　　尽管有一小群自由贵族早已卷入大革命的洪流中，但贵族阶层中的绝大多数对革命事件本身都心怀不满。他们不仅对国民议会攻击自己的特权感到生气，更因 1790 年 6 月"贵

---

　　① AD Aisne, L 605；AD Meuse, L 385；also the reactions in Troyes and Nancy：AD Aube, L 315；and AD Meurthe-et-Moselle, L 1239.

　　② Kaplan, *The Famine Plot Persuasion*, 1 - 2, 62；Tackett, "Conspiracy Obsession," 695 - 699.

族"地位遭到抵制而感到愤怒。在他们的社会种族观点中，制定法律取消贵族阶层的存在简直是无稽之谈。就像一位男爵说的那样，"一个简单的法令可以使一棵橡树变成一棵松树"①。可以确定的是，1789 年夏天以后，大部分外省贵族时刻保持着警惕，谨言慎行。他们希望退休后能够回到城堡庄园或别墅中，顺利地度过风暴时期。但是仍有一些人管不住自己的舌头，嘲笑当地爱国者，不承认国民议会或"人权"的存在，并预测最近的变化不会持久。当他们聚集在一起进行社交活动和自我怜悯时，对自己的约束就更少了，往往会对革命和革命者做出毁灭性的预言和居高临下的评论。这些由无能的愤怒和沮丧而生发出的预测，总是会被仆人和邻居偷听到。这些话继而被添油加醋地传到社区，轻松转化为密谋反叛的证据。

　　阴谋论的诠释更易让人相信，因为每个人都知道逃亡大军跨越了莱茵河，反革命分子逃离了法国，投身于结束革命的征程。现在看来，当时的军队对国家显然不能构成真正的威胁，因为他们中绝大多数都是贵族军官，普通士兵很少。但 1791 年春天，对于爱国者来说，现实的威胁实在太难以估测。很难相信那些一直在社会上具有举足轻重地位的人物突然停止了他们对事件的影响和号召力。许多人确信逃亡贵族的领袖阿尔图瓦伯爵（Artois）和孔代亲王（Condé）正秘密地拉拢着各省的贵族。② 在路易十六出逃的几个月前，皮卡第省的一位市民向国民议会举报贵族聚集在附近的一座城堡内，他声

---

① Gauville，46.

② AN D XXIX bis 37，dos. 382.

称并坚信"阴谋正在孵化，反革命的邪恶意图正在酝酿"。在洛林南部，有报道称一位阴谋策划者正"挨家挨户"地拜访当地贵族，试图煽动他们"推翻宪法"。一封来自普罗旺斯的信声称，一个庞大的逃亡贵族网络正在形成，他们是一个具有"贵族精神和骑士风度"的虚伪协会，立誓服从阿尔图瓦伯爵的指令。①这些情况是否能说明确实存在着阴谋，我们已经不得而知，但从这样的信件中可以看出，1791 年春天透露的种种迹象都暗示着整个外省的贵族阶层都参与了反革命活动。

　　1791 年以来，法国社会中酝酿的宗教危机更加剧了这种恐惧。那年春天之前，几乎一半的教区神父拒绝用国民议会指定的誓词立誓，这些"倔强难驾驭"的神父被下令替换。法国西部地区，以及东部和南部边缘地带，这些不安分地区的许多领导人都感到自己受到威胁并遭到围攻。无论哪里有拒绝发誓的现象出现，都能激起管理者对暗中勾结和隐秘阴谋的猜测，认为可能是由居住在国外并与逃亡贵族有密切联系的反叛主教发起的。早在 1791 年 5 月，巴黎东北部拉昂省（Laon）的领导们就已经开始深信"誓言危机"在本区域创造了"危机局面"，他们确信，神父的抗议行为与"国内外的煽动和密谋"密切相联。②

　　因此，当国王的出逃失败时，大多数爱国者就已经认定内部的阴谋将摧毁革命，毫无疑问，这个阴谋的策划者们还勾结了外部的敌人。一个城镇的领导人写道："王室的消失激起了人们对损害公共利益行为的愤慨。一些人的大胆言论，

167

---

　　①　AN D XXIX bis 33，dos. 345.

　　②　AD Aisne，L 604 and L 198；Tackett，*Religion*，*Revolution*，*and Regional Culture*，276 – 279.

贵族阶层流亡出逃，神职人员拒绝宣誓，都指向一种犯罪阴谋的存在。"①如何应对这样的威胁是领导者们亟待解决的问题，也是革命党人未来几年将面临的问题。但是他们现在左右为难。一方面，大多数官员都遵从平等正义和法治观念，即贵族、神职人员与普通人一律平等。毕竟，这种理想是《人权和公民权宣言》的重要组成部分。本身作为有财产群体的成员，官员们深刻地记得革命开始的第一个夏天——充斥着混乱和无序——他们感到焦虑不安，因为被指控的"嫌疑犯"本应由法院而非暴徒来处理。1791 年 6 月和 7 月的官方指令中充满了维护法律和秩序的告诫。例如，奥赫的官员敦促每个人都应表现出"对法律的完美服从，公民！现在我们必须决定我们是否真的能够自由，还是我们会受到无政府状态的新枷锁的束缚"②。

另一方面，公平正义和法律法规的价值依赖于新宪法的持续实施。管理者们清楚地意识到国王的骤然出逃和能够感知的密谋给革命的存续带来了威胁。会不会在真正的危急时刻到来时，不合法的镇压行为将因其出发点是捍卫国家利益而被合理正当化，正如夏尔·拉梅特所说的那样，"一时的不公正总比失去整个国家好得多"？按照这种理念，国民议会为了"维护法律秩序和保卫国家主权"而采取的一切必要措施都变得模糊不清和尚有余地了。他们的镇压行为可以很容易地被理解成名副其实的空头支票。③

---

① AN C 130 (2)，dos. 455 (Vienne).

② Brégail, 97 - 98；also Millot, 200；and AN D XXIX bis 36 (1)，dos. 369 (Beauvais).

③ *AP* 27：362.

《1791 年 6 月 25 日，国王出逃的密谋者的模拟像在斯特拉斯堡市被焚烧》

　　此外，地方官员并非毫无作为。他们总是考虑到辖区人民的意见，这些人的猜忌心理和对暴力的推崇是众所周知的。特别是在 6 月 21 日之后的几天里，城市群众和国民自卫队这两大群体迫使地方领导人采取了更为严酷的镇压措施。在众多的社区中，国王逃亡继而在瓦伦被捕的消息引发了民众对当地贵族和神父的暴力袭击。[①] 有时，当局会立即采取措施和行动，转移民众的暴动情绪。卡奥尔（Cahors）的地方贵族在这方面显得创意十足，也许是想要为 7 月 14 日的庆祝活动预热，他们组织了一个特别的"联盟"仪式。仪式上有游行的自卫队和乐队，还有神职人员的爱国演讲。这些激发了人们对胜利的歌颂，以及在场男男女女对国家和法律的忠诚宣誓。在斯特拉斯堡市，以布耶将军和他的下属柯林林（Klinglin）、赫曼（Heyman）为原型的"稻草人"引起了一场喧闹。他们被装在行进的马车上，然后在中央广场欢呼的人群前被烧毁。[②]

*169*　　但对许多官员来说，对公众压力的默许似乎是英勇的表现。布列塔尼半岛的行政人员在描述这一困境时体现出了高超的语言表达能力。他们在 6 月底写道："民众的不安和不满已达到极端程度。置身于骚动和暴乱中，我们不可能坐视不管。如果我们想要避免他们失控，必须抚慰和包容这种盛怒的情绪……保持我们对公众舆论的支持，否则我们就无法有效地治理国家。"[③]

　　也许没有哪个问题比防守城市堡垒更能引起普通民众的

---

　　① 　Bouvier, 100 - 101; Gaugain, 2: 239 - 240; AN D XXIX bis 35, dos. 361 (Argentan).

　　② 　Sol, 2: 80 - 81; Fischbach, 200 - 204.

　　③ 　AN F7 368218 (Morbihan); Binet, 116.

担忧。这些据点的钥匙由当地的军事指挥官掌控，后者通常
都是贵族阶层。布耶将军和他的所有追随者犯下的叛国罪加
剧了人们对这些军官的怀疑。在斯特拉斯堡，在凡尔登，在
敦刻尔克，在拉罗谢尔（La Rochelle），实际上在几乎每一个　*170*
沿着海岸线或是靠近边界的要塞城市——行政管理者迫于民
众的要求，都采取了控制当地城堡或避难所的防御措施。正
如康布雷的城镇官员所述："人们认为神父和贵族是诱拐国王
的始作俑者。"因此，官员们对防守城市深感压力，"因为在当
时的情况下，反对公众舆论十分危险，因为公众舆论是爱国
主义精神的一个基本要素"①。

　　各种形式的不受法律支配的行动也来自国家自卫队。正
如我们所看到的那样，在全国各地，动员当地民兵组织是行
政人员收到国王出逃消息时采取的首要措施之一。国民议会
曾颁布法令规定：当国家遭遇外敌入侵时，被列入花名册的
国民自卫队队员要时刻做好准备参加战争。同时，法国几乎
所有地方的男人都以极大的热情投入了应征入伍的洪流之中。
在里昂，仅仅来自城市的新士兵就有八百多名，他们受到了
热烈的欢迎；在拉罗谢尔，"街头或社区自发举行的公民会议
确定了六个新连队的成立"。即使在南部的小村庄库萨克
（Cuxac），农民自卫队也被称为"燃烧着拯救国家的梦想与渴
望"②。

　　大多数自卫队都坚决拥护革命的目标。他们发誓要维护

---

　　①　Pastoors，1：91；also Fischbach，67，73－74，121－122；AD
Meuse，L 385；AD Ardennes，L 78；Rochambeau，1：383；Fougeray Du
Coudrey，111；David，25。

　　②　Wahl，395；David，25；AN C 125（2）（Cuxac）。

宪法以对抗所有的敌人，瓦伦的经历加深了他们对贵族和顽固派神职人员的怀疑。出于"谨慎原则和对国家安全的考虑，他们拒绝将部队托付给那些与革命利益相对立的个人"，因此，几个兵团迅速驱逐了几乎所有参与其中的贵族。① 此外，如果他们想要更好地履行职责，获取自认应得的地位，这些新招募的民兵显然需要武器和弹药。国民自卫队对步枪和火药的大力搜寻，不仅有利于反革命分子的武装解除，而且可以把更多的武器交到爱国者手中。② 在 6 月 21 日之后的几天里，几乎所有外省的自卫队都成立了用于镇压的突击部队。③

## 法律与权宜之间

为了应对民众的压力，行使国民议会赋予的自由处理权——为保卫国家而做出一切必要的努力，全国各地的行政人员实施了一系列反对"内部敌人"的举措。其中很多措施不仅触犯了法律，还违背了《人权宣言》。然而，这场危机的出现前所未有，而且阴谋的危害如此真实，以至于官员们决定应采取"一切必要和适当的措施，来挫败法国社会中敌人的奸诈阴谋"④。

因此，几乎所有地方的官员都开始私自拆阅邮局寄来的

---

① deliberations of Sézanne，AD Marne，1 L 329.

② 参见，例如 AN D XXIX bis 35，dos. 365。

③ Dupuy，200－205；also AN D XXIX bis 36（1），dos. 367（Landerneau）and dos. 369－370（Rochefort）.

④ AN D XXIX bis 34，dos. 349（Cahors）.

信件，尽管法令一再强调这些信件是"神圣不可侵犯"的。[①]洛林一个小镇的议会仔细地阐述了这种行为的合理性："我们内部和外部的敌人们将会用尽千方百计来实现他们对国家的邪恶图谋。因此，在没有透露任何家庭秘密的情况下，我们在邮局仔细检查任何可疑的信件，也许是谨慎和明智的选择。"[②]实际上，不同城镇对可疑信件的定义差别很大。一些官员审查了所有寄往或来自外国的信件。还有一些地方，官员们把注意力集中在顽固派主教发出的邮件，或者任何可疑的贵族或神父接收的信件上。尽管爱国者们尽了最大的努力，试图从这些满纸喋喋不休的家长里短中发掘阴谋，但检查过的大多数信件中毫无发现和收获。大量的信件资料堆积在国民议会研究委员会的档案馆中，从来没有被递送过，它们对1791 年的国民议会代表和今天的历史学家都没有什么启发。但是，偶尔，拆开的信件会对个人产生重大影响。有一份看似普通的便条，是由一个逃亡贵族邮寄给他的商业代理人的，后者居住在奥尔良附近，被称为裴迪先生（Monsieur Petit，意为"小先生"）。这封信被截获并被公布于众，导致这位代理人遭到近乎致死的刑罚，并被长期监禁在监狱里。惊恐的裴迪如是写道："每时每刻，我好像都听到暴徒们在呼唤着一个新的牺牲品。"[③]

　　许多官员还批准对游客进行非法逮捕。通过广义地界定

---

①　*AP* 8：273 – 275，278 – 279；17：695 – 696. See also Shapiro，48 – 55.

②　Deliberations of June 25，AC Pont-à-Mousson，1 D 4.

③　AN D XXIX bis 35，dos. 366 (Boiscommun)；also D XXIX bis 35，dos. 365 (Longwy)；D XXIX bis 38，dos. 389 (Geneva)；D XXIX bis 35，dos. 361 (Auxonne) and dos. 362 (Boulogne-sur-Mer).

172 国民议会禁止个人越境的标准，行政人员开始拦住不明身份的旅客——无论他们在哪里被发现——尤其是看起来像贵族的人，或者是那些穿着怪异、讲话奇怪，看起来有点紧张的人。显然，这不是旅行的好时候。国民议会收到了大量受害者的上诉，他们在危机之中被囚禁，有时囚禁甚至长达数周，宪法保障人身权利的保护令遭到践踏。两个比利时商人在去意大利的路上因为操着明显的外国口音，被卡奥尔的守卫打倒在地。市民为这种逮捕行为辩解道，因为担心"外国军队即将入侵，为了拯救宪法免于毁灭……我们感到有必要采取非同寻常的防范措施"。不管怎样，两人直至 8 月中旬仍在狱中，为遭受到的厄运而悲痛欲绝。在其他地方，当局草率地逮捕了一名穷困潦倒的单簧管演奏者，一名前往布鲁塞尔的王家马厩的医生，一名在镇上"徘徊潜行"并"遭到了所有人的怀疑"的可疑伯爵。①

然而，通常外省的爱国者们不太担心路过的外来人员，而是更担心当地居民，他们对一些当地居民的反革命行为产生了不信任感。在法国各地，政府官员和自卫队都仔细地检查了附近的庄园，以及拒绝宣誓的神职人员所属的修道院和教堂。他们极力寻找着反革命分子秘密集会的证据和用于反革命活动的武器和弹药。无论如何，这些武器也是爱国者们自己所急需的。

在许多外省的城镇中，"嫌疑犯"第一次作为行政词汇得到了广泛使用。这同时也引起了人们的不信任，嫌疑犯的"可

---

① AN D XXIX bis 35，dos. 364 and 367（Cahors）；AD Aisne，L 605；AN D XXIX bis 36（2），dos. 376（Senlis）and 373（Painbeuf）.

疑意图"——就像蒙彼利埃（Montpellier）的官员所说——往往
非常不明确。在许多情况下，嫌疑犯的产生似乎是由个体做
出的具体陈述而定，无论是在过去的某个时刻，还是在瓦伦
事件之后，他们都会因邻居认为他们是"因反对革命的理念而
臭名昭著的公民"，而被定义为嫌疑犯。几个月前，在与朋友
共进晚餐时，一名妇女因"贵族优越感暴发"而被囚禁。依照
"嫌疑犯"的判定标准，凡尔登附近的一名神父因公开地若有
所思自言自语"如果国王逃脱了，就不会有场灾难"而被逮捕，
他的这句话完全被断章取义了。在旺多姆，两名顽固派神父
几乎被愤怒的人群绞死，仅仅因为他们侮辱了一名支持革命
的神父。很不幸，在布雷斯特，官员们无法从大众的仇恨中
拯救出一名贵族，因为他在歌舞厅的墙壁上留下了嘲讽一场
革命仪式的"淫秽涂鸦"。在国王失踪的消息传来后不久，这
位贵族遭到了杀害，他的头颅被当街示众。[①]

　　在其他地方，由于与移民的联系为人所知，或者因为他
们自己表达了想要离开法国的意愿，一些人引起了当局的不
信任。人们已经看到了裴迪先生与逃亡贵族的通信被截获后
的悲惨境遇。一位名叫鲍贝特（Boubert）的年轻人在向亲戚借
钱以资助自己移民之后被跟踪并被逮捕。[②] 更为普遍且毫无
疑问的恐惧则是由那些传说中的贵族阶层和神职人员的秘密
聚会所引起的。在紧邻巴黎北部的圣德尼（Saint-Denis），关

---

　　① 　Rouvière, 367 - 369; AD Aisne, L 604 (Soissons, June 24); AN D
XXIX bis 36 (1), dos. 367; AD Meuse, L 386; Louis-Philippe, 43 - 47;
Henwood and Monange, 102.
　　② 　AN D XXIX bis 36 (2), dos. 375 (Neufchatel); D XXIX bis 33,
dos. 344 (Neuf-Brisach).

于"贵族和顽固派正在秘密聚会"的报道，促使区当局在凌晨两点搜查了一名贵族的家。这位贵族声称，他的客人们来访只是为了庆祝五旬节。事实上，这次突袭既没搜到武器，也没看到神秘的陌生人。另一次相似的搜索经历发生在肖蒙昂韦克桑地区（Chaumont-en-Vexin）的一个庄园里——当时庄园的主人一家正在玩惠斯特牌——搜查者发现了九把古董猎枪和一个冯特努瓦战役（Fontenoy）中留下作为纪念的长矛，所有这些都被军械库没收充公。①

在某些情况下，对个别贵族的攻击似乎是出于早在革命之前的长期敌对。受到瓦伦事件的触动，兰斯附近几个村庄的自卫队占领了安布利侯爵（Ambly）的城堡，后者是国民议会的代理人。他们找不到多少武器，就强迫侯爵的妻子给他们出钱买枪，然后还带走了侯爵那吓坏了的小孙子，声称要收养这个小男孩作为他们的"吉祥物"。在这种情况下，自卫队似乎是在故意找安布利侯爵的麻烦，一方面因为他是国民议会中一名颇有声望的保守派代表，同时也是出于对封建特权的怨恨，这种怨恨积累于村民与他们的领主长达二十五年之久的斗争。② 更加暴力的情况发生在里昂附近的乡村，对坡雷米尤（Poleymieux）领主吉兰·杜·蒙泰（Guillin du Montet）的袭击。早在 1791 年之前，吉兰由于对农民粗暴无礼和拒绝接受革命，已经遭到了很多人的憎恨。瓦伦危机爆发后不久，一百多名居民抢空了他留在城堡里的大量武器。

① AN D XXIX bis 35, dos. 363; and D XXIX bis 36 (2), dos. 373 (Saint-Cyr-sur-Char). Also the inspection of a chateau near Fuligny: AD Aube, L 315.

② AN F7 36827 (Marne); and *AP* 29:587.

当他愤起抵抗时，一场枪战爆发了，直到城堡被席卷一空、吉兰也惨遭杀害后才结束，他的尸体被撕成碎片，抛入了燃烧起熊熊烈火的城堡。① 坡雷米尤事件很快被广泛传播，整个法国的人们都陷入了惊骇和恐怖之中。然而这种极端的暴力行为在危机时期并不多见。据悉，国王出逃后只有四位贵族被杀，其中至少有三人是因为长期的积怨而遭到了憎恨和报复。②

　　大多数情况下，地方领导人和自卫队进行的镇压运动是在锁定具体的目标"嫌疑犯"之后，一桩案件接一桩案件逐步实施的。但也有些时候，当局害怕存在着真正的阴谋或屈服于公众的压力，下令不经审判就搜查或逮捕整个嫌疑群体。这里对"嫌疑人"的判定并不是根据这些男人或女人的某些不恰当行为，而是因为他们来自某个特定的社会或政治团体。这种推理逻辑在普通民众中非常普遍。在入侵恐慌最强烈时期的瓦伦，一群农民和自卫队队员扑倒了一名试图与爱国者合作的骑兵指挥官。"他是一名军官！他是一个贵族！他一定是个叛徒！"他们喊着，用一种简单的逻辑，减轻撕毁一名军官的制服的罪恶感。③

　　以这种方式对嫌疑人进行分类的官方行为就更为明显了。诸如此类的集体起诉最明显的目标就是那些拒绝效忠宪法宣誓的神职人员。在那些深陷于与大量顽固分子的斗争的地区，当地爱国者对国民议会关于"宗教自由"的法令和包容安分守

*175*

---

① Wahl, 387－392；AN D XXIX bis 36（2），dos. 374；*AP* 29：422；and Viola，129－148.

② Lefebvre，"Le meurtre du comte de Dampierre."

③ AN D XXIX 81（Varennes）.

己的顽固分子的政策，感到极其不耐烦。拒绝宣誓难道不是对宪法的冒犯和对国家的威胁吗？自由主义者可能会推动"意见自由"，正如一个小镇上的居民所争论的那样——但是"亲爱的上帝，那些极端和狂热的意见，只会造成人们被屠杀、村庄被焚烧、王国被摧毁的景象!"在某些地区，对顽固派的压制的的确确是彻底的，不像在以前的革命中所执行的那样。当听到国王出逃的消息时，南特市的官员下令立即驱逐该地区所有的顽固派，并逮捕任何涉嫌参与反革命活动的神父。诺曼底和布列塔尼地区的一些地区领导人也做了同样的事情，他们认为这样的神职人员是可能引发新的宗教战争的潜在威胁因素，而所有顽固派无一例外都是"国家的敌人"①。短时间内，他们采取了同样的措施，非法逮捕或驱逐了全国至少九个省中的数百名拒绝宣誓的神父。②

全面镇压的第二大目标是贵族阶层。在位于法国中央的谢尔省(Cher)和安德尔省(Indre)中，顽固派相对少见，且不被认为存在威胁，但是瓦伦的消息引起了人们对该地区的贵族正在组织反革命挑衅行动的担忧。几个区都派出了自卫队，系统地搜查每个城堡和庄园，迫使其交出武器。布尔日(Bourges)甚至命令所有的贵族居民留在城里，并派警卫严守城门以确保没有人能够逃出，防止"那些信奉的原则与大众意愿相违背的人们采取联合行动"。在大多数情况下，这些政策都是和平实施的，国民自卫队收到了特别指示，"要以一种不

---

① AN C 125 (2) (Chalonne); D XXIX bis 35, dos. 361 (Argentan); D XXIX bis 36 (1), dos. 367 (Landerneau); Binet, 106 - 107.

② Tackett, *Religion, Revolution, and Regional Culture*, 276 - 279; AD Gironde, 12 L 13 (July 2).

使用暴力的合理且礼貌的方式行动"①。

然而，在镇压贵族的一系列行动中，没有哪个地方比布

列塔尼省更加血腥和暴力。在这里，官员发现他们自己不仅
困扰于管控着顽固神职人员比例最高的地区，而且苦恼于因
革命前夕外省政治活动而加剧的贵族与平民之间的长期紧张
关系。随着国王出逃，在地方行政官员的鼓励下，布列塔尼
的国民自卫队在乡村发动了一场名副其实的恐怖活动，他们
袭击了可疑的贵族和神职人员，寻找武器，间或摧毁庄园。
在一个地区，当局放权给普通民众，肆意追捕这两大可疑群
体的所有成员，他们写道："我们的敌人正在尝试着最后一
搏。仇恨和狂热将前所未有地激起争端和麻烦，为了阻止他
们得逞，我们可以采取任何措施。"遵照这些命令，自卫队开
始大肆闯入每个庄园，"从宪法的敌人那里夺去他们可能用来
推翻国家的所有手段"。邻近一个地区的领导者有过之而无不
及，他们下令没收移民贵族的所有财产。由于国民议会6月
21日颁布的法令禁止任何人携带金钱或贵重金属跨越国境，
因此，将缺席贵族的财产没收充公似乎是正当合理的，因为
这些钱财有可能被送出国以支持反革命运动。②

随着行政当局对镇压活动的鼓动和纵容，以及群情喧扰
的紧张局势被外敌入侵的恐慌推至沸点，布列塔尼成为几起
特别暴力的事件的发生现场。在雷恩（Rennes）东部的地区，
瓦伦的消息驱使三千到四千名武装城市民兵到村庄寻找反对
革命的顽固分子。沮丧于没有找到某一位曾支持那些唱反调

① Bruneau, 161 - 163; Wahl, 385 - 386.

② Dupuy, 200 - 205; Binet, 116 - 118; AN D XXIX bis 35, dos. 365 (La Roche-Derrien); F7 368218 (Morbihan).

的神职人员的贵族，自卫队烧毁了他的城堡，接着该地区的
其他几个城堡和庄园也被付之一炬。随着国王出逃的传言，
上百名自卫队队员组成的另一支部队被派往瓦纳（Vannes）附
近的勒普利克洛（Le Préclos）城堡，据说那里聚集着一群可疑
的贵族。他们在凌晨四点到达，用战鼓和枪声唤醒了当地的
居民，爱国民兵们用马车带走了十八个人，将他们的双手捆
绑在背后，被当作"战俘"推进了当地的堡垒。位于布列塔尼
半岛北部海岸附近的拉罗什-代里安（La Roche-Derrien）的领
导者也开始解除他们地区所有"前特权享有者"的武装。显然，
没有人抵抗，直到自卫军抵达塔隆城堡（Tralong），那里脾气
暴躁的罗曼（Roumain）伯爵举起一支 17 世纪的大口径短枪和
一个可以发射石块的陈旧装置——"布列塔尼比利"，以疯狂
的射击迎接了他们。几名民兵受伤后，另一批自卫队前来支
援，爱国者们冲进城堡，杀死了罗曼伯爵。①

　　随着 6 月和 7 月的危机消退，以及中央政府收到外省越
来越多的报道，国民议会开始批评那些公然进行集体镇压的
事例。坎佩尔省（Quimper）的官员可能迫于巴黎的压力，谴
责朗代诺区（Landerneau）大肆逮捕贵族和顽固分子的行为，
这些被捕的人们"唯一的罪行只是可能有反对宪法的意见，但
从未做过任何扰乱公共秩序的事情"。这种镇压行为违反了法
律和人权，只会给当前的形势火上浇油："这种方式煽风点
火，恐吓个人并威胁到他们的财产，更加应该受到谴责的是，
它严重损害了自由和宪法的原则。"但是朗代诺区有力地捍卫

---

　　① Dupuy, 201 - 205；Binet, 116 - 17；AN D XXIX bis 36 (1), dos.
369 - 370；F7 368218 (Morbihan)；and D XXIX bis 35, dos. 365.

了自己的行为。危急的形势和拯救革命的根本目标使他们采取的所有措施都合理化了。"很快就会发生流血事件，"他们宣称，"我们只有一个选择：在敌人犯罪和谋杀之前抓住他们。"顽固分子和贵族太过危险而不能被信任，甚至是那些——或许尤其是那些——隐藏在"爱国主义的虚伪面具"后的人们，也不能被信任。直到最后，朗代诺区的官员仍不知悔改："我们既服务于人类，也服务于宪法，将那些会制造麻烦和混乱的人分离出来……我们强烈谴责他们，并将永不停息地追逐他们，直到胸腔中的神圣之火净化法国的每一个角落。"①

　　朗代诺和坎佩尔之间的辩论是全国各地的法国人面对国王出逃危机时，所遭遇的困境的一个缩影。即使在 20 世纪，在自由民主文化根植于人心的社会中，战争时期和恐怖主义威胁也会创造出超越"预防性镇压"要求的法律困境。那些生活在威权统治下的男男女女，才刚刚开始学习平等正义和公民权利的意义，1791 年 6 月的事件形成了极其令他们困惑和费解的问题。革命党人被迫在原则与权宜之计之间，法治与"公共安全"需求之间，个人自由与社区防御之间，维护人权与保护国家之间，寻求微妙的平衡。在他们暗中摸索着试图努力走出这些困境的过程中，许多外省的公民在这些镇压行动中徘徊——因结社而获罪，因未经证实的怀疑而获罪，并未经正常程序就遭到长期监禁——这些都是恐怖政策的明显预兆。

*178*

①　AN D XXIX bis 36（1），dos. 367.

# 第七章　国王的审判

179　　在国王归来后的三周内，巴黎的市民不断地提到外省发表的意见。对于科德利埃俱乐部来说，在决定国王的命运之前进行一次全国公投是非常必要的，俱乐部的成员们也非常希望全国大部分的民众能够支持共和国。另一方面，温和派一方则深信首都内外的法国人均一致支持君主立宪。同时，国民议会推迟对该问题的决策，等候内地的反应，即代表们在其写给选民的信中积极征求的反应。[①] 简而言之，人人都知道巴黎不代表法国，大多数国民看待国王的观点，我们仍然不得而知。在某种程度上，可以说所有的人都在等着法国人开口。

　　最终法国人会出声。在全国运动的声音和怒火之下，国民自卫队集结，边防防御军队的支持，预防性的镇压——各地的人们开始思考国王的命运，是他的行为引发了这一系列后续。如何向他们解释路易十六的突然失踪？国民议会努力要完成的新宪法有什么意义呢？在革命派希望建立的新世界
180　中是否有这位国王，乃至任何一位国王的一席之地呢？

---

　　① 　参见，例如 Legendre，71；Geoffroy，letter of June 22。

## 人民的国王

不仅是巴黎，甚至全国各地的民众都为这些问题感到困惑不安。一直以来，在情感和传统上，大家都和国王保持着强烈的联系。当然，没有哪位国王能免于责难和诟病，就连现任国王的两位先祖路易十四和路易十五，也常常是智者们和大众阶级苛刻评论的对象。然而关于君主的神话——与个别君主的名声相背离——却拥有着非凡的活力。它建立在一系列古典和历史传统以及世俗传说的基础之上，也建立在十七八世纪君主通过他们的军事实力和宫殿、王室宫廷生活的辉煌而形成的宏伟形象上。在法国的儿童和成年人中流传着这样一个民间故事，在这个故事中，相对于坏国王或者无能的国王而言，君主制的存在和好国王的理想，仍然是毋庸置疑的。很多下层阶级的民众直到旧制度的末期仍然坚信"国王的触摸"，即国王拥有神奇的魔力，能够治愈寻常的皮肤病、淋巴结核。而首位波旁王朝君主亨利四世的美德——他的实力、他的善良以及他对人民的仁爱，在大革命初期谈及理想政权时，仍然为人所津津乐道。事实上，从1788年至1791年，路易十六本人也常被人拿来跟"好国王亨利"相提并论。[1]

可以肯定的是，在1789年之前的几十年间，王室的形象在不断演变。几个世纪以来，赞颂国王英明伟大的辞藻不胜枚举：国王是伟大的战士，是首席大法官，是封建最高君主。但是在大革命前夕，对国王的描述"人民之父"——这个称谓

---

[1]　Thelander, 472 - 475; Goubert, 27 - 30; Bloch, 224 - 226.

181    至少可以追溯至 16 世纪——已经越来越占据主导地位了。毫无疑问，这种形象是由路易十六自己推动建立起来的。他一直以身为人父的成就感而自豪，尤其是经历长时间的性功能障碍和心理挫败之后，而且他对抚养自己的孩子抱有极大的兴致。他在国民议会中也不断引用身为人父的比喻。在瓦伦时亦是如此，他在骚塞先生的公寓中向他"忠诚的孩子们"表明身份。当然，作为父亲的身份，与国王的形象一样，拥有复杂且模糊的意味。这或许意指"一家之主"，从法律和传统角度看，他对妻儿拥有绝对的权威，在某种程度上模仿着无所不能的圣父的宗教理念。但是随着人父国王的形象逐渐被 18 世纪晚期大部分受过教育的人们所接受，这一形象也开始与所有的家庭情境剧中的文学风格挂钩。这个时期的戏剧和小说，都在高唱"好父亲"的赞歌，这样的父亲不独裁，而是和蔼温柔，与妻儿平等相处，像对待朋友和同伴那样与家人相处。①

在 1789 年的申诉名单，即成千上万的法国人在等级会议选举期间所发布的声明中，对于路易十六的尊重之情也是不容置疑的。各地的人们仍然用尊重和荣誉的称号尊称他为"陛下"，或以其他正式的称号来称呼他。"诚挚恳求陛下"满足这样那样的企求，这样的表达一如既往。申诉名单中半数以上的人在申诉的开篇仍然对统治君主表示赞扬，超过三分之一的人提到了他为人父的美德。很多人也提到了他的善良，四分之一的人对他的公正表示肯定——尽管没人提起他的军事实力。更有五分之一的人特别使用了"神圣"一词形容国王。

---

① Goubert, 30；Hunt, *Family Romance*, chap. 2.

*182*

《这种形象对于所有的法国人来说多么珍贵!》　1789 年，农村各个年龄的民众跪倒在路易十六的画像前。

虽然这个词也偶尔用于说明诸如"神圣的财产权"或"神圣的宪法"等抽象概念，但除此之外并没有用它来描述具体个人的情况。① 这是王室神秘感的文化力量使然，加上对于路易集结等级会议的感谢——这一举动也使得在大革命的前两年，大多数的爱国人士都对国王十分宽容。

正如我们已经看到的那样，从 1789 年 10 月起——甚至可能更早——路易下意识地执行了一种欺骗政策。即使他公开接受了由国民议会递交给他的法律条文，私下里还是向西班牙国王表示他是迫不得已才签署的。但当时的法国民众并不了解这一点。决心加强君主立宪制的温和派爱国人士，竭尽所能地说服国王发表精心安排的演讲②，从而提升路易的形象。如果我们通过递交给国民议会的诸多信件评判的话，在大革命的前两年里，路易的人气甚至有所提升。1790 年 2 月国王向众议员发表演讲后不久，西部小镇埃尔内（Ernée）这样的有记载："这个愉快祥和的日子，值得永远铭记，这一天最好的国王、法国自由的修缮者、国家最温和的父亲，出席了我们的议会，并对所有的劳工给予了认可。"特鲁瓦（Troyes）的领导人们则几乎同样热情地地阐述了他们对于国王的效忠："一个寻常父亲的孩子们，听从国王的言语，紧密地团结在他的身后，支持他的决定。国王陛下如父的爱心需要我们爱的证明。"③

毫无疑问，大革命大大削弱了国王的权威。宪法将他原本至高无上的绝对君主权力，转化为首席执行权，其公共权

---

① Markoff, 370 - 375; and *AP* vols. 1 - 8.
② Egret, 390 - 395; Gottschalk and Maddox, 114, 205 - 206.
③ AN C 104 (1) (Troyes). 在这份档案中，还有很多类似的陈述。

力甚至不如大西洋彼岸刚刚出现的美国总统的权力。但是对于大多数的民众来说，君主特有的神秘光环仍未幻灭。他们始终坚信，国王支持大革命，而且君主的愿望与国民的愿望终会彼此呼应。1791 年上半年，来自雅各宾俱乐部的批判言论有所减少——一些人敦促国王禁止不服从管束的神职人员出入他的宫廷——这些言论被一片热情和尊敬的话语所压倒。距离巴黎不远的库德雷（Coudray）小镇，对 2 月 28 日在王宫发生的暴力行为表达了不满，认为这是对"我们的好国王神圣人格"的侮辱。① 同年 3 月，当路易由于喉咙疼而病倒之时，成百上千的市政委员会和雅各宾俱乐部成员们为祝愿他身体康复而举行了大型集会活动，当得知他痊愈后，法国的几乎每个城镇都举行了感恩庆祝活动。"掌管国王陛下命运的神明也不想让我们最强大的支持者难过，他是我们幸福的锚。我们的教堂里回响着感恩的祈祷"（拉瓦尔，位于法国西部）；"作为伟大的亨利的子女，我们将永远保持对这位波旁王子的忠诚，因为他的名字是如此的宝贵，他对法国是如此的珍贵"（贝莱，位于法国东部）；"愿上帝保佑这位国家偶像"（博格斯，位于法国中部）。几周后，普罗旺斯的小城沙特阿伦纳尔（Châteaurenard）在市政厅的墙上张贴了一张国王的肖像，当地最近当选的市长发表了一篇感人至深的演讲。他认为这位法国君主与人民建立了一种全新的关系，因此甚至很难将路易同其他的君主归为一类："其他的国王通过恐吓手段追求无边的权力，而路易十六却是从他优秀的品德中获得自信；其他国王要求得到尊重和顺从，而路易十六却只想要得到法国

*184*

---

① Kennedy，260 - 261，266 - 267；AN C 125（2）（Coudray）.

人民的爱戴；其他国王希望凌驾于国民之上并驱使之，而路易十六却一心只想成为国民之父；其他国王想要限制国民的自由，而路易十六却在恢复我们的自由。他是国民的朋友！他是民众之王！"①

　　直到国王出走瓦伦前夕，外省各个地区绝大多数的法国民众仍然对国王本人怀抱爱戴甚至是敬畏之情。他们仍然认为君主是统一的核心和整体，是国家不可或缺的一部分。

## 血　泪

　　也许正是出于他们对君主强烈的依附之情，众多法国人在国王出逃之后的痛苦日子里开始重新审视他们的经历。在6月21日到7月底，国民议会共收到来自全国各地不同人士的超过650封信件——这些信件来自每个地区，来自大大小小的各个城镇，甚至还有一定数量来自乡村。

　　这种大规模来信表面上的目的是向国民议会重表忠心，因为目前的情况无疑是自大革命开始以来最大的政治危机。然而很多信件包含了在危机时刻，对于君主的态度不断变化的肺腑之言。市政和行政委员会、爱国俱乐部、国防组织、妇女委员会、地区法庭以及未指明的"民众"组织，都发表了声明，这些声明由当地精英起草，且得到成百上千的民众签字支持。整体而言，这些反馈信件反映了一段时间内各省的民众意见，因为在瓦伦事件发生数周后，全国的民众都在试图与国王和国王

_185_

---

　　①　AN C 125（1）（Chateaurenard）；Bruneau，164；Dubois，330；Gaugain，1：239；Gower，69.

的住地进行联系。①

在事件刚刚发生之后的几天，即刚刚得知国王失踪，又尚未听到国王被捕的消息时，民众的反应大多取决于收到消息的方式和来源。巴黎俱乐部的请愿书以及激进报纸的报道，对于国王的失踪表示出了非常激烈的情绪。但是国民议会早期的宣告则含糊不清得多，从未提及国王的反革命宣告，给王室成员遭到了绑架这一说法提供了充分的想象空间。许多外省团体更愿意接受这种设定，让路易从这种怀疑中受益。总而言之，在初期，有三分之一发言者坚持他们对君主的积极和同情态度。② 他们痛斥"绑架国王和王室成员的恐怖犯罪行为"；说"这些带走最好的国王的人是恶魔"；说"现在的法国是被抛弃的孤儿"。与罗伯斯庇尔关系紧密的雅各宾派，对此事件初期的反应尤为强烈。"他们从我们身边夺走了国王，"这些人感叹道，"这位国王似乎只为国民而活，他常常向国民议会表达敬意，他的爱国行为充满了坦率和真诚。"当他们得知国王被找到了，而且已经回到巴黎时，很多外省的小镇自发地举行了庆祝活动。几分钟的时间之内，鲁昂市政厅大院

*186*

---

① 我只分析了以集体的名义起草的声明，个人寄来的信件不在此范围内。这样的声明少则由三四人，多则由上百人共同签署。大部分这样的陈述是在 AN C 124 – 130（按城镇或部门的字母顺序归档）中找到的。该资料库得到了特定的部门档案和地方研究文件的补充。这份资料库中共有来自 392 个社区的 662 份声明。Paul Girault de Coursac 的"瓦伦事件之后的公众舆论研究"（"L'opinion publique après Varennes"）也使用了 AN 序列的资料库，但 Paul Girault de Coursac 得出的数据和结论都与我的明显不同。

② 在这一时期的 72 份陈述中，有 22 份（31％）显然对国王抱有同情的态度，21 份（29％）对国王不满，26 份（36％）压根没有提到国王，还有 3 份（4％）态度模棱两可。

里"围满了大量民众，男女老少都被此事件的消息吸引至此。他们自发地跳起舞蹈，表达心中的喜悦，直至凌晨三点"。各处都出现了教堂钟声、烟火、感恩祈祷以及公众庆祝活动，正如利摩日描述的，这些活动标志着他们将"心中的悲伤"转化为"极致的喜悦"。①

总的来说，直到 6 月底外省的民众才开始认识到整个事件的严重性，一场真正的良知危机开始席卷整个法国。随着国民议会进入为期三周的空位期，对国王的处理事宜被延期考虑，因此国民议会的官方声明不再是各省的首要信息来源。小镇上充斥着来自首都的不同俱乐部以及巴黎报纸的通函和请愿书，特别是大量的报纸，这些都扩展了信息来源的范围。正如旺多姆爱国俱乐部所言："公共报纸不断帮我们拓展观点。与所有的法国民众一样，我们都在密切关注着他们的出版物的规律节奏。"②在国民议会最初的报告中，很多有关国王出逃的信息都被忽略或遭到审查。还是通过报纸和宣传册，外省的民众初次了解到，巴黎民众在 6 月 25 日拒绝接受王室家族回归，以及科德利埃俱乐部早期为废除国王的主张所做的努力。直到此刻，他们才了解到国王的个人主张，他暗中背弃早期的誓言，不承认他以前签字生效成为法律的大革命条款。土伦(Toulon)当地的领导者们首先看到了国王于 7 月 1 日发表的信函。而四天后，贝尔热拉克(Bergerac)的民众看

---

① AN C 124 – 130, letters of Privas, Montrichard, Chateauroux, Arras, and Limoges; *Ville de Rouen*, 33. See also AD Haute-Marne, L 274 (Saint-Dizier).

② AN C 130 (2), dos. 454 (Vendôme).

到此信后，在镇上的广场上公开焚烧了一份信函的副本。①

在评估这些数量庞大的信息时，各地的爱国俱乐部起到 ⟨187⟩
了关键作用。到1791年年中，共有几百个这样的俱乐部成
立。其中有约四百个直属于巴黎的雅各宾俱乐部。② 但是尽
管各省的俱乐部密切关注着首都雅各宾俱乐部的辩论，他们
并没有盲目地追随总部的决策。英国代理人威廉·迈尔斯
（William Miles）对于全国上下不同团体之间持续不断的思想
交流表示震惊，这种情形让他想起"圣保罗教堂的耳语
廊"——伦敦大穹顶教堂里面的环形走廊，游客们无论站在何
处都能听到其他人讲话的声音。由于巴黎的雅各宾派无法达
成共识，外省的俱乐部在讨论的规模和主题上变得更加独立。
数十个社团开始通过外省俱乐部的通讯网络流传地方审议副
本，使得思想和提案得到迅速的传播。来自各地姐妹团体的
新传单和请愿书，甚至不经过巴黎，每天在波尔多、贝尔热
拉克、巴勒迪克等地流传，这些传单似乎每天都在变得更加
激进。③

在这段充满动荡和不确定性的过渡时期，国王似乎不赞
成大革命，国民议会尚未表态，各地的人们开始对新宪法的
基本假设进行全面的重新评估。不仅在当地的政治俱乐部，
而且在各种行政理事会议以及为了应对危机而设立的各种特
别会议上，民众们都在进行思考和辩论，并通过了正在审查
中的选项。在图卢兹（Toulouse），"每个人都设法公开发表自

---

① AN C 130（2）（Toulon）；Labroue，147.

② Boutier and Boutry，16 and passim.

③ Miles，1：250；Labroue，152；AD Meuse，L 2188＊；AD Gironde，12 L 13.

己对国王问题的意见，无论这些意见有多么大胆"。在图尔市，正如一位市民所描述的，辩论很快就集中在"君主制有史以来所讨论过的最有趣和最尖锐的问题。啊！我们该如何描述，在紧张与恐惧中所感受到的快乐。我们见证了羞涩的年轻人畅谈他们的想法，胆大的年轻人表达着他们的热情与急躁，成熟人士则仔细斟酌给出更多的建议。多么令人感动的现象！"①

眼下盛行的观点是坚决地反对君主制。在 6 月下旬的关键时期，即国王在瓦伦被拦下的消息传来之时，以及 7 月中旬国民议会发布消息时，外省地区只有六分之一的证词表达了对落跑国王的同情。② 就连那些常常表现出同情心的人也发表了苛刻的评论，将国王的举动与他容易听信谗言的性格弱点关联在一起。"君主不幸、软弱、容易受人蒙骗和利用，"其中一个城镇委员会写道，"我们宁愿相信路易十六是因为软弱以及盲目屈从于奸臣之言，才抛下自己的职责，背弃热爱他的人民；并不是出于他自己的本来意志，而是屈从于他周围之人的欲望和无穷无尽的野心。出于这些可能性，我们将保持沉默，对他本人不予批评。"③

相比之下，约五分之三的通信都对君主给出了负面的评价。④ 在他们充满愤怒和苦涩的声明言论中，全国上下的政

---

① Connac, 64 – 65；AN C 130 (1), dos. 449 (Tours).

② 在这一时期收到的共计 265 封信中，有 116 封来自雅各宾俱乐部。在这 265 封信中，有 44 封(17%)表达了对路易的同情；有 3 封(1%)态度不明确。

③ Labroue, 27 - 28；AN C 125 (1), dos. 406 (Brioude).

④ 共有 155 封，占 265 封信的 58.5%。其中，有 88 封(56%)来自雅各宾党人。

府官员、俱乐部成员以及国民自卫队，都在谴责国王的一系列恶行。路易没有考虑行动对法国民众的后果，就擅自逃离王宫的做法，遭到民众的谴责。这个曾经被他们认为是最强有力的依靠的人，"以懦弱的态度抛下了王位，背叛了他的誓言"。他"抛弃了全世界最令人钦羡的宝座，这种做法可能会将法国引向绝路"。尽管路易一再否认，但是大多数通信都确信国王的真正动机就是要逃离法国，然后寻求国外势力的支持，对抗自己的国家。"国家的最高统帅竟然预谋离开本国，投奔许诺给他金钱、援助和军队的外国，以便重新获得他想象中本应属于他的权力。""他徒劳地试图将外国的刀剑架在我们身上。"这种行为只会引发战争，并被冠以"叛国"的罪名。国王放弃了他的王位，"前往外国的领土，将我们肥沃的土壤变为一片血海。他或许会使法国陷入分裂、对外战争和内战之中。"即使他是听信了他人的谗言，但是不可否认他也"背负着背叛国家的责任"。他最终的目的再清楚不过了，就是想要重新凌驾于"军队之上"，并复辟旧制度"从前的制度"。"鉴于他秉承专制主义的原则，路易将始终是我们自由的敌人。"①

而国王发表的著名"宣言"更是前所未有地激怒了外省各地的爱国主义人士，即国王向全世界宣布他此前对宪法的宣誓并非出自本意。在大革命的氛围中，充斥着对于透明与真实的向往，或许没有什么比违心的誓言更罪过的事了，而这恰恰是路易承认自己做过的事。他们一次又一次地形容他"背信弃义"，是一个不忠诚的人，一个违背自己誓言的叛徒。

189

① AN C 124 - 130, letters of Lauzun, Vesoul, Condom, Nevers, Dole, Mirambeau, Fécamp, and Le Puy.

"他竟然如此狡猾，背叛自己宣誓的誓词，违反最神圣的原则，这一点让我们震惊。"他"懦弱且不忠诚"、"背信弃义"、"违背誓言"，"他佯装出的善良只是伪装"。① 多个团体甚至直接将自己的誓言与国王的虚假宣誓进行对比，向国民议会表示，他们绝不会像国王一样，而是将永远秉承"对宣誓的信仰"。对于南特的雅各宾派来说，路易已经让自己背负了"永恒的耻辱"。他们不再将他与好国王亨利联系在一起，而是将他与查理九世等同，即那位邀请了新教领袖参加 1572 年圣巴托罗缪日②婚礼，却只是为了对他们进行大屠杀的国王。③

190　　除了一小部分爱国人士团体对路易，以及大批民众对其进行的粗暴谴责表示些许同情之外，还有四分之一的民众在通信中对国王只字未提：无视君王的存在本身就是一种前所未有的隐晦诅咒。④ 大部分人的答复明确表示，他们现在决定效忠于国民议会。诺曼底圣洛（Saint-Lô）的雅各宾组织在了解了最近发生的事情后，描述了他们在 6 月下旬的心理变化过程。"起初，我们无法用语言描述自己的感受，因为一句话就摧毁了我们全部的希望：'国王已经放弃了我们！'我们犹豫过，也试图为他的所言辩解过——那么他的诺言是不是完全成为虚无？他的誓言仅仅都是徒劳了吗？但是之后我们才认

---

① AN C 124 - 130，letters of Montfort-l'Amaury，Alès，Toulouse，Niort；Pommeret，140 - 141.

② 圣巴托罗缪（Saint Bartholomew），耶稣十二门徒之一，传说在传道时被暴徒剥皮而殉道。圣巴托罗缪日在每年的 8 月 24 日。——译注

③ AN C 129（2）（Saint-Paul-les-Trois-Chateaux）and C 128（2）（Nantes）.

④ 共有 63 封，占 265 封信的 24%。其中，有 18 封（29%）来自雅各宾党人。

识到，先生们，你们才应该是掌权人。仍然有人倾听国民的声音。我们曾反复庄严宣誓要接受新法令。自由国家的命运不应再受到国王行为的影响。"如今被称为"国家之父"、"国民之父"、"自由的修缮者"的是国民议会的议员们，而这些带有父亲头衔的称呼从前几乎都是国王专属的。通信中充斥着将这些议员与古希腊和古罗马的英雄人物相提并论的说法：他们是新的吕库古(Lycurgus)，赋予人民法律；他们是反抗"尼禄和喀提林"的罗马参议员们。还有其他的作家们引用宗教的著作赞美国民议会："你们的努力让神明感动。"就算是死的那一天，他们也会将头转向巴黎的方向，"并宣誓：为了上帝和国民议会"。在当前的情况下，他们宣布无论结果如何，都愿意追随国家之父——即使是要将国王处决或废黜。他们暗示到。他们会保持"对国家、对法律、对行政权力的忠诚，但首先你要选择如何去组织这种权威"。"我们尊重你们谨慎而坚定的判断，无论是惩戒路易十六的罪行还是赦免他。"①

这些陈述中大部分都具有十分强烈的感情色彩，表示曾寄托在国王身上的希望破灭了。法国北部拉巴塞(La Bassée)的雅各宾派表示，直到 6 月 21 日，他们还以为路易十六是有史以来最伟大的人，最伟大的君主。曾经他与他之前的六十五位国王显得如此不同。但是一夜之间，仅仅一个举动，就让他"完全失去了他的名声"。路易一向以沉默寡言而著称，而这曾经被视为智慧和谨慎的沉默，如今却被说成"要么是愚蠢，要么是背信弃义所致"。就连此前对国王的尊称"陛下"、

*191*

---

①　AN C 124 – 130，letters of Aix-en-Provence，Marennes，Colmar，Collongues，Castelnaudary，and Crévy.

192

　　《颠覆的偶像》　一位穿着王室袍子的法国女性正打算摧毁路易十六的半身像。 在她的身后， 卫兵、 民众以及无套裤汉们表示即使已经不再相信现在的国王了， 他们仍然愿意支持君主制直到流干最后一滴血。

"国王陛下"，也夸张地跌落至对他直呼其名——"路易"或"波旁路易"——以此来强调国王不再被视为一个永恒的王位的化身，而是一个有着缺陷，甚至堕落的不正当个体。放弃誓言之时，即是路易违背"庄严宣誓"之时，他抛弃了"不顾他的罪行，依然爱他，视他为偶像的，宽宏而敏感的民众"。事实上，偶像的形象，即"一位曾经被全法国人视作偶像的国王"，现在一次又一次的在外省通信的措辞中，已经永远地被摧毁了。①

一些写信的人甚至开始重铸大革命的历史，以及国王在这段历史中的地位。法国中部一个小镇的领导们想知道，是不是路易根本没有"从专制主义的原则中有所动摇"。他们做出了一份详尽的解读，重新解释 1789 年以来这两年，国王企图"在国民议会中创造一个专制的堡垒。他动用力量迫使众议员们在网球场避难。如果不是当地居民的勇敢行为（即那些冲破了巴士底狱的人民），如今的巴黎早已成为一座巨大的坟场"。凡尔赛的雅各宾派认为，这位"狡诈的国王"绝对应该为"过去两年内法国所受的苦难"负责，就像他最近"准备对国家进行冷血屠杀一样，而这个国家的国民一直认为他是善良的人"。只是最近，法国南部阿莱（Alès）的民众才回想起"我们组成了一个虔诚的合唱团歌颂他的丰功伟绩。因为对他的绝对信任，我们将他视为一位拯救我们民权的人"。但是"与成为我们的慈父相比，他更愿意成为暴君，甚至是杀害我们的刽子手。啊，绅士们啊！我们的心已碎，我们的眼中流满了血泪"②。

*193*

---

① AN C 124 - 130, letters of La Bassée, Besançon, Mirambeau, ibid.; Millot, 205.

② Kennedy, 274; AN C 124 - 130, letters of Le Puy and Alès.

## 君主制还是共和制？

在 6 月下旬至 7 月初，大多数团体做出的陈述在关于如何处置国王的问题上没有直接的立场，只是愿意服从国民议会的决策，无论这个决策是什么。但是有四分之一的通信者态度较为激进。① 他们觉得自己被深深地欺骗了，他们觉得路易的行为应受谴责，以至于他们再也不相信他在政府的职能权力，他们催促国民议会采取措施惩罚他。尽管这些人鼓励国民议会废除路易的王位或者让其在全体国民面前接受公开审判，但是这里边大约一半的人依然准备维持现状。② 蒙托邦镇(Montauban)的领袖们则对应该采取的措施进行了详细的讨论。他们表示仍然支持君主制，但是面对"一位不愿意执行法律的国王时，法国应该怎么做？一位出逃的国王放弃了宪法赋予他的至高无上的职位，违反了自己曾经接受了的誓言，践踏了他最神圣的信条，给民众树立了欺骗的先例：这便是我们现在所面对的惨景。"最终他们诉诸一条关于王室权威的契约，以证明他的豁免权已经被剥夺了："一位违反了宪法的君主，破坏了宪法章程，因此根据规章赋予其的权力也应被剥夺。"利摩日的雅各宾派则提出了更为直接的逻辑："路易十六不应继续坐在法国国王的宝座上，因为在各地声讨

---

① A total of 62 (23.5 percent) of the 265 letters. Our list of such radical Jacobin archives throughout the country, found over 60 asking that the king be deposed; Kennedy, 273. However, most of the locations are not mentioned by the author, and they have not been counted here.

② A total of 32 (52 percent) of the 62.

他的民众心中，他已不配为王。"在南特，民众团体呼吁进行法国版的 1688 年光荣革命，当时的英国议会废黜了詹姆斯二世，拥立了威廉和玛丽。他们这样写道，英国人的经历告诉我们，"废黜一位不忠于国家法律的国王，并不意味着要推翻君主制本身"①。

　　然而所有这些提议却立刻形成了一系列的难题。是否能像南特的民众建议的那样，由国民议会直接废黜路易？或者是否能在奥尔良的新高级法庭成立之前先对他进行审判？如果法院判定国王无罪该怎么办呢？以及如果废黜国王，谁由谁来代替他呢？国王的合法继承人，年幼的王太子路易·夏尔只有五岁，而选择一位值得信赖的摄政王似乎也是一个难题。最有可能成为摄政王辅佐王子的是奥尔良公爵，即国王那位支持大革命的表兄。但是很多爱国主义人士并不信赖这位公爵，正如他们不信任路易一样。面对这些难题，或许更好的办法是修改宪法本身。一小部分通信者提出了各种限制国王权力的计划，比如布雷斯特的议员们提议，使之成为"自身权利之傀儡"。里昂的领导人们则表示"你永远不会看到路易十六重拾他失去的信心。如果我们必须要拥立一位在王位上昏睡的国王，绝不能允许他拥有过多可以滥用的权力"。有人建议废止国王否决立法权的权力，如果让一位"懦弱而容易遭到欺骗的国王"掌握了这种权力，那么后果可能不堪设想。其他人则建议将所有真正的职权交给由立法机关或者人民选出的国民议会，让法国更接近英国的议会体系。第戎的雅各

---

　　① AN C 128 (1)，dos. 431 (Montauban)；Fray-Fournier，39 - 40；AN C 128 (2)，dos. 433 (Nantes)。

　　《亨利四世对于路易十六的现状感到震惊》 好国王亨利惊讶地发现他的后代竟然变成了一头猪。 漫画家用国王过度纵饮的嗜好隐喻他的名声， 说他在酒桶里"淹没他的耻辱"。 贴着"6月21日的酒"、 "贵族统治的酒"等标签的空酒瓶散落一地。

宾派表示："如果保留君主制，那么国家必须限制其权力，使得人民免受专制主义的威胁。"①

但是事实上法国是否应该保留君主制呢？很明显，全国上下有一部分团体，像多尔俱乐部，就思考过逻辑链条上的下一步："剪断戈尔迪之结（Gordian knot）"，整体消除君主制。② 以 18 世纪的欧洲为背景，这是一个惊人的假设，直面几乎所有的当代思想，对于像法国这样人口众多、幅员辽阔的国家来说是极其危险且不切实际的。只有少数团体准备采取这样的集体态度。那些以非凡的雄辩措辞和对路易十六及整个政权的愤怒谴责为自己辩护的人，经常寻求来自共和时期的罗马古典英雄的灵感。似乎没有人提到新生的美利坚合众国，因为与法国相比，他们觉得美国人口太过稀少，且发展程度不高。

法国西南部圣克劳小镇（Saint-Claud）的国民自卫队对这位"野蛮国王"进行了猛烈的攻击，"把他的信任、荣耀和他的国家卖给外国人"，同时"在他的心中藏有一个坐视法国人民陷入大屠杀的恐怖计划"。然后他们列举了 12 个世纪以来"利用自己的权杖毁灭国家的国王"，然后敦促国民议会推翻现代的"塔克文"（Tarquins）——最后一位罗马国王——然后建立共和制度。附近尼奥尔镇的俱乐部成员则呼吁遵循契约理论。路易十六"违反了他与国家签订的条约；他背叛了他的誓言，因此协议被打破，由此国家终止其政治生存的权利是无可厚非的"。最后他们总结道："如果我们必须要和'塔克文'斗争，

195

196

---

① Legendre, letter of July 10；Wahl, 397 - 398；Mathiez, 93；Hugueney, 137.

② AN C 126 (1) (Dole).

请不要忘记所有真正的法国人都宣读了布鲁图斯——这位带领他们反抗、推翻帝制的罗马领袖的誓言。"阿拉斯（Arras）的国民自卫队吟诵道："国民们，同胞们，命运之书已经开启！伟大的事件推动伟大的抗争；但是暗中计划的残暴罪行，却可能会引发意想不到的命运。让我们忘了我们拥有国王这件事吧，他将会成为过去时。"①

一小部分外省城镇的爱国主义者是如何达成共识的，这一点我们尚不得而知。例如在克莱蒙费朗（Clermont-Ferrand），与科德利埃俱乐部有联系的巴黎爱国者玛丽-让娜·罗兰定期向当地爱国领导人之一寻求如何支持共和国的建议。②阿拉斯和沙特尔（Chartres）的共和主义党派分子可能受到其各自的激进代表罗伯斯庇尔和佩蒂翁的言辞影响。但其他城镇的人们似乎在信件和请愿书从巴黎抵达之前就已经独立地采取了这些立场。事实上，启发各省采取行动对抗君主制的灵感并不是来自巴黎，而是来自蒙彼利埃（Montpellier）。

这个位于地中海附近的小省会城市兼大学城，其共和主义起源仍然相当神秘。在他们1789年发表的不满声明中——几个将会成为激进分子的人签署了这份声明——市民在支持国王这件事上表现出了异乎寻常的热情。③ 第一个取消君主制的行动发生在6月27日，仅在小镇获悉路易在瓦伦被捕之后一天，已经几乎可以肯定是在巴黎共和派请愿书到来之前。该行动是由二十四岁的内科医生，刚刚才从蒙彼利埃医学院

① AN C 129（2）（Saint-Claud）；C 128（2）（Niort）；Lecesne，1：158.
② Roland，2：305，319.
③ AP 4：44-58.

毕业的雅克·古戈(Jacques Goguet)向当地爱国社团提议的。大多数的当地领导人对此提议表示欣然接受。不仅仅是俱乐部,镇、区和行政管理人员也通过了这个提案。① 在 6 月 29 日批准的最终版本中,向国民议会提交的请愿书是严肃而且简洁的。该俱乐部成员认为,当前的君主"已经堕落了,我们十分鄙视他,以至于不再恨他或畏惧他了。我们向法庭留下了复仇之剑。我们只要求今后,法国人不应再拥有国王,只有国民自己"。再一次,这个提议也引用了罗马典故:"为了让我们成为真正的罗马人,能做的就只是仇恨以及驱逐国王。其中第一项已经成为事实。我们等待你们的行动达成第二项。"最后他们总结道:"今天,所有的偏见已经被摧毁,人民已经觉悟。大众的意见允许你们,恳求你们,把我们从邪恶的国王手中解救出来。"②

　　这份请愿书不仅被送到了巴黎,于 7 月 6 日在雅各宾派面前宣读,而且有数十份副本直接在全国的爱国主义俱乐部之间流传。无论哪里收到此请愿书,它似乎都会成为严肃而激情的讨论的话题。波尔多地区早在 7 月 2 日就拿到了这份请愿书;图卢兹和普罗旺斯地区的艾克斯在 7 月 4 日和 5 日阅读了它。到 7 月 10 日它已经到达远在法国东北角的斯特拉斯堡。法国西部的普瓦捷在两天后开始就此进行辩论;而瓦伦附近的巴勒迪克于 7 月 13 日阅读了它,7 月 15 日它又在利摩日被阅读。最终,只有五家俱乐部完全认可了请愿书。③

---

①　Chobaut, 548 – 551；Duval-Jouve, 1：177；Peronnet, 142.

②　AN C 128 (1) (Montpellier).

③　Those of Béziers, Pézenas, Perpignan, Bar-le-Duc, and Strasbourg.

有些人最初坚持请愿书的请求，但后来又重新考虑并决定等待国民议会的决定，或选择废黜现任国王，而不是君主制本身。即使大多数人拒绝了蒙彼利埃请愿书，但还是有一小部分人频频发表支持共和的决定。普瓦捷和波尔多的共和小分队都在大力讨论他们的决策，如果没有国民议会颁布的证明国王无罪的条文打断了这些讨论，这些小分队可能早已占了上风。[①]

## 我们的责任是服从

国民议会决策的消息和发生在"战神广场"的枪击事件突然结束了紧张的政治重估期。面对这场新的危机，地方精英们几乎毫无例外地肯定了他们对七月法令的坚持。在巴黎以外的任何地方，这些法令都成为大规模示威或暴力行为所针对的目标。那些发动了大革命，成功地带领这个国家穿越重重困难，获得胜利的众议员们，依然在各省的爱国人士中拥有极大的尊重和威望——这让巴黎的激进派和科德利埃俱乐部非常失望。

然而，很多公民在这个问题上显然十分苦恼。市民和地方行政官在致国民议会的信中经常提到个别代表的发言，这些发言已被阅读、比较和仔细权衡过了。"罗伯斯庇尔、瓦迪耶、萨乐（Salle）、杜波和巴纳夫"同时出现在一个城镇的清单上——这表明辩论双方的选择都已被充分考虑过了。一些小

---

① Chobaut, 554 - 556; AD Gironde, 12 L 13; AD Meuse, L 2188 *; Roux, 364; Fray-Fournier, 39 - 40; Thibaudeau, 138.

组逐步叙述了他们的整个思考过程，审查了所有可能应对此危机的解决办法，排除了那些似乎行不通的办法，然后对国民议会的最终决定提出自己的看法。"有太多复杂的事情了！"一个小镇的选民在思考这一前所未有的困境时这样写道，"国王似乎有罪，但他有法律豁免权。如何才能指控他呢？如何才能让他接受审判？"①

接受国民议会决策绝不是支持国王的同义词。对路易的支持率继续急剧下降，从危机初期的 31％下降到 17％，7 月下旬下降到了 7％。到最后阶段几乎没有人提起"一位好国王接受了坏建议"的老借口。只有一封来自法国中部小镇的陈情信提到了国王的"神圣"角色。可以肯定的是，7 月中旬之后，五分之一的陈情信明确地谴责路易。但是也有近四分之三的人不再提及他。② 许多外省领导人显然更愿意"用沉默的面纱掩盖他的出逃这一悲惨事件"。绝大多数写信人的主要目标是重申他们对国民议会的忠心，因为国民议会是大众意愿的终极代表。议会代表们再一次被捧上了天，被歌颂为"国家之父"或者是以罗马人为模范的英雄。无论以前当地爱国者的观点如何，现在他们都一再宣称——他们觉得有义务跟随国民议会："服从是任何一位优秀公民的义务。"来自布列塔尼北部一个城镇的雅各宾派写道："而且我们现在都需要做出表率。"几乎各地的爱国者都认同："你曾说过，每一声呼唤都能传遍

① AN C 124 – 130，letters of Belleville and Chateauroux.

② Of 325 letters received during this period，only 22（7 percent）were sympathetic to the king；67（20.5 percent）condemned him，and 236（72.5 percent）made no mention of him. The one town describing the kingship as "sacred" was Bourbon-Lancy：AN C 125（1）.

祖国大地：'这就是法律！'为此，我们已经做好赴死的准备。"即使此前他们曾表示要对国王采取更强硬的措施，如今"大众的意愿"已由国民议会决定，"此前可能仅仅是一个错误的行为，现在就有可能被定为犯罪了"①。

当他们就政治形势和国民议会的决定发表评论时，大多数通信者对君主或君主制的热爱远不及对共和政体的恐惧，也不如他们对巴黎共和派"煽动性"行动的愤怒。他们一再回到对国民议会本身的争论——其中许多人将其归因于孟德斯鸠以及卢梭等各位哲学家——在法国，共和国是不切实际和行不通的。在瑞士或古希腊这样的小城市国家，这样的政府也许是可行的；但若是在一个大国，这就很容易导致混乱。"这个国家太辽阔了，因此无法变成共和国。迟早周边势力会插手进来为我们收拾残局。"那些提议成立共和国的人被认为是"既没有经验教训，没有历史道德感，也没有考虑周全可能出现的各种结果，更没有考虑法国习俗、人口、地理和态度各个方面的事实。""我们认为，一个国家即使人口众多，也必须有一个统一的中心，一个执行最高行政权力的单一场所，从这里出发，王权的杠杆——就像新的阿基米德定律一样——可以撼动国家的所有地区。"②

如果国民议会撼动君主制，似乎会导致整个法国陷入混乱，许多法国公民对这样的前景感到恐惧。大多数情况下，巴黎的抗议运动在各省都引发了强烈的负面反应。巴黎人群的骚乱被反复地提及，这些事件似乎只是为了清楚地证实在

---

① AN C 124 - 130, letters of Etain, Aire, and Alès; Pommeret, 141.

② AN C 124 - 130, letters of Abbeville, Montreuil-sur-Mer, and Fontenay-le-Comte.

没有一个中央集权的情况下把权力交给人民是十分危险的。"巴黎公民的请愿让我们愤慨不已";"我们的心中充满了焦虑。我们担心,在混乱的人群的压力下,将之错误地称为'民族的声音',可能会使你被迫牺牲你的原则"。到处都充斥着人们无尽的谴责:"无政府的深渊","无政府主义的可怕灾难","那些误入歧途的平民的愤怒"。① 许多外省的代表们怀疑首都的抗议活动是受到了反革命分子或外国势力的煽动,密谋要破坏宪法。"隐藏在爱国主义面具背后的是这样的阴谋者,只想传染给我们不和谐的疾病。""无政府主义的许可"是由"怪物"、"叛徒和顽固派神父",国家的敌人所推动的,他们"将自己推翻宪法,把国家推向混乱的祸心隐藏在爱国主义的外衣之下"②。

尽管最终被说服支持这一决定,但少数几个外省团体发出信函——可能只有八分之一——表明他们并不完全满意国民议会的决定。③ 在某些情况下,当地公民最初是反对法令的,他们只是在仔细了解了辩论过程后才扭转了这一立场。"要是我们遵从了自己的内心,"一位坦率的官员写道,"我们应该会明确地决定对国王采取行动。但是立法者不得不对抗这样的情绪,不能像普通人那样屈服。"最后,国民议会让他们相信,君主立宪制是唯一能够"维护大国稳定所需的能量和团结,并提供派系党争的影响不能逾越的壁垒"的体制。另一群公民同意:"当国王用对他最神圣承诺的背叛来回应我们的

*201*

① AN C 124 - 130, letters of Caen, Grenoble, Etampes, and Péronne.

② AN C 124 - 130, letters of Castres, Josselin, Pons, and Bourges.

③ A total of 39 (12 percent) of the 325.

爱和信心后，我们都希望国家的法庭能够对这一罪行进行裁决。"但是国民议会"凌驾于当下的这些考量和激动情绪之上，并通过 7 月 15 日的法令，宣布了一项关于国家基本法的新声明"。波尔多附近一个小村庄的领导人们更加直言不讳："起初我们不赞成你们的法令，认为这与你们的原则不一致。"但经过长时间的反思，他们得出结论："我们宁可背负一个毫无价值、虚伪狡诈的国王，也不愿被迫面对恐怖的国内外战争。"①

其他人则表示，虽然他们会遵守法令，但是仍然对国民议会的决定存有疑虑。布列斯特布雷顿海港的官员认为，国家现在掌握在这样的人手里，"他的出逃和他的宣言表明，他才是我们最大的敌人"。布列塔尼的另一个城镇同意接受路易作为他们的国王，"只因为我们需要遵守法令"。而蒙彼利埃的领导人曾大力推动共和国成立，他们是以一丝讽刺的态度接受这些法令的："在社会中，人只能在不同的枷锁之间选择。"在目前的情况下，他们别无选择，只能将自己置于"法律的光荣和有益的枷锁之下"。有几个团体明确表示，他们遵守国民议会的法令是有条件的，一切都取决于国王的良好行为。他们会接受路易，"只要他继续用他的权力维护宪法"，只要他认识到国王"应该要服务于人民而不是要让人民为其服务。"还有一小部分人大肆批评国民议会。佩里格(Périgueux)的雅各宾派并不确定最近的法令是否"符合良知的呼唤和国家的普遍意愿"。他们警告议员们不要忘记，"你们只是实现人民意

---

① AN C 124 – 130，letters of Besançon，Troyes，Argentan，and La Teste.

愿的机构"。如果未来他们希望得到民众的服从,那么他们不能忽视"维护人民的普遍信任"的重要性。事实上,有差不多十几个被调查者同意接受这些法令,只要国民议会立即留心其替代人。现在正是让代理人回家,找其他人取代他们的时候。否则,就像一个小镇直言不讳所警告的那样,"你们的坚持可能会被误以为是固执"①。

＊　　＊　　＊

　　路易十六出逃瓦伦这一事件已经动摇了法国外省社会的根基。过渡期结束之后,经过激烈的辩论,舆论已果断地转而反对在位的君主。至少从巴黎发出的恶言恶语已经在整个国家蔓延开来。尽管只有一小部分城镇采取集体的立场,赞成废黜国王或建立共和国,但赞成这种立场的个人已经出现,并几乎在王国所有地区都开始推行他们的观点。到处都有人讨论这个想法,并考虑从根本上改变政府的基础的可能性——即使这种变化最终被大多数人拒绝了。所有发表声明表示服从的群体中,有很大一部分暗示或明确地表示他们准备服从国民议会代理人的决定,即使这一决定涉及国民议会本身对权力的永久假定。实际上,没有一封信谴责6月21日国民议会暂停国王的职务。十四个月后,一个新的国民大会将创建一个共和国,在巴黎以及在外省,很多法国人已经开始考虑在没有现任国王的法国生活的可能性——甚至可能是根本没有国王。

---

　　①　For example, Legendre, letter of July 19; AN C 124－130, letters of Lamballe, Montpellier, Quimper, Macon, Périgueux, Charolles, and Saintes.

# 第八章 事件之后

随着外省的男男女女结束了对国王命运的争论，一股镇压浪潮席卷了巴黎市。战神广场发生枪击事件一周多之后，军事管制的红色旗帜依然飘扬在市政厅上空。掌控国民议会的温和派爱国者追击所有被视为"捣乱分子"的共和主义者。代理人们匆忙通过了一项新的反暴乱法令来加强镇压力度。任何想要通过文字或著作来煽动暴乱的人都会遭到严厉的惩罚。这项法律在起草时甚至被赋予了追溯效力，以制裁7月17日示威期间及之前的行动。① 而仅仅三天之前，这些立法者中还有很多人曾表示对国王进行追溯性处罚是非法的。

尽管这些调查是在市法院和巴黎警方的官方指挥下展开的，但依然受国民议会研究和报告委员会的监督。战神广场事件后的几天内，超过两百人因向国民自卫队投掷石块或恶语相加以及其他各种"罪行"而锒铛入狱。甚至连政府也在追逐共和派领导层、博爱社团的主要发言人以及一些激进报纸的编辑——如马拉、丹东、德穆兰、卡利奥（Kéralio）和罗伯

---

① *AP* 28：402 - 405；Lacroix，441 - 443；Mathiez，193 - 194；Gower，110.

等人。① 正如许多外省官员在应对国王出逃危机时所表现的那样，国民议会和巴黎领导人对最近颁布的严酷法令毫无疑惧。他们下令警卫和警察关闭出版社及政治俱乐部，这是自君主专制废除以来首次实行严格的新闻审查制度。一个早在旧制度时期就基本被废弃的秘密警察线人系统又被重新启动了，他们分派线人们在酒馆或街角窃听私人谈话，获取可能袭击政府的信息。他们以全市人口普查为伪装，派市政特工到巴黎各地的公寓搜寻可疑的人或文件。类似的监禁和起诉一直持续到 8 月。许多人在没有见到法官的情况下被单独拘禁数周，有些人甚至没有被告知被捕的理由，以至于人们怨声载道。调查委员会的负责人之一科琼·德·拉帕朗（Cochon de l'Apparent）则坦然接受了这些行为背后的逻辑。"在危机的非常时刻，"他辩解道——与夏尔·拉梅特相呼应——"当国家的生存受到威胁时，非法逮捕是合理的。"②

现在，广泛进行的密谋行动被认为是出于反对大革命的而组织的，所以似乎更有必要被镇压。这完全不可能，或者只是温和派试图自我说服，战神广场的请愿者们一定不是自愿反对国民议会的法令，他们一定是被外部势力腐化或误导了。尽管自革命开始以来代理人们一直在提出类似的指控，但大多数人长期以来都拒绝以阴谋论解释这次事件。1790 年年底，国民议会代表高提耶对近期可能会发生暴动的预测做出回应，这些预测事实上并未成真："我从来没有真正相信过他们。"他写道："你已经看到，这些怀疑完全没有根据。没有

---

①　Gower, 108; Andress, 207 – 208.

②　AN D XXIX bis 31 B, dos. 321; D XXIX bis 33, dos. 348; D XXIX bis 34, dos. 349 – 350; AP 28：543; Mathiez, 201 – 205; Reinhard, 153.

什么能比（关于密谋行动的）虚假公告更容易引起普通民众的恐慌了。"但现在，似乎每个人都陷入了一种偏执的状态。不仅在他们的言谈中，还在他们寄给朋友和选民的信件中，他们反复谈及潜在的反革命阴谋和由外国势力提供的资金："巴黎受到一大批获得资助的外国特工的影响"；"普鲁士和英国的黄金已经遍布首都，以腐蚀普通民众中不那么开明的一部分"。一些温和派甚至相信，他们在国民议会上的激进对手们——罗伯斯庇尔、佩蒂翁和其他人，都收受了这些间谍组织的钱财。①

虽然毫无疑问在巴黎存在着间谍，但是在 1791 年的夏天，人们并没有找到可靠的证据，将外国特使与共和主义煽动者联系起来。不可避免的是，整个巴黎民众都强烈反对国民议会的行动和解释。玛丽-让娜·罗兰和她的丈夫，曾秘密庇护了克利奥和罗伯免受警方的追捕，他们对事态的转变感到愤怒和沮丧。罗兰夫人写道，所有可用的手段都被用在一个普遍的"针对优秀爱国者的迫害体系"中，以此来玷污他们的声誉，这些手段包括"充斥着谣言的册子、密探、偏颇和伪造的证词"。美国人威廉·肖特也深感震惊，他在给杰斐逊的信中写道："每天，打着众所周知的为了公共利益的幌子，公然违反自由真正的原则。""根本没有真正的人身保护令存在……很难从监狱中释放无辜的人。"②与此相对应，许多共

---

① Gaultier de Biauzat, letter of December 23；Basquiat de Mugriet, letter of July 19；also *AP* 28：365；Bouchette, 614；Durand, letter of July 24；Maupetit, 22（1906）：480；Thibaudeau, 166 - 167；Lepoutre, 494；Faulcon, 445；Legendre, 73 - 76；Dubois, 373.

② Roland, 2：335；Short, 20：654 - 655, 674.

和派人士确信，他们的国民议会对手们现在已被贵族或外国政府操控。

现在巴黎人按照不同的街区，对这一事件产生了两极分化的态度，要么同情那些战神广场的示威者，要么支持镇压。例如，在圣马塞尔，在此居住的、曾在 7 月 17 日向请愿者开火的国民自卫队队员遭到了唾弃或攻击，并有人威胁要毁掉他们的房屋。巴黎的两位主要领导人，巴伊市长和拉法耶特将军，受到了大部分市民的赞扬和拥护。但对于另外一些人来说，"他们已经成为极端暴力的象征和人们的仇恨对象"①。巴黎雅各宾俱乐部的可怕分裂，戏剧性地说明了这种分化的程度。在危机当中，几乎所有坐在俱乐部中的国民议会代理 206
人都在会议中途退场，声称这个社团现在掌握在想废黜国王的不守规矩的外人手中。只有少数代理人，包括佩蒂翁和罗伯斯庇尔，仍然忠心耿耿。到了夏天，大约六十名属于国民议会的激进分子渐渐地回归俱乐部。但是，由巴纳夫和拉梅特兄弟领导的一大批持不同政见者，在雅各宾派俱乐部正对面的废弃斐扬(Feuillant)女修道院创建了一个敌对的俱乐部。他们拒绝一切促成和解的努力。在接下来的几个月里，雅各宾派和斐扬派两个俱乐部展开了激烈的竞争，争夺在巴黎，甚至在全国各地的权力和影响力。这个夏天，在各个城镇展开的许多选举新立法机关的集会，成为雅各宾派或斐扬派地方支持者之间竞争的标志。②

---

① Burstin, "Une Révolution à l'oeuvre," 262; Ruault, 254.

② Burstin, "Une Révolution à l'oeuvre," 258 - 262; Aulard, *Jacobins*, 3：25 and following; Reinhard, 283, 301; Tackett, "Les députés de l'Assemblée législative," 142.

　　在大革命初期的光辉岁月里，爱国者自信地认为自己已经把握住了一个人民幸福且民族团结的新时代，但现在看来这只是一个遥远的回忆。在国王出逃以及随后的共和运动中，巴黎被怀疑和仇恨的氛围所笼罩。曾经被认为拥有共同目标的人们，现在却彼此指责对方与反革命分子或外国势力勾结。两家敌对俱乐部的成员，甚至不敢在公开场合被人看到互相之间有接触，哪怕对方是曾经最亲密的朋友。拉博·圣埃蒂安(Rabaut Saint-Etienne)是法国南部的一位新教牧师，也是宪法委员会的重要成员，因被指控与国王——或英国人或奥地利人同谋而饱受折磨。和他的许多同伴一样，他受到了左右两派的夹击和围攻，按照高提耶的说法：一方是"派系"激进主义者，另一方是"路易十六伪善的朋友以及虚伪的宗教狂热者"。西奥多·韦尔涅(Theodore Vernier)觉得"一把剑正悬在我们头上"。如此情形下，代表们感到比以往任何时候都精疲力竭。布歇特(Bouchette)向佛兰德斯的一位朋友哀叹道："甚至没有人能描述我们的耐心是怎样消磨殆尽的。绝大多数国民议会的代理人们，都盼着能赶紧离开。我们这里的生活糟透了。如果这样的情况再不快点结束，我们可能都坚持不下去了。"①

## 复立为王

　　代理人们意识到随着他们在起草宪法上花了太长时

---

　　① Rabaut Saint-Etienne, "Correspondance," 269 - 270; Gaultier de Biauzat, 2: 389; Vernier, letters of August 6 and 23; Bouchette, 623.

间——已经过了两年多——公众变得越来越不耐烦了。他们
被迫要尽快完成这项任务。强有力的宪法委员会和相关的修
正委员会已经开展了数月的工作，试图将自大革命开始以来
草率通过的大量法令分类，确定哪些措施确实是"合乎宪法
的"，哪些措施只是"立法"。然而，整个过程由于国民议会内
部可怕的派系斗争而拖延了几个星期。掌控着这两个委员会
的斐扬派相信，共和派的危险远远大于君主制的潜在威胁。
自6月下旬以来，巴纳夫、杜波和拉梅特兄弟重新启动了与
国王的秘密谈判。在陪同王室从瓦伦返回时，巴纳夫对王后
提出了一项协议。他和他的朋友们承诺竭尽全力保护君主制
并巩固国王的权威，作为回报，他们只要求路易接受宪法，
并取得奥地利帝国对法国新政府的认可。①

　　但是，当斐扬派试图推动宪法的变革，巩固国王的权力
并且限制民主时，他们的每一步行动都遭到佩蒂翁、罗伯
斯庇尔以及雅各宾派的强烈反对。雅各宾派现在找到了意
想不到的盟友。国民议会中不结盟的一派开始怀疑巴纳夫
和他的朋友的动机。普瓦图的温和派法官蒂博多认为，斐 <sup>208</sup>
扬派领导人一心只想使自己成为新政府的部长大臣："我们
对这些曾经自称是坚定的爱国者，而现在却变得野心勃勃
的阴谋家表示怀疑。"其他人也十分惊讶，以前看起来如此
强硬的民主党人竟突然扭转了他们的立场。② 最后，这两派

---

　　① Sagnac，"Marie-Antoinette et Barnave，" 209 – 213.

　　② Thibaudeau, 183 – 184；Maupetit, 23 (1907)：92. See also Lindet,
310 – 311；Vernier, letters of August 3 and 15；Legendre, letter of Septem-
ber 3. By September only sixty to seventy people were said to be attending
the Feuillant Club；Périsse Du Luc, letter of September 2.

（连同他们的盟友）打了个平手，只对之前通过的宪法做了少量修改。

最后，9月3日，双方斗争得精疲力尽之后，代理们达成了最后协议，宣布立宪结束，宪法完成。当天晚上九点左右，一个由二百多名代理人组成的代表团，举着火把，在国民自卫队步兵和骑兵的护送下，将文件呈交给了杜伊勒里宫的国王。路易在他的大会议厅与部长们见面，并宣布他准备审查宪法。每个人都意识到，如果路易否决了新宪法，国民议会将不得不废黜他的王位，并辅佐王位继承人——年幼的王太子处理一切问题。"现在一切将要明朗，"布歇特写道，"究竟国王会是国家的朋友还是敌人，一切都取决于他的决定。"①

代表们在焦急地等候，紧张的局势还在持续发酵，迫于此情形，路易仔细阅读了宪法草案并认真考虑他应该做出什么选择。他清楚地知道，自6月底以来，已有二百多名贵族、神父代表、议会代表拒绝参加国民议会的所有辩论，拒绝承认该草案。但最终，9月13日，路易宣布他将确实接受新宪法。第二天，他出现在国民议会面前，签字并宣读誓言。他还发表了一份声明来解释他的立场，尽管这份声明出自他的一位部长之手，但经过路易的签字，就如同他亲口所言一般。声明中，他试图再次解释出逃瓦伦事件。他完全无视了自己在6月21日亲手写下的声明，声称他只是想摆脱巴黎的派系和暴力："我希望把自己从所有冲突的政党中分离出来，并确定哪个立场才能真正代表国家的意志。"他承认，他仍

*209*

---

① Bouchette，632；Thibaudeau，200.

然不确信新政府拥有"一切控制和统一如此庞大的法国的方方面面所必须的力量"。然而，他表示愿意试一试："我认为只有经验才能判断它是否可行。"并且他宣誓要尽全力执行宪法："我会接受的，"他承诺道，"我会确保它的执行。"①

与此同时，不管是出于他自己的意愿，还是部长们的建议，国王提议大赦因大革命而被定罪或起诉的人。"为了消除仇恨，缓解革命所带来的种种麻烦，让我们忘记过去。"国民议会立即批准了国王的提议。因此，在全国范围内，无论是等候审判还是已经定罪的在押政治犯都被释放了。共和派激进分子、反革命贵族、顽固的神父，以及那些被国王出逃牵连的人——都立即获得了自由。在"崇高的阴谋"中拯救国王的三个关键人物——舒瓦瑟尔公爵、戈格拉和达马，近三个月来第一次离开牢狱。② 此后不久，这三人都加入了横跨莱茵河的移民大军。

路易也获得了行动自由，重新成为君主立宪制的"首席执行官"。过去的几个星期里，国王夫妇一直被禁足在王宫之中。他们被日夜看守，严格限制与他人会面，甚至被禁止关闭房门，除非更换衣服时。外国大使不允许与国王接触，只能与外交部长联系。然而，现在国王被允许恢复"正常"生活，并可以在首都内自由行动。甚至在为期一周的庆祝宪法完成的庆典中，他还出席了多场诸如音乐会、舞会、焰火晚会和 *210*

---

① *AP* 30：620 - 621，635；Sagnac，"Marie-Antoinette et Barnave，" 223.

② *AP* 30：621，632 - 633，646.

| 249

灯光秀之类的活动。据报道，当他穿行在城市中，依然能够得到人们的欢呼，甚至听到他最爱的"国王万岁"的呼声。同时，国民议会投票决定将"国王"这个词重新列入正式宣誓中，所有官员和军官都必须遵此宣读。① 9 月底，随着"行政"权力开始生效，国民制宪议会正式解散。存在了两年零三个月后，国民制宪议会将其权力移交给了一个全新选举而出的团体——立法议会（Legislative Assembly）的代理人手中。至少在理论上，大革命已经结束了。至少在理论上，国王的出逃也已经被原谅和遗忘了。

但它能真的被遗忘吗？虽然路易现在郑重宣誓保护宪法，但不要忘了，仅在几周前，他曾单方面废除了对同一宪法的宣誓。有什么理由认为他不会重蹈覆辙呢？就像全国各地的男男女女们一样，代表们也就这个问题进行了讨论。现在许多人相信，或者说愿意相信，国王已经改变了他的处事之道，并真诚地愿意遵守游戏规则。根据来自布列塔尼的代理人勒让德（Legendre）的说法，国民议会"现在被说服了，相信国王经过痛苦经历的启发，将无条件地接受和拥护宪法"。他的同伴韦尔涅对此表示赞同："经过深思熟虑，我们仍然认为国王是真诚的。"但并不是所有的代理人都同意这种乐观的看法。蒂博多十分担心那些再次环伺君主身边的贵族，会对其产生邪恶的影响："'先接受宪法，'他们会这样告诉国王，'然后等到时代变了，你可以再说你是被迫这样做的，别无选择。'"福

① Campan, 291 - 292；Lafayette, 3：94；Gaultier de Biauzat, 2：399 - 400；Roger, 79；Maupetit, 23（1907）：114 - 115；Lévis, 5：284；Colson, 203；Faulcon, 261 - 263；Short, 21：106.

《雅努斯国王》　国王一面承诺维护宪法——同时在他的王冠滑落之时——
又一面破坏宪法。

尔孔也在沉思，国王"可能又发了另一个虚假的誓言，一个他可能根本没有打算效忠的誓言"。一位名叫兰代（Lindet）的神父冷笑着得出了相同的结论："国王已经发誓要维护宪法。但他只会在时机适宜之时坚持他的誓言。"①随后的几周里，代表们很容易看到一幅广泛流传的关于国王的讽刺漫画。在漫画里，路易被描绘成拥有两个头颅的古罗马两面神"雅努斯"（Janus）。一张脸赞许地看向一位议员，宣称："我会维护宪法。"另一张脸则注视着着一位流亡神父，宣称："我会破坏宪法。"

这种怀疑还是有充分依据的。尽管国王和王后保证事实并非如此，但是他们出逃之后仍然和以前一样狡猾。他们迅速恢复了与欧洲其他国家首脑的秘密通信，私下否认了他们公开支持宪法的声明。王后玛丽-安托瓦内特在这方面的行为尤为值得注意。很难说王后在从瓦伦归来途中与巴纳夫的对话是否是严肃认真的。在接下来的几周里，她继续与格勒诺布尔的年轻代理人举行秘密会议。她使出一个老练的谄媚者所能使用的所有诡计，诱使这个年轻人高度肯定她的坦诚，以及她对他同情自己的深深的感激之情。但是，她一次又一次地用密语偷偷给冯·费森或奥地利的大使，或者她的哥哥——奥地利的皇帝写信，信中她否认了自己对巴纳夫承诺的一切。她对出逃后公众对王室的"不敬"表示愤怒，谴责代理人是"畜生"、"流氓"和"疯子"。她还谴责整个宪法是"完全

---

① Legendre, letter of August 31; Vernier, letter of September 19; Thibaudeau, 182－183; Faulcon, 455, 461－463; Lindet, 318; also Gaultier de Biauzat, letter of September 27.

不切实际和荒谬的"。①

　　不仅仅是王后，国王也在继续着双面表演。在他出逃失败后仅几周的时间，路易设法递给奥地利皇帝一封亲笔函。他写到，很遗憾，他没能在 6 月 21 日"恢复自由"，"和那些真正为国家命运考量的法国人并肩作战"。他依然觉得自己是一个不能掌握自己命运的囚犯，他希望他的内兄了解到这个实情。在信中，他第一次敦促奥地利皇帝来"援助法国国王和国家"。② 其中隐含着的强烈暗示是他希望奥地利对法国进行军事干预。到 9 月，或许在决策摇摆不定的情况下，他可能稍微改变了自己的立场。在给他的两个流亡兄弟的秘密信件中，他认为最好的策略是等待，让革命政府在自己的荒谬中走向崩溃。他叮嘱两位王子不要挑起战争，担心这样的行为可能给国家带来不良后果。但他也宣称，坚信"人权"的概念是"完全疯狂的"。尽管现在有些平民"妄想提升自然赋予他们的地位"，但是他仍然坚信他与贵族之间的联系是"他王冠上最古老且最美丽的珠宝"③。

　　到 1791 年 12 月，国王似乎再次转变了态度。在给流亡的"外交部长"布雷特伊（Breteuil）男爵的信中，他建议设立"由军事武装力量支持的欧洲主要政权议会"。他认为这是"重建一个更理想的局面，确保困扰我们的邪恶势力不会蔓延到欧洲其他国家"的最佳手段。现在，显然，他已经放下了对战

*213*

---

　　①　Sagnac, "Marie-Antoinette et Barnave," 212 – 241.

　　②　Arneth, 185.

　　③　Girault de Coursac and Girault de Coursac, 263 – 270. Note, however, that Louis was suspicious of his brothers, and it is uncertain to what extent he would have divulged his full sentiments to them.

争的道德疑虑。他似乎在推动大国直接干预，推翻他发誓要捍卫的宪法。①

这就是 1792 年初的情况。换另一个时间和另一个地点，路易十六或许可能已经完成了他的和平统治。他甚至可能被后人评价成一位比一般君主更优秀的君主。他无疑希望为他的人民提供最好的服务。受到空前规模的财政危机的影响，他以自己不确定和不一致的方式，试图对其政府进行全面改革。"从未有一个国王能为国家做这么多事情。"他在 1789 年 6 月 23 日对国民议会以最大的诚意这样宣称。但是当他发表这个演讲时，他的改革愿景和正在听他演讲的这些爱国者们的改革愿景已经大相径庭。事实上，一部分出于爱国者的一厢情愿，一部分是王室的欺骗，"公民国王"的神话才存活了这么久。现在，在事件的压力下，在他的王后的影响下，路易重拾他从小接受的价值观，包括君权神授、社会的等级性以及人生而不平等的理念。这是他与参与大革命的男男女女们相背离的地方。

## 恐怖危机

214　　法国大革命后的几个月甚至几年的时间，对那些参与了此事件的人们以及整个法国来说都甚是严酷。挣扎了两年多才完善的 1789 年宪法，原本人们希望它可以成为"世界各国的模范"，却只持续了 11 个月。② 根据宪法组建的新的立法

---

① Sagnac, *La Révolution*, 337; also Price, 445–447.
② Legendre, letter of September 5, 1791; Lepoutre, 501.

议会，却在一开始就深陷雅各宾派和斐扬派之间的激烈斗争中，无力挣脱。甚至比第一批的代理人数量还多，"立法议员们"困扰于国王的背叛，特别是路易用他的否决权阻止了针对流亡贵族和顽固神职人员的条例。不断有传言称，王后秘密组织了一个"奥地利委员会"，暗中破坏新政权。事实上，这些传言并非子虚乌有。① 1791 年 8 月在德国皮尔尼兹夏宫（Pillnitz）签署的联合协议强化了这种担忧。在这里，王后的哥哥利奥波德——也许是由于路易的紧急请求——敦促所有欧洲国家使用武力来"恢复"法国的君主制。立法议会十分害怕外国势力和法国朝廷暗中勾结密谋造反，同时在雅克·布里索（Jacques Brissot）等人的煽动下——掀起一场伟大的运动，在整个欧洲传播大革命理想—— 1792 年 4 月代理人们公然向奥地利宣战。不久，他们发现自己同样陷入了与普鲁士之间的冲突。就这样，立法议会将国家推向了全面的对外战争中，而这正是他们的前任极力希望避免的。

　　起初，法国在战争中节节溃败。到 1792 年夏季，大家在瓦伦事件发生时所担心的外敌入侵已经成为现实。普鲁士和奥地利军队突破了法国的边境堡垒，占领了凡尔登和瓦伦，并缓慢而有条不紊地向巴黎进军。面对德国军队的攻击，人们比以往任何时候都确信国王已经背信弃义，巴黎人在当年 8 月发起了第二次革命。在 1791 年 7 月共和派首次提出，并获得了参与运动的群众们的支持后，巴黎人以及外省的国民自卫队也掀起了反对君主制的斗争。8 月 10 日，路易和他的家人被迫撤离杜伊勒里宫，叛乱分子在城市中心卷起腥风血

*215*

---

　　①　Goetz-Bernstein，29 – 30，154 – 158；Kaiser，263 – 270.

雨，造成近千人死亡。第二次革命带来了一股新的民主浪潮，几乎所有的法国人，无论财富地位如何，都获得了选举权和任职权。六个星期后，匆忙组建的国民公会（National Convention）正式宣布废黜国王，并于 1792 年 9 月 21 日创建了法兰西第一共和国。

幸运的是，法国军队表示愿意支持新的共和国。国王的出逃激发了民族主义热情和自信，使得法国军队在距离圣梅内乌尔德几英里的瓦尔密（Valmy）战役中击败了普鲁士军队，之前，正是在圣梅内乌尔德，德鲁埃首次认出了出逃的国王。最终，同样是这支军队越过法国边界，入侵并"解放"了整个西欧地区。但是，在接下来的几年中，法国陷入了彼此猜疑、自相残杀和近乎无政府状态的时期。随着内战和农民起义在全国大片地区爆发，大部分欧洲国家与法国相继开战，激进的"无套裤汉"为改善经济条件而报复政敌，共和派政府发动了比 1791 年更为疯狂的镇压。在这场风暴结束前，有一万八千多名来自各个社会团体的人士遭到司法审判，而在内战和非官方的报复性劫掠中还有数万人死亡。

在所有的处决中，没有比对路易十六本人的处决更具戏剧性、更重要的了。在 1792 年的最后几周，经过数月的监禁，国王在国民公会面前接受了审判。整个诉讼过程中，他和他的律师坚称，依据 1791 年的新宪法，他有权免于被起诉，而在新宪法签署之前，并没有正式的法律条文来限制国王的行为。他仍然狡辩出逃瓦伦只是一次"旅行"。而且他巧舌如簧，拒绝接受任何关于他要为法国流血事件负责的指控。"我已经提供了大量证明，表明我对人民自始至终的热爱，"这一点应该为所有人所了解，"我问心无愧。"但是，在审判开始前不久，革命者们发现了一个秘密保险箱，隐藏在杜伊勒里宫的木建部分后面，里面藏着国王的私人文件。其中许多文件都出自路易本人之手，它们提供了大量国王过去欺骗大家的证据：他反对和阻挠革命的努力，以及他与某些反革命分子的勾结。① 大部分对国王的正式指控都是直接依据这些文件。起诉书中最长的一条指控涉及路易未遂的出逃，他用以执行这个计划所支出的公共资金，以及他遗留在桌子上谴责宪法的声明。② 经过长时间的辩论，国民公会几乎全体一致投票通过国王"阴谋反对自由和国家安全"的罪名成立。其后不久，几乎没有任何翻盘的余地，路易被判处死刑。1793 年 1 月 21 日，面对聚集在革命广场（即后来的协和广场）上成千上万的巴黎人，路易十六毫无畏惧地走上了断头台。直到最后他都坚称自己是无辜的。

到 1795 年，1791 年仲夏夜逃离巴黎的六名王室成员及随从中，仅有两名苟活于世。玛丽·安托瓦内特的叛国行为更为恶名昭彰，远甚于她的丈夫（她甚至将法国的战争计划偷偷传递给了奥地利），同年 10 月，她步路易后尘，也被送上了断头台。国王的妹妹，伊丽莎白，仅因为她的姓氏波旁和对王兄的忠诚而获罪，于 1794 年 5 月被斩首。一年多后，被保王派称为"路易十七"的年幼王太子，在狱中病逝。他的姐姐本来也可能会遭遇同样的命运，然而剧情就是如此讽刺，她于 1796 年因交换战俘让-巴蒂斯特·德鲁埃而被释放了。让-巴蒂斯特·德鲁埃是一位在阻止国王出逃过程中发挥了核

217

---

① See esp. Jordan, 72 – 73, 108 – 114, 126 – 136.

② AP 55：3 – 5. There were thirty-three articles in the indictment.

心作用的人，也是国民公会的成员、投票处死路易的人。他两年前和法国军队执行任务时曾被奥地利抓获，回到巴黎后又经历了一系列令人惊异的险境，他徘徊于法国、牢狱和政治中，结了婚，在另一个外省城市获得了新的身份。最终，于 1824 年在那里安然长逝。①

但总的来说，我们故事中出现的主要爱国者的结局并不理想。陪同王室返回巴黎的两位代表都没有在大革命中幸存。随着斐扬派的失败和自己卸任返回老家，巴纳夫于 1793 年底因"君主主义"而被逮捕并处决。佩蒂翁一度担任过巴黎市长，最终与他的朋友罗伯斯庇尔分道扬镳，逃离了国民公会，在法国南部藏匿时自杀身亡。1791 年年底，哲学家兼院士让·西尔万·巴伊退出了政坛，但他依然因为参与了 7 月 17 日的枪击事件而被捕并被判处死刑，处决地正是当年事件发生的战神广场。拉博圣·艾埃蒂安（Rabaut Saint-Etienne）、孔多塞（Condorcet）、布里索（Brissot）、玛丽-让娜·罗兰、丹东和罗伯斯庇尔以及许多主要革命派系的领导人一起被送上了断头台。拉法耶特将军和他的朋友拉杜尔·莫布尔（Latour-Maubourg）以及昔日的政敌亚历山大·拉梅特曾一同被关在奥地利的监狱，苟延残喘了五年，最终活了下来。曾经逮捕过国王并将其引至阁楼之上的瓦伦杂货店老板骚塞先生也在大革命中幸存了下来。但他的生活却并不幸福。他不仅被保王派视为眼中钉，同时还被革命党人怀疑是君主制的同情者。他在普鲁士入侵期间颠沛流离而且失去了第一任妻子，随后

---

① Lenôre, 327 – 349.

背井离乡，于1825年寂寥死去。①

　　1791年，大部分保王党的结局远远好过他们的爱国主义对手。9月大赦获释出狱后，舒瓦瑟尔、戈格拉、达马和三名保镖很快投靠了流亡在外的布耶将军和他的儿子们。除了布耶外，所有人都在革命和拿破仑时期幸存了下来，1814年后重返法国，被保守的复辟政府奉为英雄。阿克塞尔·冯·费森也在大革命中幸存。凭借一身非凡的胆略，他于1792年2月从流亡地布鲁塞尔潜回巴黎，在杜伊勒里宫见了王后最后一面。18个月后，他被玛丽遭到处决的消息压垮，回到了瑞典。"要是我能够和她一起死该多好！"②他在给妹妹的信中绝望地写道。他终生未娶，即使在瑞典拥有显赫地位，也一直对王后怀着深切的情感。1810年6月20日，他在斯德哥尔摩的一次民众起义中遭到屠杀。此时距离他发动那场著名的、几乎改变了法国命运的国王出逃事件，已经过去十九年了。

---

① Lenôre，302 – 307.

② Söerhjelm，*Fersen et Marie-Antoinette*，320 – 322.

# 结语　出逃事件的影响

　　　　所有带着对于更好的未来的期盼，开启了 1789 年的人们，无论男人还是女人，声名远赫还是地位卑微，平民还是国王，是否拥有了他们应得的命运？两个世纪以来，历史学家都在努力探寻法国大革命中的暴力和恐怖行为。法国的社会环境中，甚至法国大革命前夕的政治文化中，是否有一些因素导致了这一历史事件的必然发生？法国大革命的起始与恐怖统治之间，国民议会和公共安全委员会之间，攻占巴士底狱与路易十六被送上断头之间，是否有必然的联系？

　　路易十六出逃事件警示我们，不要对事件仅仅进行简单的线性关联。它使我们意识到法国大革命是顺势发展且不可预测的——也许大多数历史事件都有这一特点。如果事件的走向稍有不同，法国历史和欧洲历史上发生的一切事件又将如何发展？如果路易十六及其家人成功逃到蒙特梅迪，之后在奥地利部队支援下跨越边境避难，那么后续的历史会是怎样的呢？事实上，6 月 20 日、21 日这两天，当所有人认为路易十六再也不会回来了，战争迫在眉睫的时候，无论是巴黎，还是国民议会，甚至整个法国社会，都前所未有地迅速团结起来。如果路易十六没有返回，战争爆发，那么团结是否会持续下去？也许法国会立刻成立共和国——6 月 21 日那天，即使拉法耶特和杜邦·德·内穆尔(Dupont de Nemours)这样的温和派人士也如此建议。如果当时事态如此发展，这一恐怖事件是否会得以避免，或者至少影响大大减弱？或者，在别的平行世界——当然，可能性更小——路易十六拒绝了王后的劝说，根本没有出逃；抑或，路易十六认可了当时法国人民热切期望的君主立宪制，法国会朝着真正的民主和平发展吗？——会更接近美国独立战争的发展路线吗？当然，这一系列"假设"是无法预测或证实的，然而这些反思强调了路易十六出逃对法国大革命和某些重要事件的潜在影响。

法国人于1789年成立的自由主义政权，在很多方面与美国刚刚在大西洋彼岸建造的体系相似，并不是注定会失败的。毫无疑问，在国王出逃前夕，国民议会领导人面临着一系列极其困难的问题和不稳定因素。其中一些问题显然是他们自己造成的。议员们决定改革天主教会，迫使许多神职人员宣誓效忠誓言，这使法国神父和平民十分不满。其他困难似乎是由革命进程本身的性质引起的。1789年以后，对于权威的质疑不断增加，是法国发展进程中最为典型的问题。这个问题迅速渗透到许多社会层面。军队、国民自卫队、行会、税收员，在城市的公民文化中，几乎所有人都开始拒绝遵守旧制度或新政府制定的规则，这种情况带来的结果通常极具破坏性。与此同时，社会转型遭到既得利益者和社会地位遭受攻击的人们的反对。到了1791年春季，自愿流亡在莱茵河对岸的顽固贵族和基督徒们威胁要通过暴力和武力手段来恢复旧制度。

议会的领导人也已认识到这些问题。虽然他们从来没有考虑过重建贵族权利或取消教会改革，但他们努力促进信仰

*221*

自由，向那些不接受宗教改革的人妥协，并试图通过常规法院系统有序地处理与贵族和顽固派的争端。议会还尽可能快地建立了一套全新的行政和司法结构。到1791年6月，大部分组织架构都已经就位并正常运转，可以说它们大大减少了——尽管绝不会消除——各省的政治和社会动荡，并抑制了公民顺从度的下降。此外，议会可以继续在全国范围内，获得平民对新政权的高度支持。瓦伦公民对六月危机的反应就是一个例子。

1791年春，议员们希望随着宪法的完善、一个稳定的新政权的建立，法国大革命可以走向结束。建立君主立宪制，最终恢复一定程度的稳定，这一情况并非不可能；只要新制度下的君主全力支持，法国的暴力和恐怖时期也并非无可避免。6月初，大部分法国人的确认为这是有可能的。大多数人——特别是巴黎之外地区的人们——仍然认为他们的"国民国王"支持革命。他们仍然认为路易十六可能会领导建立一个主权国家。

但是，在宪法接近完成之关键时刻逃出巴黎，并且正式否认他曾做出的支持革命的庄严宣誓，路易十六的行为导致了国家和社会的不稳定。从短期来看，他的行为极大地伤害了法国人民。严重焦虑，担心暴力事件爆发，以及由此引发的对想象中他国入侵的恐慌等情绪席卷了法国各地。爱国者们认为此后必将发生战争，他们迅速采取行动，尽其所能地为战争做准备。但是，国王的出逃也促进了政治国家的全面重构。在收到消息后的几天内，所有人都意识到国王并没有被绑架，他是出于自己的意愿出逃的，这给很多人带来了残酷的冲击。他们曾将路易十六想象成一位好父亲，现在他们

222

感到了一种深刻的遗弃和背叛。有人极度苛刻及愤怒地称路易十六为骗子、懦夫、叛徒、暴君。巴黎人民的反应尤其强烈，科德利埃俱乐部和博爱社团迅速发起了一场废除国王和君主制的民众运动。持续的请愿、游行和街头示威构成了巴黎流行激进主义历史上的一个信号，"无套裤汉"也由此作为政治力量出现。但在法国的许多地区，在国民议会未公开宣判的三周不确定期内，一小部分人——数量远远超过历史学家的估计——认真考虑了驱逐现在的国王，甚至是建立共和国的可能性。

国王出逃大大强化了世界阴谋论者的看法。在国民议会深入研究这件事情时，一个已经持续了好几个月的全面阴谋昭然若揭，这一阴谋涉及巴黎市民、军队以及德国移民等诸多参与者。在这个厚颜无耻的欺骗模式中，路易十六的配合也是必要的一部分。自革命开始以来，从未有大量证据证实在最高层面存在着巨大的阴谋。几乎在法国的所有地方，危机发生之前就已遭到怀疑的贵族和顽固的神父，现在成了极度被质疑的对象。受到国王出逃的启发，大批贵族移民境外，加入反革命军队，这种移民潮进一步加剧了猜疑的流行。

革命领导人比以往任何时候都更加内化了这种"偏执"的观点。斐扬派的巴黎成员不仅怀疑顽固的神父和移民贵族，还怀疑那些推动民主的知识分子和民众团体。利用权宜之计，他们要不惜一切代价从敌人——无论是真实的还是想象的敌人——那里拯救革命。爱国者的领导者们轻而易举地违反了他们刚刚宣布过的正义的法律和"人权"。他们首次突破国家支持的暴力的界限，大力推动武装镇压战神公园的示威活动。从那以后，法国的所有公民都遭到围剿，人们被毫无缘由地

223

定罪。新闻自由、集会自由、人身保护令、司法程序——这些宪法保障的权利都以为革命、为国家服务的大前提之名被割舍了。从这个意义上说，路易十六出逃之后的几周内发生的事情，在心理影响和流程方面都预示着之后的雅各宾专政。

路易十六试图逃离革命这个行为本身并不会"引发"1793—1794年国家暴力事件的大规模扩张。1791年的夏天，还没有公共安全委员会，没有革命法庭，也没有断头台。在整个危机期间，只有少数人丧生。所有人都担心的战争实际上并没有开始。8月底，议会自发试图结束国家紧急状态并恢复法治。然而，这次单独的事件，即路易十六出逃及其产生的后果，深刻地影响了法国的社会和政治气候。不管是好是坏，它都促使法国走向了一个危险的未来轨道。

# 参考书目

## 页下注及参考书目中使用的缩写说明

AC Archives communales of

AD Archives départementales of

*AHRF Annaleshistoriques de la Révolution française*

AM Archives municipalesof

AN Archives Nationales，Paris

*AP Archives parlementaires de* 1787 *à* 1860，*recueilcompletdesdébatslégislatifsetpolitiques des chambres françaises. Première série* (1787 – 1799)，ed. Jérôm Mavidal et al.，82 vols. (Paris，1867 – 1913)

BM Bibliothèquemunicipale of

BN Bibliothèque Nationale de France，Paris

*RF Révolution française*

## 主要资料

### 手稿

国家档案

C 124 – 131：国民议会秘书处收到的信件。

D XXIX bis 31-38：调查委员会收到的信件。

F$^7$ 3688$^1$（Seine）：内政部档案。

F$^7$ 3682$^{18}$（Morbihan）：同上。

省级档案

Series L：archives of the Revolutionary period, in the departments of Aisne, Ardennes, Aube, Gironde, Haute-Marne, Marne, Meurthe, Meuse, Moselle, and Vosges.

其他档案和图书馆

Bailly, Jean-Sylvain. Letters to divers. BN Manuscrits français 11697.

Basquiat de Mugriet, Alexis. Letters to the municipality of Saint-Sever. AC Saint-Sever, II D 31.

Campmas, Jean-François. Letters to his brother. BM Albi, ms. 177.

Durand, Antoine. Letters to the municipality of Cahors. AM Cahors, unclassed box of letters from Revolutionary deputies, held in BM Cahors.

Fricaud, Claude. Letters to Jean-Marie Gelin. Copies in the private archives of Dr. Robert Favre.

Gantheret, Claude. Letters to Pierre Leflaive. Private collection of Françoise Misserey, Dijon.

Gaultier de Biauzat, Jean-François. Letters to the correspondence committee of Clermont-Ferrand. BM Clermont-Ferrand, mss. 788 – 789.

Geoffroy, Claude-Jean-Baptiste. Letters to Jean-Marie

Gelin. Private archives of Dr. Robert Favre.

Irland de Bazôges, Pierre-Marie. Letters to Henri Filleau. AD Deux-Sèvres, Fonds Beauchet-Filleau, unclassed register of "Lettres politiques, 1788 – 1790."

Legendre, Laurent-François. Letters to electors and municipal officials in Brest. AM Brest, Series D, unclassed.

Périsse Du Luc, Jean-André. Letters to J. B. Willermoz. BM Lyon, Ms. F. G. 5430.

Vernier, Théodore. Letters to municipality of Lons-le-Saunier. Copies AC Bletterans, unclassed dossier of "Lettres de Vernier."


报纸

*L'ami du peuple*

*Chronique de Paris*

*Le babillard*

*Le patriote françois*

*Journal de Perlet*

*L'orateur du peuple*

*Les révolutions de France et de Brabant*

*Les révolutions de Paris*


其他印刷物

Alexandre, Charles-Alexis. "Fragments des mémoires de Charles-Alexis Alexandre sur les journées révolutionnaires de 1791 et 1792." Edited by Jacques Godechot. *AHRF* 24 (1952): 113 – 251.

*Almanach de la ville de Lyon*. Lyon，1791.

*Archives parlementaires de 1787 à 1860，recueil complet des débats législatifs et politiques des chambres françoises. Première série* (1787 – 1799). Edited by Jérome Mavidal et al. 82 vols. Paris，1867 – 1913.

Arneth，Alfred von，ed. *Marie-Antoinette，Joseph II und Leopold. Ihr Briefwechsel.* Leipzig，1866.

Aulard，Alphonse，ed. *La société des Jacobins：Recueil de documents pour l'histoire du club des Jacobins de Paris.* 6 vols. Paris，1889-1897.

Bachaumont，Louis Petit de，et al. *Marie-Antoinette，Louis XVI et la famille royale. Journal anecdotique tiré des mémoires secrets pour servir à l'histoire de la république des lettres，* 1763-1782. Edited by Ludovic Lalanne. Paris，1866.

Bimbenet，Eugène. "Pièces justificatives." In *Fuite de Louis XVI à Varennes.* 2d ed. Paris，1868.

Bouchette，François-Joseph. *Lettres de François-Joseph Bouchette* (1735 – 1810). Edited by Camille Looten. Lille，1909.

Bouillé，François-Claude-Amour，marquis de. *Mémoires du marquis de Bouillé.* Edited by François Barrière. Paris，1859.

Bouillé fils，Louis-Joseph-Amour，marquis de. "Le mémoire inédit de M. le marquis de Bouillé (Comte Louis)，lieutenant-général，sur le départ de Louis XVI au mois de juin 1791." In *Mémoires sur l'affaire de Varennes.* Paris，1823，17 – 136.

Campan, Jeanne-Louise-Henriette de. *Mémoires sur la vie de Marie-Antoinette*. Edited by François Barrière. Paris, 1855.

Choiseul-Stainville, Claude-Antoine-Gabriel, duc de. *Relations du départ de Louis XVI, le 20 juin* 1791. Paris, 1822.

Colson, Adrien-Joseph. *Lettres d'un bourgeois de Paris à un ami de province*, 1788 – 1793. Edited by Chantal Plantier-Sanson. Paris, 1993.

Damas, comte Charles de. "Affaire de Varennes: Rapport de M. le comte Charles de Damas." In *Mémoires sur l'affaire de Varennes*. Paris, 1823, 197 – 241.

Dumas, Mathieu. *Souvenirs du lieutenant-général comte Mathieu Dumas*. Edited by Christian-Léon Dumas. 3 vols. Paris, 1839.

Dumont, Etienne. *Souvenirs sur Mirabeau et sur les deux premières assemblées législatives*. Paris, 1832.

Falloux, Albert de, ed. *Réflexions sur mes entretiens [du futur Louis XVI] avec M. le duc de La Vauguyon*. Paris, 1851.

Faulcon, Félix. *Correspondance*. Vol. 2: 1789 – 1791. Edited by G. Debien. Poitiers, 1953.

Ferrières, Charles-Elie, marquis de. *Correspondance inédite*. Edited by Henri Carré. Paris, 1932.

Fersen, Axel von. *Le comte de Fersen et la cour de France. Extraits des papiers*. Vol. 1. Edited by Baron R. M. Klinckowströ. Paris, 1877.

Feuillet de Conches, Félix-Sébastien, ed. *Louis XVI, Marie-Antoinette, et Madame Elisabeth. Lettres et documents* inédits. 6 vols. Paris，1864 - 1873.

Fischbach，Gustave. *La fuite de Louis XVI d'après les ar-chives municipales de Strasbourg.* Strasbourg，1879.

Gaultier de Biauzat，Jean-François. *Gaultier de Biauzat，député du Tiers état aux Etats généraux de* 1789. *Sa vie et sa correspondance.* Edited by Francisque Mège. 2 vols. Clermont-Ferrand，1890.

Gauville，Louis-Henri-Charles，baron de. *Journal du bar-on de Gauville.* Edited by Edouard de Barthélemy. Paris，1864.

Girault de Coursac，Paul，and Pierrette Girault de Coursac，eds. *Louis XVI à la parole.* Paris，1989.

Goguelat，François de. *Mémoire de M. le baron de Gogue-lat，lieutenant-général，sur les événements relatifs au voyage de Louis XVI à Varennes.* Paris，1823.

Gower，Earl George Granville Leveson. *The Despatches of Earl Gower，English Ambassador at Paris，from June* 1790 *to August* 1792. Edited by Oscar Browning. Cambridge，1885.

Guittard de Floriban，Nicolas-Célestin. *Journal de Nico-las-Célestin Guittard de Floriban，bourgeois de Paris sous la Révolution，*1791 - 1796. Edited by Raymond Aubert. Paris，1974.

Heidenstam，O. G.，ed. *Marie-Antoinette，Fersen，et Barnave. Leur correspondance.* Paris，1913.

Lacroix，Sigismond，ed. *Actes de la Commune de Paris pendant la Révolution.* 2e série. Vol. 5：21 *juin*-31 *juillet* 1791. Paris，1907.

Lafayette, Marie-Joseph-Paul-Yvres-Roch-Gilbert du Mo-
tier, marquis de. *Mémoires, correspondance, et manuscrits*. 6
vols. Paris, 1837 – 1838.

Lagache, M. de. "Relations de M. de Lagache, adressées
à Louis XVIII. " In Marc Bouloiseau, "Deux relations de
l'arrestation du roi à Varennes. " *AHRF* 44 (1972): 449 – 455.

Lefebvre, Georges, ed. *Recueil de documents relatifs aux
séances des Etats généraux*. Vol. 1, Part 2: *La séance du 23
juin*. Paris, 1962.

Legendre, Laurent-François. "Correspondance de Legend-
re, député du Tiers de la sénéchaussée de Brest aux Etats
généraux et à l'Assemblée constituante (1789 – 1791). " *RF* 39
(1900): 515 – 558; 40 (1901): 46-78.

Lepoutre, Pierre-François. *Député-paysan et fermière de
Flandre en 1789. La correspondance des Lepoutre*. Edited by
Jean-Pierre Jessenne and Edna Hindie Lemay. Villeneuve
d'Ascq, 1998.

Lescure, Mathurin de. *Correspondance secrète inédite sur
Louis XVI, Marie-Antoinette, la cour et la ville, de 1777 à
1792*. Paris, 1866.

Lévis, Pierre-Marc-Gaston, duc de. "Lettres du duc de
Lévis, 1784-1795. "

Edited by the duc de Lévis-Mirepoix. *La revue de France* 4
(1929): 227 – 274, 425 – 444; 5: 258 – 295, 418 – 442, 614 –
649.

Lindet, Thomas. *Correspondance de Thomas Lindet pend-
ant la Constituante et la Législative (1789 – 1792)*. Edited by

Amand Montier. Paris, 1899.

Lombard-Taradeau, Jacques-Athanase de. "Lettres (1789 – 1791). " Edited by L. Honoré. *Le Var historique et géographique* 2 (1925-1927): 230-248, 255-278, 322-342, 347-367.

Louis XVIII. *Relation d'un voyage à Bruxelles et à Coblentz en* 1791. Paris, 1823.

Louis-Philippe. *Mémorial des pensées et actions du duc de Chartres … écrit par lui-même en* 1790 *et* 1791. Paris, 1830.

Maupetit, Michel René. "Lettres (1789 – 1791). " Edited by Quéruau-Lamérie. *Bulletin de la Commission historique et archéologique de la Mayenne*, 2d ser. , 17 (1901): 302 – 327, 439 – 454; 18 (1902): 133 – 163, 321 – 333, 447 – 475; 19 (1903): 205 – 250, 348 – 378; 20 (1904): 88 – 125, 176 – 203, 358 – 377, 446 – 472; 21 (1905): 93 – 124, 204 – 223, 325 – 363, 365 – 388; 22 (1906): 67 – 95, 213 – 239, 349 – 384, 454 – 493; 23 (1907): 87 – 115.

Ménard de La Groye, François-René-Pierre. *Correspondance* (1789 – 1791). Edited by Florence Mirouse. Le Mans, 1989. Mercier, Louis-Sébastien. *Tableau de Paris* (1781). In *Paris le jour, Paris la nuit*. Edited by Michel Delon. Paris, 1990. Miles, William Augustus. *The Correspondence of William Augustus Miles on the French Revolution*, 1789-1817. Edited by Charles Popham Miles. 2 vols. London, 1890.

Morris, Gouverneur. *A Diary of the French Revolution*. Edited by Beatrix Cary Davenport. 2 vols. Boston, 1939.

Mousset, Albert. *Un témoignage de la Révolution, le*

comte de Fernan Nunez, ambassadeur d'Espagne à Paris, 1787 – 1791. Paris, 1923.

Moustier, François-Melchoir de. *Relation du voyage de S. M. Louis XVI lors de son départ pour Montmédy et son arrestation à Varennes*. Paris, 1815.

Nicolardot, Louis. *Journal de Louis XVI*. Paris, 1873.

Oelsner, Konrad-Engelbert. *Flucht Verhö und Hinrichtung Ludwigs XVI, nach der Schilderung eines deutschen Beobachters*. Edited by A. Cartellieri. Leipzig, 1911.

Panon Desbassayns, Henri-Paulin. *Voyage à Paris pendant la Révolution (1790 – 1792). Journal inédit d'un habitant de l'Ile Bourbon*. Edited by Jean-Claude de Guillermin des Sagettes. Paris, 1985.

Pétion, Jérôme. "Voyage de Pétion au retour de Varennes." In *Mémoires inédits de Pétion et mémoires de Buzot et de Barbaroux*. Edited by C. A. Dauban. Paris, 1866, 189 – 204.

Planta de Wildenberg, chevalier de. "Arrestation du roi Louis XVI à Varennes." In Marc Bouloiseau, "Deux relations de l'arrestation du roi à Varennes." *AHRF* 44 (1972): 440 – 448.

Rabaut Saint-Etienne, Jean-Paul. "Correspondance pendant la Révolution (1789 – 1793)." Edited by Armand Lods. *RF* 35 (1898): 78 – 89, 157 – 177, 259 – 277.

——*Précis historique de la Révolution françoise*. Paris, 1792.

Raigecourt, comte Charles de. "Exposé de la conduite de M. le comte Charles de Ragecourt à l'affaire de Varennes." In *Mémoires sur l'affaire de Varennes*. Paris, 1823, 187-195.

Rochambeau, Jean-Baptiste Donatien de Vimeur, comte de. *Mémoires militaires, historiques, et politiques.* 2 vols. Paris, 1824.

Roger, Jean-Pierre. "Lettres du constituant Roger." Edited by R. Rumeau. *RF* 43 (1902): 68 – 82.

Roland, Marie-Jeanne. *Les lettres de Madame Roland.* Edited by Claude Perroud. 2 vols. Paris, 1901 – 1902.

Ruault, Nicolas. *Gazette d'un Parisien sous la Révolution. Lettres à son frère*, 1783 – 1796. Edited by Christiane Rimbaud and Anne Vassal. Paris, 1976.

Saint-Priest, François-Emmanuel Guignard, comte de. *Mémoires: Règnes de Louis XV et de Louis XVI.* Edited by baron de Barante. 2 vols. Paris, 1929.

Short, William. "Letters." In *The Papers of Thomas Jefferson.* Edited by Julian P. Boyd. Vols. 19 – 22. Princeton, 1974 – 1986.

Thibaudeau, Antoine-René-Hyacinthe. *Correspondance inédite.* Edited by H. Carré and Pierre Boissonnade. Paris, 1898.

Thompson, J. M. *English Witnesses of the French Revolution.* Oxford, 1938.

Toulongeon, François-Emmanuel, vicomte de. *Histoire de la France depuis la Révolution.* 7 vols. Paris, 1801.

Tourzel, Louise-Elisabeth de. *Mémoires de Madame la duchesse de Tourzel.* Edited by Jean Chalon. Paris, 1969.

Valory, François-Florent de. "Précis historique du voyage entrepris par S. M. Louis XVI le 21 juin 1791. De l'arrestation de la famille royale à Varennes, et de son retour. " In *Mémoires sur l'affaire de Varennes*. Paris, 1823, 243 – 324.

*Ville de Rouen*. *Analyses des délibérations*. Rouen, 1905.

Weber, Joseph. *Mémoires de Weber, frère de lait de Marie-Antoinette, reine de France*. Paris, 1847.

次要来源

Aimond, Charles. *L'énigme de Varennes*. Paris, 1936.

——*Histoire de la ville de Varennes-en-Argonne*. Bar-le-Duc, 1928.

——*Histoire religieuse de la Révolution dans le département de la Meuse et le diocèse de Verdun* (1789 – 1802). Paris, 1949.

Andress, David. *Massacre at the Champ de Mars: Popular Dissent and Political Culture in the French Revolution*. Woodbridge, England, 2000.

Arbellot, Guy, and Bernard Lepetit. *Atlas de la Révolution françoise*. Vol. 1: *Routes et communications*. Paris, 1987.

Arnaud, Gaston. *Histoire de la Révolution dans le département de l'Ariège*, 1789 – 1795. Toulouse, 1904.

Aulard, Alphonse. *Histoire politique de la Révolution françoise*. 3d ed. Paris, 1905.

Baker, Keith. *Condorcet: From Natural Philosophy to Social Mathematics*. Chicago, 1975.

Baumont, Henri. *Le département de l'Oise pendant la Révolution* (1790 – 1795). Paris, 1993.

Beauvalet-Boutouyrie, Scarlet. *Dictionnaire démographique des communes de la Meuse*, 1800 – 1982. Bar-le-Duc, n. d. Biernawski, Louis. *Un département sous la Révolution françoise. L'Allier de 1789 à l'an III*. Paris, 1909.

Binet, C. "Les répercussions de la fuite de Louis XVI en Bretagne." *Comité des travaux historiques. Bulletin historique et philologique*, 1911, 93 – 122.

Bloch, Marc. *The Royal Touch*. New York, 1989.

Bourdin, Isabelle. *Les sociétés populaires à Paris pendant la Révolution*. Paris, 1937.

Boutier, Jean, and Philippe Boutry. *Atlas de la Révolution française*. Vol. 6: *Les sociétés politiques*. Paris, 1992.

Bouvier, Félix. *Les Vosges pendant la Révolution*, 1789 – 1800. *Etude historique*. Paris, 1885.

Braesch, Frédéric. "Les pétitions du Champ de Mars." *Revue historique* 142(1923): 192 – 209; 143: 1 – 39, 181 – 197.

Brégail, M. *Le Gers pendant la Révolution*. Auch, 1934.

Bruneau, Marcel. *Les débuts de la Révolution dans les départements du Cher et de l'Indre*. Paris, 1902.

Buirette, Claude. *Histoire de la ville de Sainte-Menehould et de ses environs*. 2d ed. Sainte-Menehould, 1882.

Burstin, Haim. "La loi Le Chapelier et la conjoncture révolutionnaire." In *Naissance des libertés économiques*. Edited by Alain Plessis. Paris, 1993.

——"Problèmes du travail à Paris sous la Révolution." *Revue d'histoire moderne et contemporaine* 44 (1997): 650 – 682.

——"Une Révolution à l'oeuvre. Le faubourg Saint-Marcel (1789 – 1794) . " Doctoral thesis, University of Paris I, 1999.

Carrot, Georges. *Le maintien de l'ordre en France.* 2 vols. Toulouse, 1984.

Censer, Jack Richard. *Prelude to Power: The Parisian Radical Press*, 1789 – 1791.

Baltimore, 1976.

Charavay, Etienne. *Les assemblées électorales de Paris*, 26 *août* 1791-12 *août* 1792. Paris, 1894.

Chobaut, H. "La pétition du club de Montpellier en faveur de la république. " *AHRF* 4 (1927): 547 – 563.

Connac, Emile. *Histoire de la Révolution à Toulouse et dans le département de la Haute-Garonne.* Toulouse, 1901.

David, Philippe. *Un port de l'océan pendant la Révolution. La Rochelle et son district*, 1791 – 1795. La Rochelle, 1938.

Dubois, Eugène. *Histoire de la Révolution dans l'Ain.* Vol. 1: *La Constituante* (1789 – 1791) . Bourg-en-Bresse, 1931.

Duprat, Annie. *Le roi décapité. Essai sur les imaginaires politiques.* Paris, 1992.

Dupuy, Roger. *La garde nationale et les débuts de la Révolution en Ille-et-Vilaine* (1789 – *mars* 1793). Paris, 1972.

Duval-Jouve, Joseph. *Montpellier pendant la Révolution.* 2 vols. Montpellier, 1879 – 1881.

Egret, Jean. *Necker, ministre de Louis XVI.* Paris, 1975.

Farge, Arlette. *Dire et mal dire. L'opinion publique au XVIII siècle.* Paris, 1992.

Fougeray Du Coudrey, R. *Granville et ses environs pendant la Révolution.* Granville, 1920.

Fournel, Victor. *L'événement de Varennes.* Paris, 1890.

Fray-Fournier, A. *Le club des Jacobins de Limoges.* Limoges, 1903.

Gaugain, Ferdinand. *Histoire de la Révolution dans la Mayenne.* 4 vols. Laval, 1919 – 1921.

Genty, Maurice. *Paris, 1789 – 1795. L'apprentissage de la citoyenneté.* Paris, 1987.

Gillet, P. *Louis XVI et sa famille à Epernay aux retour de Varennes.* Epernay, 1968.

Girault de Coursac, Paul. "L'opinion publique après Varennes." *Découverte*, no. 22 (1978): 3 – 28; no. 23: 3 – 26; no. 24: 3 – 28.

Godechot, Jacques. *La prise de la Bastille.* Paris, 1965.

Goetz-Bernstein, H. A. *La diplomatie de la Gironde. Jacques-Pierre Brissot.* Paris, 1912.

Gottschalk, Louis, and Margaret Maddox. *Lafayette in the French Revolution: From the October Days through the Federation.* Chicago, 1973.

Goubert, Pierre. *L'ancien régime.* Vol. 2: *Les pouvoirs.* Paris, 1973.

Hardman, John. *Louis XVI.* New Haven, 1993.

Hardman, John, and Munro Price, eds. *Louis XVI and the Comte de Vergennes: Correspondence, 1774 – 1787.* Oxford,

1998.

Henwood, Philippe, and Edmond Monange. *Brest. Un port en Révolution*, 1789-1799. N. p. , 1989.

Hesse, Carla. *The Other Enlightenment: How French Women Became Modern*. Princeton, 2001.

Hugueney, Louis. *Les clubs dijonnais sous la Révolution*. Dijon, 1905.

Hunt, Lynn. *The Family Romance of the French Revolution*. Berkeley, 1992.

——*Politics, Culture, and Class in the French Revolution*. Berkeley, 1984.

Jordan, David P. *The King's Trial: Louis XVI vs. the French Revolution*. Berkeley, 1979.

Kaiser, Thomas. "Who's Afraid of Marie-Antoinette? Diplomacy, Austrophobia, and the Queen. " *French History* 14 (2000): 241 - 271.

Kaplan, Steven L. *The Famine Plot Persuasion in Eighteenth-Century France*. Philadelphia, 1982.

——*La fin des corporations*. Paris, 2001.

Kates, Gary. *The Cercle Social, the Girondins, and the French Revolution*. Princeton, 1985.

Kennedy, Michael L. *The Jacobin Clubs in the French Revolution: The First Years*. Princeton, 1982.

Klaits, Joseph. *Printed Propaganda under Louis XIV: Absolute Monarchy and Public Opinion*. Princeton, 1976.

Labroue, Henri. *L'esprit public en Dordogne pendant la Révolution*. Paris, 1911.

Langlois, Claude. "Le serment révolutionnaire, 1789 – 1791: Fondation et exclusion." In *Le serment*. Edited by Raymond Verdier. Vol. 2. Paris, 1991, 389-395.

Laurent, Gustave. "A propos de Drouet." *AHRF* 21 (1949): 247 – 251.

Lecesne, Edmond. *Arras sous la Révolution*. 2 vols. Arras, 1882 – 1883.

Leclercq, Henri. *La fuite du roi (avril-juillet 1791)*. Paris, 1936.

Lefebvre, Georges. "Le meurtre du comte de Dampierre (22 juin 1791)." In *Etudes sur la Révolution françoise*. Paris, 1963, 393 – 405.

——*La Révolution française. La fuite du roi*. Paris, 1951.

Lenôre, Georges. *Le drame de Varennes, juin 1791*. Paris, 1905.

Lesort, André. *L'esprit public dans le département de la Meuse au moment de l'arrestation de Louis XVI à Varennes*. Paris, 1908.

Lever, Evelyne. *Louis XVI*. Paris, 1985.

Markoff, John. "Images of the King at the Beginning of the Revolution." In *Revolutionary Demands: A Content Analysis of the Cahiers de Doléances of* 1789. Edited by Gilbert Shapiro and John Markoff. Stanford, 1997, 369 – 376.

Mathiez, Albert. *Le club des Cordeliers pendant la crise de Varennes*. Paris, 1910.

McManners, John. *Church and Society in Eighteenth-Cen-*

*tury France*. 2 vols. Oxford, 1998.

Michon, Georges. *Essai sur l'histoire du parti Feuillant. Adrien Duport*. Paris, 1924.

Millot, Jean. "La fuite à Varennes, conséquences dans l'ordre public et le domaine politique à Besançon." *Académie des sciences, belles-lettres et arts de Besançon. Procès-verbaux et mémoires* 172 (1957): 197 – 214.

Monnier, Raymonde. "Paris au printemps 1791. Les sociétés fraternelles et le problème de la souveraineté." *AHRF* 64 (1992): 1 – 16.

Nicolas, Raymond. *L'esprit public et les élections dans le département de la Marne de 1790 à l'an VIII. Essai sur la Révolution française en province*. Chalonssur-Marne, 1909.

Padover, Saul K. *The Life and Death of Louis XVI*. New York, 1939.

Pastoors, A. *Histoire de la ville de Cambrai pendant la Révolution*, 1789-1802. 2 vols. Cambrai, 1908.

Pegg, Carl Hamilton. "Sentiments républicains dans la presse parisienne lors de la fuite du roi." *AHRF* 11 (1934): 435 – 445.

Péronnet, Michel. "Le club de Montpellier appelle la république." In *La république en Languedoc et Roussillon, 1792 – 1958. Colloque de Nîes*, 4 *et* 5 *septembre* 1991. Nîes, 1993, 139 – 165.

Pionnier, Edmond. *Essai sur l'histoire de la Révolution à Verdun* (1789 – 1795). Nancy, 1905.

Pisani, Paul. *L'église de Paris et la Révolution*. 4 vols. Paris, 1908 – 1911.

Pommeret, Hervé. *L'esprit politique dans le département des Côes-du-Nord pendant la Révolution*: 1789-99. Saint-Brieuc, 1921.

Price, Munro. "Louis XVI and Gustavus III: Secret Diplomacy and Counterrevolution, 1791 – 1792. " *Historical Journal* 42 (1999): 435 – 466.

Reinhard, Marcel. *La chute de la royauté*. Paris, 1969.

Roche, Daniel. *The People of Paris: An Essay in Popular Culture in the Eighteenth Century*. Berkeley, 1987.

Rouvière, François. *Histoire de la Révolution française dans le département du Gard*. Vol. 1. Nîes, 1887.

Roux, marquis Marie de. *La Révolution à Poitiers et dans la Vienne*. Paris, 1910.

Rudé, George. *The Crowd in the French Revolution*. New York, 1959.

Sagnac, Philippe. "L'état des esprits en France à l'époque de Varennes (juin-juillet 1791). " *Revue de l'histoire moderne* 12 (1909): 149-175.

——"Marie-Antoinette et Barnave d'après leur correspondance secrète. " *RF*, n. s. , 3 (1935): 207 – 241.

——*La Révolution* (1789 – 1792). Paris, 1920.

Schneider, René. *Au lendemain de Varennes. Un épisode de la Révolution en Moselle*. Metz, 1989.

Shapiro, Barry M. *Revolutionary Justice in Paris*, 1789-1890. Cambridge, 1993.

Söerhjelm, Alma. *Correspondance secrète. Marie-Antoinette et Barnave*. Paris, 1934.

——*Fersen et Marie-Antoinette*. Paris, 1930.

Sol, Eugéne. *La Révolution en Quercy*. 4 vols. Paris, 1926.

Tackett, Timothy. *Becoming a Revolutionary: The Deputies of the French National Assembly and the Emergence of a Revolutionary Culture*. Princeton, 1996.

——"Conspiracy Obsession in a Time of Revolution: French Elites and the Origins of the Terror: 1789 - 1792. " *American Historical Review* 105(2000): 691 - 713.

——"The Constituent Assembly in the Second Year of the French Revolution. " In *Revolution, Society, and the Politics of Memory*. Edited by Michael Adcock et al. Melbourne, 1996, 162 - 169.

——"Les députés de l'Assemblée législative, 1791-1792. " In *Pour la Révolu- tion françoise. En hommage à Claude Mazauric*. Edited by Christine Le Bozec and Eric Wauters. Rouen, 1998, 139 - 144.

——*Religion, Revolution, and Regional Culture*. Princeton, 1987.

Thelander, Dorothy R. "Mother Goose and Her Goslings: The France of Louis XIV as Seen through the Fairy Tale. " *Journal of Modern History* 54(1982): 467 - 496.

Tulard, Jean. *Nouvelle histoire de Paris. La Révolution*. Paris, 1789.

Van Kley, Dale K. *The Religious Origins of the French Revolution: From Calvin to the Civil Constitution*, 1560 - 1791. New Haven, 1996.

Vast, Albert. *Sur le chemin de Varennes. Vieux souvenirs du 21 juin 1791 d'après de nouveaux documents et les relations de témoins oculaires.* Paris, 1907.

Vidal, Pierre. *Histoire de la Révolution française dans le département des Pyrénées-Orientales.* 3 vols. Perpignan, 1885 – 1888.

Viola, Paolo. *Il trono vuoto. La transizione della sovranità nella rivoluzione francese.* Turin, 1989.

Wahl, Maurice. *Les premières années de la Révolution à Lyon*, 1788 – 1792. Paris, 1894.

Walter, Gérard. *Histoire des Jacobins.* Paris, 1946.

Whaley, Leigh. "The Varennes Crisis and the Division amongst the Radicals in the French Revolution." *Modern and Contemporary France* 38 (1989): 34 – 44.

Wick, Daniel L. *A Conspiracy of Well-Intentioned Men: The Society of Thirty and the French Revolution.* New York, 1987.

Zweig, Stefan. *Marie-Antoinette: The Portrait of an Average Woman.* New York, 1933.

# 索　引

## A

active citizens, 94

administration, local: involvement in arrest of king, 4 – 9, 16, 19, 20 – 24, 67, 74, 76, 87; revolutionary reorganization of, 9, 10, 115, 120, 155; and repression of counterrevolutionaries, 13, 167 – 177; and defense of local interests, 14 – 15; speeches by, 79, 80; support for king, 81, 183, 188, 198; reaction to king's flight, 155 – 156, 158 – 161, 185, 187, 188, 197, 198, 201; and fears of invasion, 159 – 161, 162, 164

Agoult, Jean-Antoine, comte d', 58

Agoult, François-Edouard-Auguste, marquis d', 47, 53

Agoult de Bonneval, Charles-Constance-César, bishop ofPamiers, 45, 50

Aire, 3, 75, 78

Aix-en-Provence, 197

Alès, 191

Alps, 153

Ambly, Claude-Jean-Antoine, marquisd', 173 – 174

American Revolution, 33, 35, 39, 50, 82, 95, 122

anarchy, 8, 11, 122, 131, 138, 139, 164, 167, 168, 200, 215

Andoins, captain, 68, 69, 71, 72, 74

April 18 (1791), event of, 44, 96, 101, 134

Argonne, battle of the, 25

Argonne Forest, 3, 19, 68, 71, 74, 75, 162

aristocracy. *See* nobility

attitudes towards Paris crowds, 93, 122, 124, 128, 144 – 145, 147; hall, 106, 113, 120, 140; petitions presented to, 111 – 112, 113, 114, 118, 143, 144, 146, 149, 186, 187, 197, 200, 204, 222; reaction to king's flight, 114, 118, 124 – 142, 194; oaths taken by deputies, 120, 126, 157; factions, 121, 126, 207; attitudes towards king, 124, 125, 129 – 130, 133, 136 – 137, 138 – 139, 140, 142; assumes executivepowers, 126 – 127, 132, 134, 135; oaths and affirmations of allegianceto, 127, 128, 157, 185, 190, 199

national guards: in Varennes, 4, 8, 11 – 12, 13, 14; involvement in arrest ofking, 5, 16 – 20, 23, 24, 70, 74, 75, 78 – 79, 80, 81, 82; uniforms, 11, 96, 98, 106, 109; creation of, 11 – 12; appearancein parades and celebrations, 12, 39, 117, 118, 208; and localdefense, 14, 70, 128, 159 – 160, 161, 162 – 163, 164, 170; reaction of Parisian guards to king's flight, 23, 98, 99,

100, 106; in subordination and opposition to king, 37, 44, 49, 57, 118, 122, 147, 215, 220; and control of popular unrest in Paris, 42 – 43, 83, 84, 95 – 96, 113, 144, 145, 146, 148 – 150, 203, 205; reaction of provincial guards to king's flight, 71, 156, 157, 179, 185, 188, 192, 195, 196; and repression in provinces, 168, 170, 172, 173 – 174, 175, 176 – 177, 204

nationalism, 11, 87, 158, 215

Necker, Jacques, 35, 36

Neuville, Madame de, 5, 37, 47, 48, 59, 60, 63, 66, 82, 132

newspapers, 32, 66, 91 – 92, 97, 99, 101, 102, 104, 105, 109, 111, 115 – 116, 122, 152, 185, 186, 203. *See also*journalists

Night of August 4 (1789), 120

Niort, 196

nobility, 10, 11, 15, 18, 36, 44 – 45, 54, 69, 87, 95, 97, 107, 119, 135, 165, 169 – 170, 171, 173, 174, 175 – 177, 195, 205, 221, 222 – 223

Normandy, 175

Notre Dame, 88, 101, 116

# 译后记


　　《路易十六出逃记》，原书名为 *When the King Took Flight*，是专攻法国大革命史的美国历史学家谭旋（Timothy Tackett）一部比较有代表性的作品。全书以"路易十六出逃"这一在法国大革命之中具有突破性意义的历史事件为焦点，通过大量的历史档案、官方文献、回忆录和民间通信，抽丝剥茧地揭示出一重重导致了这一事件的社会背景和民众情绪，乃至种种阴差阳错的时机巧合。第三等级的崛起、革命情绪的涌动，以及逐渐丧失王权威仪和实际权力的国王本人，加上与跨国婚姻所带来的境外势力的参与，推波助澜，使得路易十六出逃一事看似不可避免，然而这一事件所引发的法国民众的强烈反抗情绪，以及随即导致的跌下神坛的王权，暗示了之后法国大革命不可阻挡的进程。

　　谭旋在本书中的视角独特，文笔流畅而富有趣味性，尽可能展示了一个历史事件的全貌，特别关注了往往作为一个群体背景出现的法国公民，描述了他们的情感反应和精神状态，追踪并解释了这些情感变迁与革命进程之间的关系。翻译此书，对于文学专业的我来说，是一个兼具挑战性与娱乐性的过程。在此我郑重感谢北京师范大学历史学院庞冠群副教授的悉心指导，感谢亦师亦友的谭徐锋博士容忍我的无理拖延，感谢我的恩师罗湉，感谢无微不至的父母、生活不能自理的配偶和猫。书中的所有谬误，皆由略知其意，又不肯竟学的本人负责。

赵雯婧

2018 年 6 月

**图书在版编目（CIP）数据**

路易十六出逃记／（美）谭旋著；赵雯婧译. —北京：北京师范大学出版社，2019.1
（法国大革命史译丛）
ISBN 978-7-303-23984-9

Ⅰ.①路…　Ⅱ.①谭…②赵…　Ⅲ.①路易十六（1754—1793)-人物研究　Ⅳ.①K835.657＝41

中国版本图书馆 CIP 数据核字(2018)第 176285 号

版权登记号：01-2014-1871

营 销 中 心 电 话　　010-58805072　58807651
北京师范大学出版社谭徐锋工作室　　http://xueda. bnup. com

LUYI SHILIU CHUTAO JI
出版发行：北京师范大学出版社 www. bnup. com
　　　　　北京市海淀区新街口外大街 19 号
　　　　　邮政编码：100875
印　　刷：鸿博昊天科技有限公司
经　　销：全国新华书店
开　　本：730 mm×980 mm　1/16
印　　张：20
字　　数：225 千字
版　　次：2019 年 1 月第 1 版
印　　次：2019 年 1 月第 1 次印刷
定　　价：75.00 元

策划编辑：谭徐锋　　　　　　责任编辑：赵雯婧
美术编辑：王齐云　　　　　　装帧设计：王齐云
责任校对：段立超　陈　民　　责任印制：马　洁